U0023765

海倫與史考特是「回歸自然運動」的曾祖父母，他們在1932年拋棄城市生活，遁隱於農村，經營自足、健康、幾乎用不著金錢的生活。……這本作品有趣、合時宜而實用，既有深刻的生活哲理，也有最專業的農事技巧說明。

—《華盛頓郵報》
(Washington Post Book World)

聶爾寧夫婦細說了他們如何建立一個自給自足的小桃花源的經過……本書是厭倦於城市生活者的地下聖經。

—《新聞周刊》
(Newsweek)

這本作品文體結實，資訊豐富，讓人讀來有如沐浴在太陽光之下。

—諾爾·皮蘭《紐約時報》書評
(Noel Perrin, New York Times Book Review)

有如是《華爾騰湖》(Walden)的現代版本。

—《洋基人》雜誌
(Yankee)

新世紀叢書：當代重要思潮・人文心靈・文化關懷

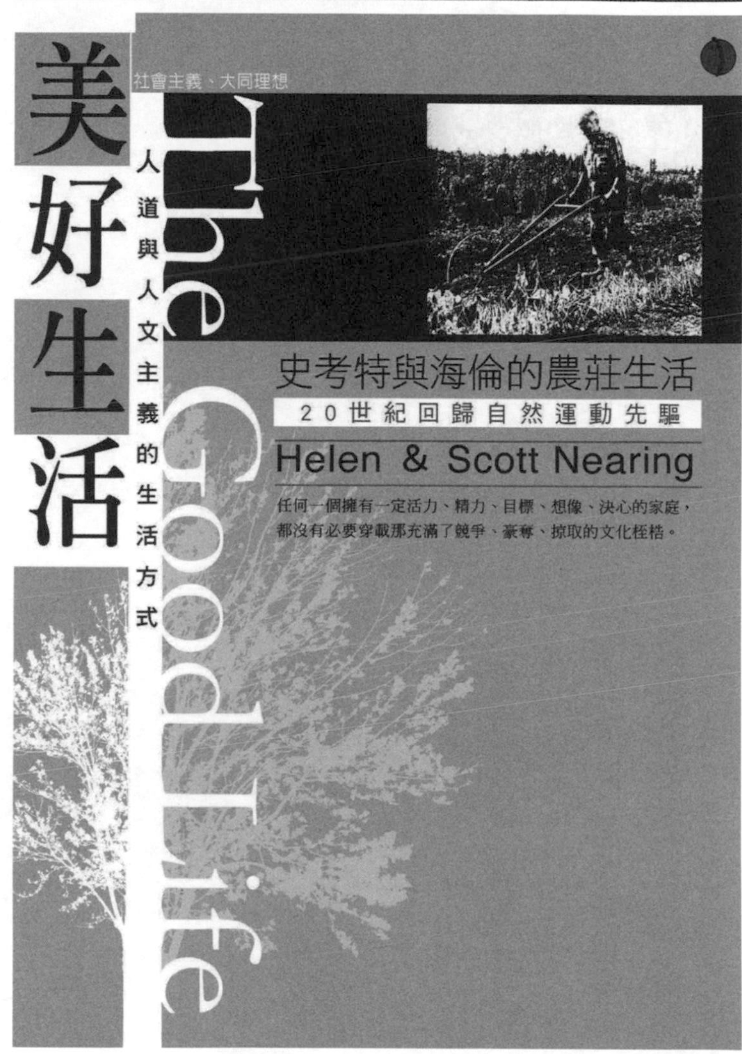

美好生活
社會主義、大同理想
人道與人文主義的生活方式
The Good Life
史考特與海倫的農莊生活
20世紀回歸自然運動先驅
Helen & Scott Nearing
任何一個擁有一定活力、精力、目標、想像、決心的家庭，
都沒有必要穿戴那充滿了競爭、豪奪、掠取的文化桎梏。

中文版序／郝碧蓮、鍾惠民

# 一個二十世紀的生活傳奇、二十一世紀的生活潮流

## ——記聶爾寧夫婦在二十世紀初的一項生活實驗

這裏所記錄的是二十世紀初一個都市中產階級知識份子，對現代文明的反省，從人道思想出發的一項生活實驗——海倫與史考特·聶爾寧夫婦在當時所創造的一段生活傳奇。

我們特別在今年（一九九九年）五月趁美國書展之便，前往緬因州尋找這對心靈伴侶當年生活的蹤跡。

我們是從波士頓出發的，找到他們生前耕耘的森林農場，似乎也如這對夫婦的平生寫照——行到水窮處，坐看雲起時。

我們從波士頓開車往北走約五、六個小時到緬因卅北邊的貝爾發斯特城(Belfast)，

經巴克斯港(Bucksport)再繼續往海邊走約一小時車程到港邊(Harborside,本書內文譯哈柏塞德)小鎮,然後沿著一條彎曲的小柏油路,一直行到柏油路的終點,你以為沒路了,正猶疑不定,待回頭一望,森林農場的石屋,可不就在眼前,而路就在海水的涯際,漲潮時分,潮水淹沒小路。

聶氏夫婦自建的石屋就位在小路之上的山崖邊,石屋起居間有一整片明亮的玻璃,面對海灣可遠眺粼粼波光的海面。這裏是這對夫婦在農耕之餘讀書、寫作、默思之處。

聶氏夫婦信仰社會主義,主張和平,過自然簡約的生活,終生素食。在二〇年代美國社會正是資本主義初興之際,聶氏的主張與當時的社會氣氛格格不入,終至不能容身,而隱入山林過自給自足的生活。

他們逝世之後,留下這個森林農場做為「美好生活中心」(The Good Life Center)之所在,提供給後繼者來實踐並傳揚其理想。

這對夫婦所謂的美好生活是什麼呢?乃是回歸自然與萬物共生,崇尚簡樸與節約,遠離墮落的文明,過自覺的、和平的、寧靜的生活,他們應是二十世紀最早提倡環境與生態保護運動的第一批人了。他們說:

「人類只是地球上生命的一種。生命的其他形式還有動物、蔬菜等彼此相依賴地生存……地球上生命的其他形式也應該像人一樣有生存的權利……。」

他們質疑：

「人類已經砍伐了無數森林，摧毀了大片土地，使之成為人無法居住的沙漠？」

「人類已經滅絕了某些種類的鳥、魚、動物？」

「人類廣殺野生動物，並視其為一項『運動』？」

「人類肆意破壞其他民族的文化，剝削他們、奴役他們、屠殺他們？」

他們曾對朋友提出一些保持生活平衡的祕訣，如：找到能使自己高興的事做；每天與大自然接觸，腳踏泥土地；體力鍛鍊，如散步與耕種；不用著急，一天一天慢慢地過；每天與他人分享一點東西；抽空思考一下人生與全體世界；盡可能發現生活中的幽默；對動物要充滿愛心；觀察所有的生命。

一九五四年他們出版了《真善美的生活》（*Living the Good Life*，即本書之前半部）一書，記錄了他們對以上生活的信念與實踐，他們這種寧靜、健康、幸福如世外桃源般的生活吸引了大眾，立即成為暢銷書，並被譽為二十世紀的《華爾騰湖》（*Walden*，亨利・梭羅著），一時從世界各地的來信或訪客，絡繹不絕，爭相探問他們健康、長壽、幸福之道。

五、六〇年代正是嬉皮運動流行、新時代(New Age)生活運動發微之際，聶氏夫婦的生活主張，及其行之二十餘年的生活實踐，對於繼之而來的一連串回歸自然等新時代思潮具有啟發與嚮導的作用。史考特自己也說，他們在世紀初所從事的，是二十世紀生活的先鋒探險。印證於即將來臨的下一世紀，人類從繁複走向簡樸，以及城市中產階級的回歸自然運動等等，這對夫婦可以說是時代思潮的先知。

× × ×

在一九三〇年代，史考特與海倫到鄉下生活之前的十餘年間，史考特看到了所有資本主義社會的種種缺失，尤其是掠奪式的經濟形態，正是社會不公不義的最大惡源。史考特出身於資產階級，受良好教育，是美國賓西法尼亞大學深受學生歡迎的年輕經濟學者。而正如那些具有良知的社會改革者，他並不享受其既得利益，反而投入社會主義思想的研究與闡揚工作，例如貧富不均、童工問題等等非人道的社會現象，也積極的鼓吹社會改革。凡此種種，使他犯了當時主流社會的大忌，於一九一五年遭學校解雇，這一解雇事件曾喧騰一時，從此之後，全美各著名大學皆不願聘請他。後來雖有一地區大學聘請他擔任院長兼政治學教授，又因他反戰（當時正值第一次世界大戰）而被迫離職，此後終其一生都未能再回到大學任教。其妻也在此人生困窮之際離他而去。

在二〇年代的美國社會，正是初嘗資本主義甜果的時代，史考特從人道主義出發所展開一系列的和平、正義、自然、素食等等大同理想之發聲，猶如一隻惹人厭的烏鴉，其被放逐於主流社會，乃是必然。之後的十餘年間，他僅靠寫作與演講等微薄的收入維生。

一九二八年他與海倫相遇，窩居在紐約一處貧民窟，出身富裕家庭的海倫在工廠當女工維持生計，他則繼續撰著《出生的自由》，描寫黑人受到不公平待遇的故事。

一九二九年美國社會從空前的繁榮跌到谷底，面臨了經濟大蕭條，這對夫婦在紐約的生活更難維持了。他們於是在一九三二年，以極少的金錢買下佛蒙特州山區一處森林農莊，開始過著類似清教徒式的耕食生活——一種他們認為尊嚴、適切、簡單、清明、寧靜、有價值的生活。到了這裏，他們終於重拾在主流社會中被摧殘了的自尊。

在經濟方面，他們不受經濟蕭條的牽制，盡量獨立於商品與勞力市場之外，商人、政治人物、教育管理者等雇主皆不能有所干預。

保健方面，於簡單的生活中，和土地保持親密的接觸，並自植有機食物以保健康。在社會倫理方面，盡量不受制於粗暴的剝削形式，不掠奪地球，不奴役人類與動物。

他們以對生命的尊重來取代階層與權威。以實用經濟取代剝削，以簡單素樸取代繁複與混亂。數十年的生活經驗，讓他們覺得，任何一個擁有一定活力、目標、想像、決心的家庭，都沒有必要穿戴那些充滿了競爭、豪奪、掠取的文化桎梏。

一九五〇年之後，由於佛州農場遊客漸多，乃遷移到緬因州的海邊。良好的生活與健康狀況，使他們不需看醫生。史考特享壽一百歲，在一百歲誕辰的前一個月依照他自己的意念選擇死亡的方式。他向朋友宣佈，不想再吃東西，以緩慢柔和的方式消減精力，在斷食一個多月之後的一九八三年八月二十四日，安詳的離開人間。海倫單獨的生活了十二年，於一九九五年間，在住家附近開車途中因心臟病發，車禍死亡，享壽九十一歲。史考特整整生活了一世紀，海倫也接近一世紀。

這一對生活在二十世紀美國社會的傳奇俠侶，遵行其道德良知，放棄優渥的資產階級生活，為弱勢者爭取人道待遇，觸怒主流社會，由於時不我予而「採菊東籬下」，卻因此「悠然見南山」。

他們在佛蒙特州生活了二十餘年，在緬因州生活了三十餘年，農耕暇餘，即讀書寫作。此期間，史考特對於社會改革仍不死心，遇有機會即出外旅行宣講其社會主義之大同理想，及其回歸自然的生活體驗。

× × ×

一九五四年本書的前半部《真善美的生活》(*Living the Good Life*)出版時，美國社會已經走過一九二九年的經濟恐慌時期，走過二次大戰的死亡陰影，走過了重建復甦的新希望，而享有了一段長時間的榮景，社會上正醞蓄著一股反省的力量。政治上從四〇年代之前的極右保守思想過渡到六〇年代的左派開放自由，社會主義的理想在朝野之間也逐步被實踐。社會生活則從物質主義的外在生活享受走向自然主義內在心靈的探索。從六〇年代以迄於今回歸自然、心靈重整的運動方興未艾，並發展出更豐富的內涵，從和平、人道主義運動到晚近的反核、綠化、環保。從人的關懷到環境的關懷等等。聶爾寧夫婦可以說是這一系列思潮與運動的先覺者、先行者。他們的生活主張到了六〇、七〇年代已蔚為時代潮流。

史考特去世以後，海倫在原址成立「美好生活中心」(The Good Life Center)，每星期固定的時間開放給社會人士進行座談交流，鼓吹自然簡樸的生活。

此一中心在海倫於一九九五年去世後，仍持續由基金會運作，目前每年甄選一或二人（基本上以一個家庭為單位）在此實踐自耕自食、和平自然的美好生活方式，同時管理並接待訪客擔任解說員，每星期舉辦一次例行的座談研討會。有幸獲選者，必須力行素食、農耕、自給自足的生活清規。我們到訪時，是一對年輕夫婦住在那邊，珍妮佛與傑克(Jennifer and Jake)，珍妮佛是一位社會改革，政治熱衷份子，傑克十足是個隱士。他們希望能在中心住滿兩年之後離開。

我們問東方人來訪的狀況，他們說日本與韓國的訪客較多。台灣訪客，我們恐怕是第一批。

× × ×

本書是聶爾寧夫婦在佛蒙特州與緬因州前後一甲子的耕讀生活手記。分成上篇與下篇。上篇於一九五四年出版，下篇於一九七九年出版。本書上下篇合集則於一九八九年出版。

我們出版的理由是·，這是二十世紀初一個都市中產階級知識份子，對現代文明的反省，是從人道思想出發的一項生活實驗。它具理想色彩、傳奇色彩。同時也具有啟示作用。

展望未來，人類進入文明危機階段的徵兆已經出現，例如，負債過多，經濟停滯不前；個人與社會目標感喪失，特殊利益團體凌駕了大眾利益；全面官僚主義盛行；從地方到全球生態的問題嚴重……等等。

在人類進入了此一文明危機階段，如聶氏夫婦這種自覺、醒悟、簡樸等合乎生態學的生活方式，開始能在本世紀末，下世紀初嶄露光彩，絕非偶然。

我們看到了、我們思考了、因此我們也出版了。

# 原文版序／

海倫・聶爾寧
Helen Nearing

真善美的生活，一直是千千萬萬人追尋的目標。我們夫妻倆（海倫和史考特）在二十世紀後半葉共同參與了這份努力。我們所能貢獻的只是滄海之一粟，然而五十多年來，我們的追求一直是認真、堅定、喜悅、適才適所的。

如今史考特已然故去，享年一百，留下我繼續經營真善美的生活，然後我也將隨他而去。我始終把位於緬因州海岸森林居的大門敞開，好讓別人瞧瞧，即使是年過八十的女人，一樣可以獨個兒經營真善美的生活。

經營真善美的生活，最好能由一對伴侶或一組志同道合的人共同嘗試，大家目標一致，也都有足夠的能耐與堅毅來應付該做的工作。因為工作就是這樣的，對我這樣的一個老人更是如此。但是，一個獨居的女人可以發揮生產力，可以自己打理生活，從事園藝，搬木材，操持家務，滿足且踏實地與自然共生，在失去了一位了不起的伴侶之後繼續好好過日子。看過他自傳《一個基進人士的形成》(*The Making of a Radical*)的人都會同意，史考特從年輕時代一直到垂垂老矣都是我們所有人的模範，他能幹、勤勉、有理想、正直，充滿幽默感。

有一天，當我們的墳塚已然湮沒，希望吾國男男女女們仍將繼續追尋真善美的生活，也希望我們築舍與寫書的心血能在未來的日子裡幫助大家摸索前進。

一九八九年七月二日

記於緬因州的哈柏塞德

海倫與史考特在20世紀前中期的生活，正是新時代（New Age）生活運動之發微。

聶爾寧夫婦的生活主張，到了20世紀六〇、七〇年代已成了時代潮流，接待訪客與教育青年已成為他們農耕生活之外一章。

史考特享壽百歲，依照他自己的意志選擇死亡的方式。

▲緬因州森林農場暇餘讀書樂。

◀（左圖）1999年5月間，在「美好生活中心」（The Good Life Center）執行接待工作的Jennifer與Jake。該中心每年甄選一或二人（基本上以一個家庭為單位），在此實踐自耕自食、和平自然的美好生活方式，並管理該中心事務，包含接待訪客、舉辦座談會……等等。（本頁與以下3頁照片皆為鍾惠民攝）

2
I

投宿在有將近100年歷史的和風農莊（Breezemere Farm），到「美好生活中心」約5分鐘車程。

聶爾寧夫婦位於緬因州港邊小鎮（Harborside，貝爾發斯特城附近）的農場，該地區海灣處處，美景無邊。

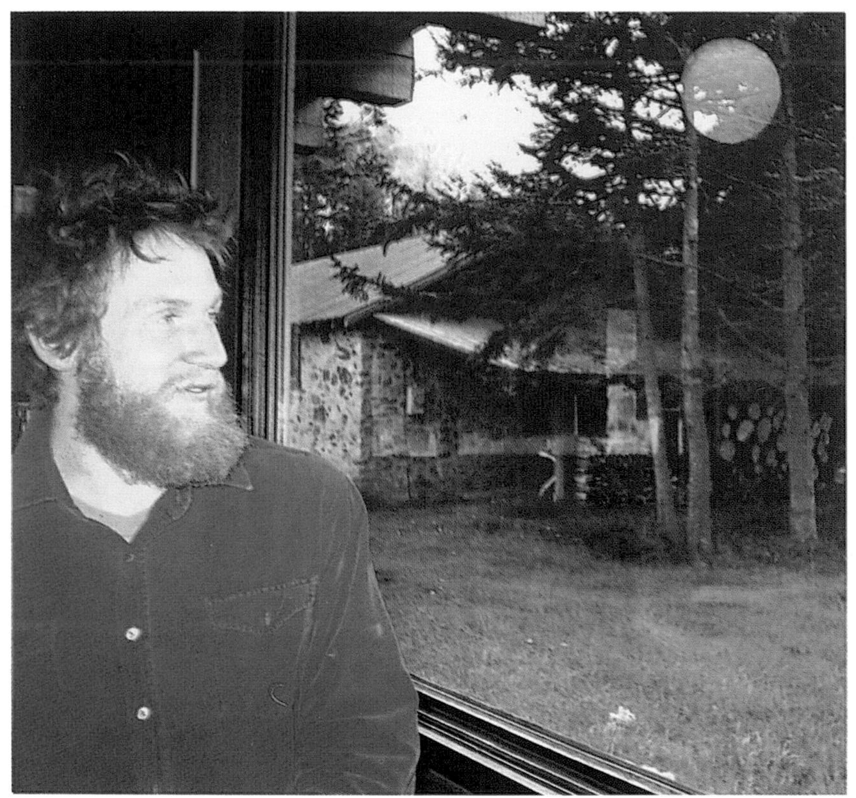

從「美好生活中心」的客廳，可以眺望屋外另一所住房。
圖為該中心駐在人員Jake。

# The Good Life

【目錄】全書總頁數共416頁



## 上篇

## 真善美的生活
**Living the Good Life**

## 下篇
## 真善美生活的延續
## Continuing the Good Life

# WANTED

At Any Price

More Men Like

# SCOTT NEARING

Born August 6, 1883

**PROVEN GUILTY**

of influencing youth

**FEAR HIM** if you are at all shaky in your beliefs.

Expect him to be **WELL ARMED** at all times with

Integrity
Courage
Intelligence
Knowledge
Logic
Vision
Patience
Scholarship
Kindness

Do not attempt to take his **PITCH FORK** from him (This could be exceedingly **Dangerous)** look about you, there will be another nearby: USE IT.

His **DISGUISE** is deceptive.

**APPEARANCE**
Face looks like a russet apple in March.

He is an **ENEMY** of

Privilege
Apathy
Self deception
Greed
Dishonesty
Pomp
Mass Murder (commonly known as war)

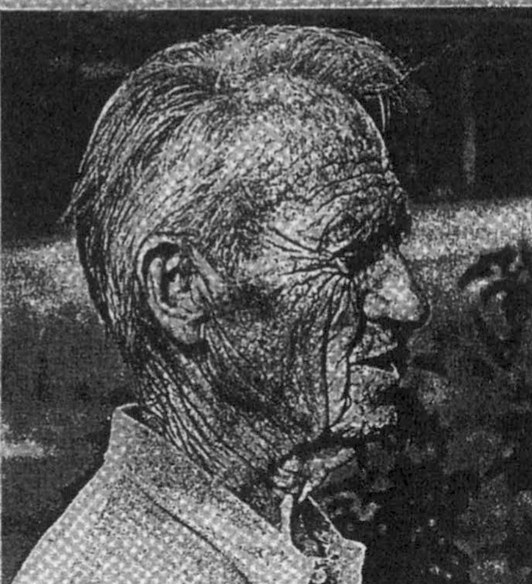

**BEWARE** if he is eating an apple— It is more than food— It is a philosophy.

**MENTALLY SUSPECT** he has No Hobbies, engages in No Sports, takes No Vacations and he WORKS with his HANDS.

**BE CAREFUL**
He usually carries a Pitchfork, Bow Saw or Sawed off Go-Devil.

This man is **DANGEROUS** to

Ignorance
Tyranny
Violence
Idleness
Luxury

**DO NOT LISTEN TO HIM**
if you are unwilling to examine your beliefs

Do not be **DECEIVED** by his appearance. If he seems to be gathering seaweed, it is a front. He is actually building a better world.

**LAST SEEN**
Wearing a knit cap, old wool shirt gum rubbers.

Great **REWARD** Guaranteed
to anyone who locates him

If you find him **REMAIN CALM**

**ALERT OTHERS**

Listen carefully — Read his books
Attempt to anticipate his line of thought
Disprove his statements, if you can
Follow his lead — Keep an open mind

It is **REPORTED** that he can be taken with ice cream.

史考特・聶爾寧設計的自我簡介

# 懸賞緝拿

生於一八八三年八月六日的

**史考特・聶爾寧**

**罪名：**

影響年輕人的思考方式

---

如果你是個沒有信念的人，
就應該**害怕他**。

他**身懷武裝**
他的武器包括：
忠誠　勇氣
智慧　知識
邏輯　洞見
耐心　學識
仁慈

不要嘗試搶走他的**乾草叉**
（那有可能會極度**危險**）。
看看四周，應該會有另一把乾草叉：
拿起來用它。

他**厭惡**的是欺騙。

**長相**
他的臉看起來像三月的紅褐色蘋果。

他**敵視**
特權　冷漠
自欺　貪婪
不忠　浮誇
大屠殺（又稱戰爭）

**千萬注意**：
如果你看到他在吃蘋果的話，
那絕對不只是一種飲食習慣，
更是一種哲學。

他的**神智狀態惹人懷疑**，
因為他隨時隨地帶著一把
乾草叉或弓鋸。

他是**危險人物**，對
無知　霸道
暴力　閒散
奢侈深具威脅。

**不要相信他的話**，
如果你是個不願檢討自己的人。

**不要被他的外表矇騙**：
如果你看見他在收集乾草，
那不過是一種偽裝罷了，
他實際在做的是打造一個
更美好的世界。

**最後一次被人看見時的裝束**：
頭戴針織帽、身穿舊羊毛衣、
腳登橡膠靴。

任何知道他所在的人，都肯定可以獲得**巨大獎賞**
見到他的時候，要**保持冷靜**，並**提醒其他人**，
要仔細聆聽他的訊息，讀他的著作，和保持開放的心靈。
**據報**，只要一個冰淇淋，就可以引他出來。

# 上篇

## 真善美的生活
## Living the Good Life

The Good Life

〈上篇・前言〉

# 新時代思潮的先鋒探險

**我們不要編制階層與強制權威，而希望代之以對生命的尊重。我們不要剝削，我們要的是實用經濟。**

**本書所載，是二十世紀的一次先鋒探險，**地點在一新英格蘭社區。於佛蒙特州(Vermont)後森林二十載的生活是此書所本。本書旨在就技術、經濟、社會學、心理學的層面為我們一路走來所嘗試的作為、方法和成敗做個報告。

一九三二年，正值經濟大蕭條最凜冽之時，我們從紐約市搬到了佛蒙特州的一處農場。起初我們認為這趟探險是我們自己在這塊土地上對簡單富足生活的追尋，互相幫忙，不做任何傷害，擁有豐沛的休閒時間從事對個人具有建設性與創造性的活動。

經過歲月的推移和經驗的累積，我們漸漸覺得，佛蒙特州的這一方谷地是一間實驗室，我們在這裡所試驗的原則和程序實乃基於某種普遍的作為與關懷。

當然啦，這是一份個人的經驗，係基於特別的需要，發生在一段特別的時間裡。當我們搬到佛蒙特州的當兒，我們所離開的社會正苦於經濟蕭條與失業問題，法西斯主義皇皇勃興，世界大戰一觸即發。此時我們來到了一個尚未工業化的鄉野社區。我們所搬離的社會於言於行皆拒絕了我們的和平思想、我們的素食主義以及我們的大同理想。此一拒絕是絕對而全面性的，懷抱這些理念的我們無法在學校裡教書，不能在報章雜誌寫文章，也上不了電台，使得我們在公眾教育上根本沒有插手的餘地。在這種環境底下，從一個垂死邊緣的社會體系逃逸出來的人如何過得簡樸適所，且擁有充足的閒暇與精力來為愈益分崩離析的社會貢獻一臂之力，並提出一套較能運作的社會體系取而代之？

我們大可以跟許多國人一樣搬到巴黎、墨西哥或巴拉圭，然後任憑美國走上毀滅的不歸路。我們沒有做這種選擇，因為我們身為教師和人類群體一份子的責任感驅使我們盡力去：⑴協助我們的同胞了解那複雜且快速演變的情勢；⑵幫忙建立起心理與政治的力量，以便抗拒那正在北美大肆攻城掠地的財閥軍事獨佔體制；⑶在北美與西歐逐漸凋敝傾頹的社會體系中搶救出有用的東西；⑷參與模塑另一套社會體制的實踐原則，從而⑸展現出在一個動盪煩擾的社會裡活得清朗澄明的可能性。對於這個問題，一個獨立自主的經濟體似乎是最好的答案，它只需要少量的資金消耗，日常運作的固定支出不多，半天的工作便能換來適意的生活，如此便有半年的時間來做研究、閱讀、寫作、說講。我們認為，能讓這些構想實現的是佛蒙特州的谷地，而不是某個大都市或美國之外的某一個地方。事實證明，佛蒙特州的實驗讓我們從謀生和社交活動省下了足夠的時間與精力來為美國成人教育積極貢獻心力，雖然影響層面有限，但終究形塑了一定程度的輿論，同時我們所過的依然是我們自認為有尊嚴、適切、簡單的生活。

我們曾嘗試到國內外的幾個都市去住。即使程度或有不同，我們卻都遭遇到了簡單安寧生活的阻礙——紛雜、緊張、壓力、虛矯，以及沉重的經常支出。這些都市生活的花費逼得你非獻身掙錢不可，雖然都市也提供了一定的便利與好處。儘管金錢收入對我們來說已是無足輕重，但我們相信，要在長期的都市生活之中對抗都市的壓力，同時保持健康、均衡、清明的身心與社交生活，事實上是不可能的。細細思量之後，我們決定，鄉野田園比任何都市或市郊地區更能提供我們一種清明、寧靜、有價值的生活。

我們離開城市，心中定見有三：其一屬經濟層面。我們追求的是不受經濟蕭條牽制的生活，盡量獨立於商品與勞力市場之外，商人、政治人物或教育管理者等雇主皆不能有所干預。其二為保健層面。我們想要維持並改善自己的健康。都市生活的壓力是非常磨人的，在我們理想的簡單生活中，和土地的親密接觸以及自家栽植的有機食物將是重要的組成因子。其三屬社會倫理層面。我們將盡量讓自己不受制於粗暴的剝削形式：掠奪地球；奴役人類與動物；在戰爭之中屠殺人類，為了食物屠殺動物。

**我們反對財利累積，反對不事生產者不勞而獲**。我們要靠自己的雙手過日子，同時也要有時間與閒暇來從事工作以外的活動。**我們不要編制階層和強制威權，而希望代之以對生命的尊重。我們不要剝削，我們要的是實用經濟。簡單素樸應該取代繁複與混亂。匆促和激狂並不合宜，有時間停下來想一想、看一看的平和步調才是應當。我們希望能消除憂慮、恐懼和怨懟，讓清明、意向與完滿取而代之。**

經過二十年的摸索，有些地方是很讓人滿意的，有些則剛好相反。茲報告如下：

1. 一片荒蝕斑剝的山地重獲盎然生機，種出了花、蔬、果等高品質作物。
2. 一個農場經濟體在沒有使用動物或動物製品或化學肥料的情形下得以順利運作。

3. 建立了一個自給自足的生活家園，盈餘不多，但已足夠。我們所消耗的物資大約有四分之三是直接取自我們自己工作的成果。如此我們便獨立於勞動市場之外，也大抵不依賴商貨市場。簡言之，我們的經濟體遭受經濟蕭條的影響甚微，在美國經濟逐步瓦解之時可以支撐下去。

4. 成功地組織與推動了一個小規模的經營事業體，其中完全不牽涉薪水的支付。

5. 良好的健康狀況使得我們二十年來從來不需要看醫生。

6. 都市生活的繁亂與複雜由一種相當簡樸的生命型態取而代之。

7. 我們所安排的工作時間，使得我們能在一年裡以六個月的生活勞動換取六個月的閒暇，來從事研究、旅行、寫作、演說、教學。

8. 此外，我們門戶大開，有很多人來拜訪我們、接受我們的招待，和我們共同生活了幾天、幾個禮拜或者更久。

我們並沒有解決生活的問題。還差得遠呢！然而，經驗告訴我們，**任何一個擁有一定的活力、精力、目標、想像、決心的家庭團隊，都沒有必要繼續穿戴那充滿了競爭、豪奪、掠取的文化桎梏。**除非騷亂的群眾或警察介入，家人們都可以和大自然共生共存，為自己模塑能夠維持與提高效率的生活型態，留下閒暇的時間與空間，為創造一個更好的世界貢獻一己的心力。

許許多多來佛蒙特州看我們的朋友知交和素昧平生的人們，對我們的生活實驗留下極為深刻的印象，於是他們便想，他們自己可不可以也來依樣畫葫蘆呢？有些人當面和我們討論，有些對佛蒙特州農場有所耳聞但未親眼目睹的人則來信詢問。這股熱潮源於若干雜誌報導並評論了此一實驗的幾個面向，另外也因為我們於一九五〇年出版了《楓糖書》（*The Maple Sugar Book*），其中記錄並詳述了這項提供我們金錢收入的產業的歷史和技術程序。

我們的實驗有許多層面，楓糖和製糖只是其中之一，這在《楓糖書》的第三部分、特別是第十章〈先鋒，噢先鋒〉及十二章〈生命與生活〉已有若干提示。本書準備就整個佛蒙特州計畫做一份全面的報告，有關製糖的細節且略過不提。我們希望新手能參考本書所記錄的經驗談來建立並維持一個有益健康、無害、自給自足的經濟體。對於許多受困於都市工作與居所，渴望讓真善美生活的夢想成真的個人與家庭而言，這樣的一本手冊是很有用處的。希望他們的嘗試因此受到鼓舞和啟發，也希望他們像我們一樣樂在其中且受益無窮。

# 追尋真善美的生活

改變生命——世界情勢——安身立命與另外的選擇——真善美生活的基本要素——去哪裡過真善美的生活——佛蒙特州尋願景——從夏日旅客到常住居民——我們買下林地，然後捐出去——我們聽人提起採楓糖——討生活的憑藉

在現代社會做事領薪水的人有許多窩在都市公寓裡，或是住在壅塞的市郊，每天為了家庭生計或其他環境需求汲汲營營，他們盼望能有機會逃脫環境的桎梏，自己掌握自己的生命，純樸簡單、適情適性地過鄉村生活。然而，各種顧慮、對親屬的責任感或是對未知境遇的恐懼在在是難以跨越的障礙。多年的躊躇猶豫之後仍然是裹足不

前。能否適應鄉村生活？能否靠土地討生活？體力夠不夠？需不需要年輕的本錢？哪兒能學到該學的東西？自己的屋子蓋不蓋得起來？自家庭院能不能養活家人？要不要養牲口？農場活兒有多辛苦？會不會又給自己套上了另一種枷鎖？對一個想要告別都市生活的人而言，這許許多多林林總總絮絮叨叨的問題正排山倒海地湧來。

本書就是為這些人寫的。我們認為，一對擁有最基本的健康、智力與資金的二十歲到五十歲的夫妻都可以適應鄉村生活，學習所需的技能，克服遭遇的困難，建立富含基本價值、對個人與社會皆有助益的生命型態。

一九一〇年以降，二十年中不斷變動的社會情勢讓我們失掉了工作，也奪走了我們謀生的憑藉。不管我們喜不喜歡，我們被迫去適應的是戰爭、革命與經濟蕭條為西方世界所形塑的新局勢。我們的年紀（快五十歲了）當然是我們調整視野的部分原因，但整個世界的發展才是關鍵所在。

來自社會的壓力雖是如此這般，選擇權仍是在自己手上，到頭來還是要自己來想清楚。我們可以留在城裡，心不甘情不願地繼續承受無法讓我們滿意的生活，我們也可以闖出不一樣的方向，或許是沿著一條杳無人煙的小徑走去。

經過了一番對歐亞與北美發展形勢的詳細考察，我們的結論是，西方文明再也不能提供充實、穩定、安全的生活，即便是對那些接受其遊戲規則的人來說也是如此。如果，集中在富人與掌權者手裡的財利累積，讓經濟蕭條持續惡化；如果在目前的社會體系之下，經濟蕭條之外的另一種選擇，是藉由建造與使用毀滅性愈益強大的戰爭器械來消耗囤積的過剩資源，那麼那些依憑此一體系求取生存與安全的人，遲早有一天會發現自己慘遭背棄。原則上，我們不贊同以貪婪為動力，透過剝削、奪取、累積來運作的社會體制。隨著被殖民者的國族意識不斷滋長，社會集體制度在世界各地持續擴散，這樣的一種社會型態遠景實在不怎麼樂觀。此外，西方文明的毛病在各文明中心最是嚴重，近年來更是迅速蔓延。在這種情況底下，我們的結論是，繼續待在西方世界是過不了真善美生活的，我們唯有跳脫西方文明及其陳舊過時的文化型態，以搜尋另外的選擇。

有沒有另外的選擇呢？我們朝三個方向尋找答案。首先，移居國外是一種選擇，但經過考慮之後我們打消了這個念頭，我們拒絕像難民一樣逃離那讓人生厭、教人愈來愈無法忍受的社會情境。在二十年前的一九三〇年代早期，移民要比現在容易多了。說真的，整個世界都在我們跟前任君選擇。真善美生活要去哪兒找呢？我們並不想逃避。相反地，**我們想要讓生命更豐富，讓生活更值得。我們不想規避應盡的義務，而**

**是要扛起更有價值的責任。協助、改善、重建等工作不僅僅是機緣而已，做為社會的公民，這些是我們該做的功課。**於是，我們決定不移民。

脫離西方都市文化型態的第二種選擇是住在一個擁有共識的集體社區。在一九二〇年代末期，這種機會很少，就算有也沒什麼搞頭。我們雖然很喜歡這種生活方式，然而我們的經驗和探詢告訴我們，當時並沒有可以讓我們稱心適意生活其中的共同社區的存在。

最後，我們選擇了第三種可能，也就是自給自足的家庭經濟體，在美國的鄉下，我們將試著營造一個能舒緩身心、有效率、讓人滿意的空間。作了決定之後，下一個工作是找出我們心中的意圖，並將之嵌入我們未來可能的生活情境之中。

我們要安身立命，以便引領自己，觀照世事並投身其中，尋求我們認為**真善美生活必備的基本要素**，哪怕是事倍功半也是值得。在我們的心目中，這些要素包括：**簡單、遠離焦慮和緊張、過有用與和諧的生活**。**簡單、清明、實用與和諧無法涵括所有的生命價值**，然而每一個企求過真善美生活的人，想必都會在創造合宜的自然與社會環境時將之列為重要的理想、目標和概念的。在現今西方文明的都會中心，人們所建立起來的並不是這些生命價值，而是繁複、焦慮、浪費、醜惡、喧囂等等反面的東西。

**我們的第二個目標是要讓我們的生活情境能夠保存並增進工作的喜悅，給予成就感，以便獲得完滿的人格和對自我的尊重**；能夠確保相當程度自給自足的經濟型態，不讓文明世界大肆施加其限制性與強制性的經濟壓力，創造靈動的生命事業。

我們的第三個目標是，每一天、每個月、每一年都要有充分的閒暇時間來從事艱辛的生活勞動以外的活動，來和友伴和樂交融，來為社會環境的改善盡一份個人與團體的力量。

在追求真善美生活的過程當中，我們立刻就遇到了幾個問題：去哪裡過真善美的生活？資金從哪裡來？最後，最根本的問題是，一旦找到了住居地與經濟來源，真善美生活又該怎麼過法呢？

該去美國的哪一個地方呢？可能的選擇是滿滿一籮筐。許許多多人湧向了陽光燦爛的南方，卡羅萊納州，佛羅里達州，亞利桑那州，新墨西哥州，加州等地，也有人朝西北方去。我們則選擇了東北的方向，原因如下。在美感上，我們喜愛季節的推移變換。在這個國家的其他地方，我們可能會錯過新英格蘭的氣候獻給有心人的永恆驚喜：冬天厚厚的積雪以及十二月至三月的黑白色調；長長的、緩慢綠化的春天；盛美的炎夏風光與涼爽的夏夜；一年中最美的秋季裡勃發的色彩與清脆的氣息。美麗在一個四季分明的地方是不會缺席的，是不會單調乏味的。在身體保健方面，不同季節的變化循環不但有益健康，也為生活增添了趣味。我們甚至能享受凜冽淒厲的寒冬。在地理環境上，我們覺得新英格蘭和舊世界關係較為密切，而我們是不想和舊世界切斷聯繫的。

我們慢慢尋找著，在東北各州之間梭巡了好幾個月。最後我們在佛蒙特州落了腳。我們喜歡蒼翠蓊鬱的佛蒙特州。山谷溫婉，居民樸實。整個州大都是開放原始的空間，絕少市郊休閒或夏天度假的氣息。

選擇佛蒙特州也有經濟上的考量。我們先前詢問的紐約州、新澤西州和東賓夕法尼亞州地價都偏高，即便在經濟蕭條期間也不例外。相較之下，佛蒙特州的地價和花費顯得合理一些。

該去佛蒙特州的哪一個地方呢？在地圖上，和周邊的幾個大州比較起來，它只能算是小個兒。乍看之下，把整個州走上一遍做個評估似乎不是難事。然而，當我們來到佛蒙特州彎曲陡峭的公路，開始在迷宮般的山路上繞來繞去，於山陵叢藪間乍現復隱的運材小徑上行行復行行，這時的佛蒙特州卻顯得巨大且深不可測。我們決定尋求協助。我們翻閱農場廣告，聽取朋友的建議，最後落入了曾為農人、現為地產業者——佛蒙特州新芬(Newfane)的馬丁——慈愛的手中。魯可・馬丁可能是、也可能不是一個好農民，但他絕對是天生的房地產業者。他舌燦蓮花，說天道地，巧施妙法，實為天字第一號魔鬼地產業者。魯可吹牛說，他和他的兒子在佛蒙特州所賣出的農場，比當地其他業者所賣出的總和還要多。魯可一路上不停解說著，葛雷和溫齊斯特則輪流開車。在佛蒙特州南部連續兜了三天之後，他們賣給了我們位於溫侯鎮(Winhall)的一處農場。我們買的事實上是他們給我們看的第一個農場，但之後我們又看了相當多的地方才決定買下來。此一最讓我們心動的艾樂儂(Ellonen)農場位於橫跨斯特拉頓(Stratton)、溫侯、賈麥加(Jamaica)三城鎮的皮克斯瀑布谷。於是我們在一九三二年的一個寒冷的秋日回到那裡簽下購買契約。

此地景觀宜人。艾樂儂農場北邊高地起伏，俯瞰斯特拉頓山和「大曠野」(The Wilderness)，後者是指製紙公司所擁有的兩萬五千英畝紙漿保留林。斯特拉頓山高四千英尺，原始、孤寂、蓊鬱蒼茫，居民五、六十人，在丹尼爾・韋伯斯特(Daniel Webster)的時代則有一千五百人。「一些個廢棄的農場，開墾於貧瘠之地，只要有人照顧也不失生氣蓬勃，但後來就被棄置山邊。這片荒蕪再過去是仍然可以讓熊與鹿安歇的森林，有時連山狸都忘了自己危殆的處境而兀自蓋起窩來。」①

我們的新家真是一個荒廢殘破的農場。一座年久失修的木屋，一間窗門毀損、屋頂破漏的大穀倉，一間芬蘭式澡堂，還有六十五英畝經過砍伐的林地。「設施」包括一個幫浦、廚房裡的黑鐵槽以及木屋邊側的簡陋廁所。這地方有一處水質優越的豐沛泉水、一片草地、一兩個沼地，還有一塊面向南方的粗礪地朝著斯特拉頓東邊的尖塔山(Pinnacle Mountain)往上延伸了大約有三分之一英里。農場在一條泥土路上，離賈麥加郵局七英里遠，離邦德維爾(Bondville)有兩英里，兩個村子總人口不到六百人，農場後邊十英里路上的人家寥寥可數。

農場原主人芬蘭裔的彼得・艾樂儂在磨製飼料時意外致死。子女各自婚嫁後大都已經離開，只留下太太和一個兒子守著山坡上日漸蕪蔓的農場。他們急於將農場脫手，我們便以三百美元現金和聯邦土地銀行的八百美元質押金買了下來。

交易完成了，房契上也登錄了新主人的名字，此時我們才逐漸明瞭我們跳進了什麼樣的黑洞。從紐約市到這處荒野的路程並不算遠，社會情境卻是天壤之別。一邊是經濟和社會高度分化的現代大都會，另一邊的大人小孩們絕少去過大都市，家家戶戶拿木柴生火取暖，以油燈照明，整個地方找不到一個抽水馬桶。搬來的第一年，我們用卡車滿載著附近幾戶人家的小孩，帶他們第一次看海，第一次看火車，第一次看電影，第一次喝冰淇淋汽水。小孩們不識煤炭，他們好奇地玩弄著，卻不知道可以用它來燒火。他們和現代文明如此疏隔，好似來自阿爾卑斯深山裡。從紐約都會區到這與世隔絕的地方，其間的差距真不可以道里計。

我們起初就像是所謂的「夏日旅客」，在當地人眼中，這種人是自成一國的，對農業有潛在的威脅。這些「外地人」或多或少帶了錢來到這裡，不想待太久，也不想幹太多活。

只要夏日旅客們所落腳的是廢棄的或不適合農作的土地，損害就不會太大。他們頂多種種一些蔬菜花卉什麼的。草地逐漸又成了林地，其中的林木不會被選擇性砍伐。他們不需要靠土地掙錢，不然就是冀望未來的收益②。如果夏日旅客佔據了具有生產力的土地且任其荒蕪，對當地的農業便會造成傷害。在較具生產力的谷地，情形當然也是如此。

夏日旅客對佛蒙特州的農業所帶來的效應是，他們鼓勵從外地輸入工廠製品和各式貨物存放在商店裡，讓佛蒙特州的居民覺得，賺錢來換取商店裡賣的東西要省事划算得多，於是逐漸懶得去搭理那長久耕種的園圃。如此一來，佛蒙特州便不再能依靠本地的農業自給自足，對金錢的倚賴相對加深，這些錢買的大都是來自外地的產品。

如果這種情形持續發展，佛蒙特州將會出現市郊或度假村型態的經濟體系，金錢是其根基，這些錢來自那些在外地工作、到了夏天來佛蒙特州消費幾個禮拜或幾個月的人。就生產型式而言，這種經濟體系根本上是寄生式的，雖然帳面上的收支可能會達到平衡。到最後，我們會看到佛蒙特州的居民為夏日旅客出賣勞力，割草、洗衣等等，經濟自主性遂蕩然無存。這種經濟型態或許能促進金錢流通，對自立自主的生活卻是一大戕害。

夏日過客不只是擾亂了佛蒙特州的經濟而已。他們到了夏天才住在這裡，其餘的時間便將住居地關閉，於是本州有好些個地方成了無人鬼城。一個社區或聚落必須具有延續性，否則不過是像寄生蟲一樣的死地方。「無有居民，屋宇何益？人煙渺茫，土地何利？」③

鄉間一旦成了度假的地方，其社會效應比經濟上更讓人憂心。每一個社區都需要有居民、住家、民眾生活在一起，日復一日、年復一年攜手合作，製造實用和美麗的產品來換取生活所需，並小有盈餘，優遊適意自是不在話下，而這唯有在一年到頭人煙不輟的社區才有可能。

我們決定儘快建立起可長可久的經濟型態，好讓我們能夠一年到頭都在佛蒙特州生活與工作。我們每兩三個月在紐約及其鄰近新澤西州的郊區和佛蒙特州農場之間來回穿梭了一段時日。一年在佛蒙特州溫侯鎮和紐約及新澤西州之間的兩百一十六英里路跑上八九回實在不是什麼愉快的事，最後我們決定終止見習，正式投入新的生活。我們把東西裝上小卡車，從夏日遊客變成了長住居民。

我們並不確定剛來佛蒙特州的菜鳥該怎麼做才恰當，不過我們同意貝梭・侯爾於一八二九年所寫的：「我認為剛到一個地方的人在一開始最好都能謹守當地的例行習俗，站穩腳步之後再選擇適當時機採取必要的改善措施。」④我們不想造成太大的驚擾，小心翼翼地砍了一些住屋附近的白楊劈了充當柴火。這原是此地最糟的木柴。接著我們選錯了地方開闢。這塊六十五英畝地大都灌木叢生，適合開闢的地相當難找。空曠的平地太過潮濕，乾地又太過陡峭，一下雨就會把表土沖刷掉。

我們選來開闢的地方在秋天看來還不錯，以些許的坡度向南方及西南方延伸，乾度適中，黑土上植覆一層厚實的土壤，就像佛蒙特州的好圃地所該有的樣子。來春時，我們終於知道那一層厚厚的土壤和黑土是怎麼一回事了。這園圃地勢較高的一邊有一處泉水，夏季乾涸，融雪和春雨時則流量豐沛。不管我們怎麼弄，一直到晚春時節我們所面對的還是一方濕地。我們設法排水，最後順著斜坡挖了一條穿越整個圃地的排水溝。我們持續的警覺與努力克服了排水的困難，披荆斬棘地把一塊空地整理了出來，在我們予以利用的八年期間生產了一些很好的作物。

有錢人才會到鄉下買一座農場，設立供水、供電與冷藏系統，蓋一間澡堂，拆掉雞舍和豬圈，把穀倉改裝成工作室和車庫，到處塗上一層白漆，於五一勞動節離開，在來年六月的第二個禮拜回來。我們並不富有，而且是破釜沈舟，準備在此一荒野過一年三百六十五天不打烊的生活。如何才能持之以恆呢？

我們反覆思量，想要藉拓展林木和選擇性的伐木來維持生計。在佛蒙特州，林木生長迅速，林木產品也不愁沒有銷路。於是我們一搬來這兒就在尖塔山買了一大塊砍伐過的林地，與我們先前買的那塊地相毗連，位於鎮上公路偏後側。價錢是一英畝三美元。原主人約翰・提伯是新芬的木材業者，在一九一六至一九一九年間大肆伐木，於另一批林木可供砍伐之前的二、三十年間可是一點兒也不想繳土地稅的。在佛蒙特州的這個地方，一片不在公路旁邊、上面沒有建築物、上百英畝的砍伐後林地，仍然可以用一英畝十美元以下的價錢買到。

木材業者伐木的目標是那些含有至少十二英尺長木料的樹木，或是可切割成四英尺長木料以供製紙的松樅，對大規模伐木的木材業者而言，剩餘的林木與林地是沒有什麼用處的，但是對一兩個不想發財、只想賺取些許報酬的人來說，那卻是穩定收入的來源。

我們當初購買時，這塊砍伐後林地上的櫸、樺、楓樹，有許多不是樹幹短小屈曲，就是已部分腐壞，材質不良但大可充做柴火。可以把這些樹製成薪柴，去除白楊、軟楓、櫸等劣等林木，砍掉每逢冬季風雨必倒的樹，把雲杉和幼樅挑出來當聖誕樹或其他裝飾物，砍伐一些幼杉和樅樹做為製紙原料，材質較好的樹則俟長成時砍下製成木材。⑤砍伐後林地經過除草、修整，並在林木具有市場價值時予以選擇性砍伐，便能在一段時間之內為一個人帶來一份差強人意的穩定收入。這也許比不上專業伐木那麼好賺，但自己就是老闆，可以衡量自己的經濟型態作最恰當的運用。⑥

這種砍伐後林地對類似我們處境的人而言有一個特別的好處。它只需少量的資金消耗，經常可以用很低的價格購得。當然，林地經過木材公司砍伐而準備以每英畝幾塊錢的價格出售時，其面積是不會少於一百英畝的。當年諾曼・威廉斯想要向史密斯木材公司購買位於皮克斯瀑布(Pikes Fall)東邊的一塊一百英畝的砍伐後林地，史密斯公司開出的價錢是三百美元。他和史密斯公司的一個職員在那塊地周圍釘下四根界樁，「一半靠猜測一半靠天意。」後來我們量了一下那塊地，發現實際面積是一百二十五英畝。史密斯公司可是一點也不在意。就公司財務而言，每英畝三塊錢的二十五英畝地實在是不算什麼。當查理・魏曼要求諾曼賣他一英畝地的時候，諾曼就在二〇六平方英尺的一塊地四周釘了四根界樁。查理付了三塊錢給諾曼買下這英畝地，而當時一支好一點的斧頭也要四塊半呢！這些不可思議的數字說明了在一九三二至一九四五年間的佛蒙特州，砍伐後林地的買賣是多麼便宜。

我們一直不曾經營木材業，也從來不想靠提伯的地發財。在為這塊地繳了大約十八年的稅以後，我們發現，它大概蘊藏了兩百五十萬板英尺⑦具市場價值的木材，讓木材大亨們很感興趣。一九四一至一九四五年間的戰爭使得木材價格飛漲，提伯家土地的身價比一九三三年我們買下它時漲了至少十倍。這跟我們的努力無關，而是由於美國的人口增加與財富累積，特別是因為參戰的關係，所以我們決定不靠伐木來餵飽荷包。

我們曉得，歐洲有許多位於森林地區的市鎮擁有公共林地。這些林地是市鎮很好的財源，也是兼具歷史意義與實用價值的地標。佛蒙特州允許市鎮擁有林地，條件是砍伐林木時州政府林業管理部門必須從旁指導。因此我們於一九五一年將整片提伯家林地讓渡予溫侯鎮。隔年溫侯鎮開始在州政府的監督之下選擇性砍伐四分之一的提伯家林地。林地如果好好管理的話應該能夠在一段時間之內為市鎮帶來不算少的收入。

⑧

一件事情讓我們的心思離開了木材業。霍德(Hoard)家是我們北邊的鄰居，在我們搬進前艾樂儂農莊之後的第一個春天，霍德家放火焚燒草地。當火延燒開來時，令我們感到不安的是，雖然我們兩家的房子隔了幾乎有半英里遠，霍德家的土地卻一直延伸到離我們的房子只有幾英尺的地方，和我們的穀倉也隔不了多遠。當天的火勢在霍德家人的控制之下，然而火靠得那麼近著實教人不舒服。

我們決定向霍德太太購買一片土地，好讓我們的房子和穀倉不受草地焚燒的威脅。她原本就打算搬走，於是就把她所有的土地讓給了我們，包括其中破損的房舍、狀況不錯可供製糖的林木和老舊的製糖工場。她需要一年的時間來砍伐大約六萬英尺長的木材，接著就以很合理的價錢把農場賣給了我們。

我們買下這塊地的時候，霍德先生去世已經有好一陣子了。孩子們除了一個以外都已長大準備離家，和霍德太太都已不再從事農作。糖林雜樹叢生，合夥製糖的是赫德夫婦，春天採糖漿時，他們的十一個孩子如果幫得上忙便是現成的幫手。我們和赫德夫婦商量後決定維持原先的合夥關係。第一年我們只不過提供了工具、樹林和一些燃料便平白得到了收成量四分之一的糖漿。我們把這些糖漿儲存在艾樂儂穀倉一間舊馬槽的罐子裡，除此之外我們也不知道該怎麼處理。而就在當年夏天，我們發覺，楓糖在佛蒙特州比現金還管用，很好賣，而且不會貶值。這是我們不曾嘗試的。在四到八週的產糖季節裡，我們啥事也不做，光靠楓樹、製糖工場和一些破破的工具所得到的楓糖就足夠讓我們繳稅、付保險費、送朋友、出售、用一整年也用不完。如果我們自己動手製糖的話，楓糖會滿足我們基本的金錢需求的。

我們驚喜地發現，這可能就是我們在佛蒙特州圓石遍佈的青葱山林間如何謀生的答案了。我們原本想要以伐木做為金錢收入的來源，然而就在穀倉裡，一排又一排的楓糖罐在我們眼前閃閃發亮，全部可以馬上變換成現金。先前我們壓根兒沒想到製糖這回事。我們不曾注意到身邊四處遍佈的製糖工場，當然也沒有自己動手製糖的念頭。一九三四年春天所產製的優質楓糖讓我們開了眼界，我們的佛蒙特州計畫遂有希望獲得堅實的經濟基礎。

佛蒙特州一個觸動我們的理性與感性的地點解答了我們的第一個問題：去哪裡過真善美的生活？製糖謀生的可能性解答了第二個問題：如何建立真善美生活的經濟基

礎？我們下一步要做的是決定真善美的生活該怎麼過。

## 註釋

①Rudyard Kipling, *Letters of Travel,* N.Y.: Doubleday Page, 1920 p.11

②「一些有錢的炒手任購得的產業閒置著，盤算將來增值後賺上一筆，特別是他們不需要立即獲取利潤的時候。」William Cooper, *A Guide in the Wilderness,* Dublin: Gilbert & Hodges 1810 p.20

③Thomas Tusser, *Five Hundredth Pointes of Good Husbandrie,* Lon: Tottell 1573 p.11

④*Travels in North America,* Phil.: Carey, Lea & Carey, 1829, Vol. I, p.176

⑤在《楓糖書》第四章與第十一章，我們對自給自足的鄉村經濟體之中林地的工作與伐木地點均有詳細討論。

⑥「對絕大多數的美國農場而言，擁有附屬林地都是好事一樁，既可讓所有者在農忙之餘準備燃料備用，同時也供給木材，可以拿來建造房屋、欄杆、柱子，偶爾也可以做成工具；毋須費心照料，若管理得宜，或多或少可以生產一些糧草給牛羊吃。應該讓林樹長得生氣蓬勃，所得利益將因而提昇，如同其他農作物一般。」R.L. Allen, *The American Farm Book,* N.Y.: Saxton 1849 p.295

⑦板英尺(board feet)：木材的計量單位，等於厚一英寸、面積為一平方英尺的木材。

⑧「在這個時代，我們無法奢望大家都能重公益，輕私利；然而，木材為林地所有者帶來的利潤以及為民眾帶來的好處雖然無法增殖森林，但至少可以讓那些有機會享受好處的人不去破壞林地，如現今林地正大肆遭受毀壞一般。」J. Mortimer, *The Whole Art of Husbandry*, Lon.: Mortlock 1712 p. 294

---

來吧，快，讓我們把都市留給商人、律師、掮客、放高利貸者、課稅者、代書、醫生、香料商、屠夫、廚師、烘焙師、裁縫、術士、畫家、演員、舞者、吹笛手、騙子、皮條客、小偷、罪犯、通姦者、寄生蟲、外地人、騙徒、小丑、老饕，他們敏銳的鼻子緊抓住市場的氣息，那是他們唯一的福惠，唯一的渴求。

——佩托拉克(Francesco Petrarch)，《孤獨的生活》(*De Vita Solitaria*)，1356

我的朋友，如果環境壓得你喘不過氣來，在你進一步傾頹喪志之前：
請遠離塵世，擁抱鄉野。
林樹與流水聲聲問候，豐饒沃土哺育滋養，
青翠草地擁你入懷，新鮮空氣清爽灌頂。
縱使世事險惡，且莫為此煩心。
感謝上帝，你受如此福惠，坐下吧，羅賓，且在此歇息。

——圖塞爾（Thomas Tusser），《農事五百要點》
(*Five Hundredth Pointes of Good Husbandrie*)，1573

何不讓玫瑰與茉莉環繞居所，
反而讓心靈於
灰土與煙塵之中窒息？
反而沉溺於那淹沒整座城鎮
弄得眾人烏煙瘴氣的不潔與污穢？

——考利（Abraham Cowley），《雀奇》（*Chertsea*），1666

鄉野情趣樂無邊，相形之下，商業文化、大型社會、擁擠的都市顯得窘態百出。老實說，我們參與商業生活的目的就是有一天能退隱鄉野，一個人自得其樂地品味豐厚與滿足的日子。這種心情對人類而言實在是再自然不過了。

——勞登(John Loudon)，《論鄉間居所的建立、改良與管理》
(*A Treatise on Forming,Improving and Managing Country Residences*)，1806

我一直在各個山谷之中尋找一塊孤隔的草地，我希望它出入方便、氣候溫和、景致宜人、溪河流注、水聲淙淙、湖波蕩漾。我不期待夢幻仙境。我想選一個過得去的地方照自己的意思蓋房子，為自己安頓一時，甚或一世。在我心目中，一處僻靜的谷地是世上唯一適合居住的地方。

——瑟南古(E. P. de Senancour)，《奧貝曼》(*Obermann*)，1903

# 我們的生活計畫

我們的資產——我們訂定十年計畫——金錢利益放兩旁——不想賺錢——不借貸——協同合作——建立製糖事業——分享農產品——不養動物——我們會拆掉舊房舍，找地方蓋新的——我們蓋石屋，並預先收集石材——採砂石——條理分明為第一守則——好工具壽命長——必要的自我要求——工作時程表

這一切進展得很快——或許是太快了。我們愈陷愈深。是不是太深了？如今我們有了三個荒疏的農場，也開始投入我們一竅不通的製糖工作。如此會有什麼樣的結果呢？種種生活方式的改變會不會造成日後令我們悔恨的牽絆與糾纏？我們必須提高警

覺。我們的處境可以用三段話約略加以說明。

我們身處鄉野。我們擁有土地。我們擁有可以自由運用和砍伐的林木。我們的園圃可供應足夠的食物。我們擁有時間、目標、精力、充分的智慧和想像、得自楓糖的微薄收入，手頭還有一點錢。

我們是在一個荒廢殘破的農場。我們所住的木屋結構不良，冬天寒風穿梭其間就像流水過篩。我們所擁有的林地二、三十年後才會有個規模。旁邊我們所擁有的另一個農場也是屋舍殘破的荒廢之地。我們的土壤太過潮濕，土質不良，堅石遍佈，到處都是樹木砍伐過後長出來的植物，不過其中倒還殘留著一些不錯的林木。我們的圃地頗有搞頭，但最大的一個太低窪也太濕，致使生產力不足。

我們健康狀況良好。我們沒有債務纏身。我們對未來懷抱希望，但欠缺獨立生活的經驗，不是很確定該怎麼做。仔細思量之後，我們訂出了十年計畫。

此一計畫並不是一次就拍板定案。我們所獲得的經驗會隨時予以修正。這是一份具有相當彈性的計畫，但在原則上仍不失為我們實際遵行的綱領。這份計畫草擬於一九三〇年代中期，要點包括：

**1. 我們想要建立一個植基於實用經濟的半自給自足家庭經濟體，盡力擺脫一般以金錢利益為主導的經濟型態。**

經濟大蕭條使得千千萬萬在商業市場之中以勞力換取薪俸圖謀生計的人們，結結實實地領教了此一經濟型態所潛伏的危機。領取薪資的工作者並不是工作的主人，對於經濟政策的規劃以及由誰來執行政策他們沒有置喙的餘地。許許多多在一九三二年丟掉工作的人並不是因為自己犯了錯，然而，以金錢交易為基礎的經濟體系還是讓他們打破了飯碗。收入沒有了，食衣住行的開銷吃光了積蓄，再來就是債台高築。由於我們打算在這個以金錢利益為主導的經濟體系之中繼續生活下去，因此我們要嘛就認份一點，要嘛就另外想出個可行的辦法。這另外的辦法就是半自給自足的生活型態。構想中半自給自足的經濟型態或可藉由以下步驟達成：⑴按本地的土壤與氣候狀況盡量生產我們自己所需的食物。⑵拿我們的產品來換取我們無法生產或沒有生產的東西。⑶以我們自己砍劈的木材充當燃料。⑷自己動手拿本地的石頭和木材蓋房子。⑸製作橇和梯子等工具。⑹大型企業裝配線上生產出來的工具、器械、裝備、機器數量愈少愈好。①⑺如果在一年中有幾個小時或幾天的時間要用到這些器具（犁、拖曳機、壓路機、鏈鋸），就向本地人借用或租用，不需要買下來成為己有。

**2.我們不想賺錢，也不想獲取薪酬與財利。我們只想討生活，盡量以實用經濟為基礎。當付出的勞力已足供一年生活所需，我們就會停止勞動，直到下一個收穫季節來臨。**

**「賺錢」或「發財」的念頭讓人們產生了扭曲的經濟觀。經濟活動的目的不是金錢，而是生活。**錢不能吃，不能穿，不能住。錢是交換的媒介——一種藉以獲取生活必需品的工具。重要的是生活本身的品質，而不是拿來交換生活所需物品的金錢。再者，金錢就像其他東西一樣是要花錢買的。史蒂文生在《人與書》裡寫道：「金錢是一種可買可不買的商品，像其他東西一樣會讓我們捨得或捨不得花錢。像感恩的心、鄉村生活、令我們心儀的女人等等可能都比金錢更教人心動。」②

在金融體系裡長大的人從小被灌輸賺錢與存錢的重要性。人們總會對我們說：「製糖是行不通的，賺不了錢的。」有一年，鄰居哈洛・佛德詳細記錄了他在楓糖季節所投入的勞力以及製品的售價，最後算出他平均一個鐘頭只拿到六十七分錢。於是次年他停止製糖，因為做工領薪水還比較好賺。然而，當時他找不到領薪水的工作，結果連一個鐘頭六十七分錢也沒拿到。

我們的態度不同。我們記帳絕不馬虎，但那些數字從來不是決定我們要不要製糖的依據。當產糖季節來臨，我們就樹採糖。記錄上的數字告訴我們楓糖生產所費幾何。當產糖季節告一段落，手頭也有了楓糖，我們便寫信給加州或佛羅里達州的各個關係人，告知我們的楓糖生產成本為何，以交換等值的柑橘、胡桃、橄欖油或葡萄乾。透過這些交易，我們在沒有金錢流通的情形下得到了我們自己不生產的東西。製糖擴大了我們謀生的實力。

我們也在市場上賣糖。我們算出確實的生產成本，據以訂定販售價格。交通運輸不是我們決定售價的考量因素。

每一年我們都會預估要生產多少作物來塡飽肚子，同樣地，我們也會估算需要多少現金方足夠應付開銷。**當需求得到滿足，那段時間我們便不再生產作物**，也不再賺錢。簡言之，我們的目的是討生活，一旦這方面有了著落，我們就會去做其他事情，像是社會活動和閱讀、寫作、作曲等休閒活動，以及修理或更換工具設備等等。

**3. 堅守現金交易原則。不向銀行借貸。因抵押、票券與借據而生的利息一概敬謝不敏。**

在任何經濟體制底下，貸款給別人的金主日子可都愜意得很。不管是個人或銀行機構，他們借別人錢，拿抵押品，收取豐厚的利息和拍賣所得。什麼活都不用幹，光靠借錢給別人就可以吃香喝辣。那些苦幹實幹的借貸者則必須付利息，否則便要失去財產。許許多多的農民和購屋者於經濟大蕭條期間因為付不出利息而失掉了一切。我們要嘛就用現金買，否則就根本不要買。

4. **楓糖將成為現金收入的來源，為此我們建立了一個共同合作的生產型態。**我們和佛洛伊・何德一家訂立合作協定。我們一起工作，根據擁有土地、使用工具、工作分量的比例分配楓糖的收成。我們和何德家的協定始於一九三五年，之後延續了六年，接著又和其他人繼續合作。

5. **讓楓糖生產更有效率。我們淘汰了霍德家老舊的製糖工場，代之以一幢現代的建築，並增添新的工具。**一九三五年，我們搭建了新的製糖工場，何德夫婦買了新的大蒸發器。我們也決定把一部分收成的糖漿轉化為隨時有銷路的楓糖。這方面的工作於《楓糖書》中已有詳述。

**6. 如果賣楓糖的錢足供我們生活所需，我們就不會再去賣本地所出產的其他任何東西。作物以及其他盈餘都會依照實際需求和鄰居朋友共享。**

有福同享乃本地通則。瑞可斯·奈特梨樹特別多，收成好的時候，他就把一桶一桶的梨子分送給沒有梨樹的人家。傑克·賴福讓人免費撿蘋果、砍聖誕樹。我們把薪柴和許多作物送給需要的人。栽種、採摘和分送甜豆乃吾人樂事一樁，我們每一年都大量栽植雙排豆田，六十至一百英尺長。盛產時節(七月至九月底降霜)到鎮上去，我們都會帶著一籃一籃的甜豆分送朋友和我們不認識的人。賣雜貨的、看牙齒的、加油小弟、路人——大家都收到了一份芳香的禮物。其中一位女士先前已經花錢買了一大串，臨走時還喃喃自語：「我住得離紐約太近，時間也太久，早就忘記有這種事了。」

**7. 不養動物**。佛蒙特州的農人絕大多數都養動物，種類繁多。我們不吃動物及其產品，也不利用或剝削牠們。農人與動物之間主奴與互賴的關係與我們無涉。舊諺云：「有奴僕者皆非自由身。」吾人曰：「養動物者皆非自由身。」

在新英格蘭農場，動物養殖的工作包括了儲藏室、畜房和圍柵的建造及維護，還要割取或購買乾草。這些工作將佔去農人許多時間。農場裡的役獸工作不定時，吃飯可是有定時的，其中有很多吃的比做的多，實乃非自願的寄生蟲。圍柵造得再好，動物也不時會走失，而就像逃跑的奴僕一樣，走失的動物必須被追回，恢復其奴僕身分。馬、牛、豬、雞等動物的主人平常侍候著牠們，餵食、照料、清潔，無微不至。蕭伯納曾言：「從牧羊人到屠夫，千千萬萬人在動物活著的時候當牠們的侍者，之後當牠們的劊子手。」

我們相信眾生平等——人類與非人類皆然。因此，我們的運動項目從來不包括打獵和釣魚，餐桌上也從來沒有動物。再者，**出於對生命的尊重，我們不願意去奴役或剝削其他眾生**。人們普遍對家禽家畜施以不正當的剝削，包括搶奪牠們的奶和蛋，以及強迫勞動。牛、馬、羊、雞、狗、貓等家禽家畜都是奴隸。人類有權掌控動物的生與死。人們買下牠們，擁有牠們，賣掉牠們，使用牠們，虐待牠們，要殺牠們、吃牠們的時候毫無愧疚。人類驅使動物工作的方式五花八門。動物如有不從或已老朽，便會落得交付屠夫或立殺無赦的下場。

貓狗過著仰人鼻息的生活。家庭寵物把野生動物給殺掉或趕走，而後者獨立自主的生活比起那些吃飼料的軟骨頭可是有風範得多了。我們喜歡野生動物，覺得牠們比貓狗可愛、漂亮、健康，雖然後者有一些是我們在佛蒙特州最好的朋友。

所有的動物都是我們的朋友，但我們不要依賴者，也不想心存依賴。有許多農人每天忙於照顧動物，為牠們而不是為自己準備食物，結果是讓自己的工作時間被佔去了大半。

**8. 我們不想浪費時間重新裝修老舊的建築物。如有需要我們會予以使用或修葺，然而我們心裡明白，這些建物皆已風華不再，一旦喪失功能，我們會當機立斷予以拆除。**

我們覺得艾樂儂家的房子少了個壁爐。唯一的解決方法是增加室內空間。於是我們增建了一個十二英尺見方的石室，有石壁爐、石地板、松木鑲板。除此之外，對艾樂儂的老房子我們只做了一些迫切需要的修葺，雖然我們在那屋子裡住了九年的時間。

整修舊屋比起蓋新屋常常要花一樣多、有時甚至更多的時間與金錢③。況且，不管你對老房子做了什麼，到頭來房子還是原來的架構，風格與樣式也不符合現代人的居住習慣。「改裝舊屋者受制於原始建造者，就如同翻譯者受限於原作一般。」④

自從搬到佛蒙特州以後，每一次我們看到親戚朋友動手裝修老舊建築物，我們就會覺得以上的觀察實在是很有根據的。

**9.挑選地點來建造一座永久的居所和其他必要的建築物，以及雨季可排水、乾季可灌溉的園圃。於第三章和第四章詳述。**

**10.以天然的石頭與岩石為建材。如此就得預先收集材料才會有效率。將所有用得上的石材加以分類，分堆安放將來要建造牆壁、牆角、煙囪、地板、陽台、壁爐的石材。**

打從有了建造石屋的念頭以後，我們就開始收集石材⑤。不管是在路邊、園圃裡、石子坑、老舊的石牆或是在林中散步時，我們隨時隨地注意著形狀適合、搬運方便的石頭。《農事五百要點》(1573)的作者圖塞爾告訴我們：「四處逛逛景物佳，石頭不忘拿回家。」⑥他解釋說，「如果你的土地上石頭太多，造成困擾，就要求僕人每次回到家時都得帶一塊石頭。日積月累之後，你將會有數量可觀的石頭，拿來鋪地造牆皆相宜。」⑦一些好的石頭我們甚至會從別州運來。鄰居也開始感到興趣，他們拿鋤鎬把好石頭挖起來，讓我們的石堆再添生力軍。

我們就近騰出一塊不妨礙建築工事的地方堆放石頭。我們豎立了幾個告示板：標示「角落」處堆放有九十度角的石頭；「藍絲帶」是平坦好看的石頭；「地板」是表面平滑、大而薄的石頭；「煙囪」是四四方方、有稜有角的石頭；「雜碎」是其他大小、形狀不一的石頭，可以拿來當地基或裝填用。搜集石頭成了我們步行或開車時念茲在茲的事情，要忘了把石頭拿回家還真不容易呢！

11. **在我們的建築計畫中，建造一間用來貯存新伐木並在最佳狀況下予以風乾的屋子是優先工作之一。**如此我們便會有風乾的木材做為預備建材。我們於一九三三至三六年間所貯存的木材，使得我們在一九三八至四三年間(我們的建築高峰期)得以用每千英尺二十五美元的成本使用木材，當時同樣材質的新伐木以每千英尺一百二十五美元的價錢還很難買得到呢。

12. **水泥房子需要沙子與礫石，所以我們要找到沙子與礫石的可靠來源。**這是絕對必要的！因此我們於一九三四年開始找尋好的礫石產地。

找礫石的不只我們而已。我們住處旁邊有一條泥土路，鎮上不時要拿礫石修修補補的。修路工人告訴我們附近只有一個地方有好的礫石。他們說已經在別的地方做過多次探勘，但成果不足觀。礫石產地的地主是賈麥加鎮的賀夫隆醫師，是修路工人的礫石來源，我們也從這裡搬運了一段時間的沙子與礫石。後來那塊地賣給了幾個紐約人，他們說不想看到礫石車在他們的前庭開來開去的，於是高掛禁止出入牌。這意謂著必須去山的另一頭搬運礫石。我們仍然勇往直前，開始跑遠路，但取得的礫石顆粒微細，還摻雜流沙與黏土，拌起水泥來事倍功半。

我們正為這問題不知如何是好，有一天查理・懷特在往賈麥加的路上把我們攔了下來。「你們想不想買一塊地呢？」他問道。我們說我們已經有不少土地了，不過還是向他詢問地點。結果那塊十三英畝的地恰恰位於紐約人所關閉的採礫石場旁邊。我們過去察看，四處探測了一下，發覺那裡有不錯的礫石。於是我們向地主克萊頓太太詢問售價。她表示價碼是一百美元。「不過，」她說，「原先梅里爾・斯塔克想買這塊地，而且已經下了二十五美元訂金。現在已經超過了期限，而他又拿不出餘款來。我不想繳土地稅，所以想賣掉這塊地。」

這有點傷腦筋。梅里爾・斯塔克來自佛蒙特州有頭有臉的斯塔克家族，住在我們家南方兩英里處的皮克斯瀑布區。如果我們買下他想買的地，鄰里關係勢必緊張。如何才能皆大歡喜呢？

經過討論之後，我們向克萊頓太太提出的建議是：我們開一張一百美元的支票給妳，一張二十五美元的支票給梅里爾・斯塔克，土地稅也由我們支付，大約是十美元。克萊頓太太表示同意。結果斯塔克拿回了二十五美元，一直到幾年後去世之前都對我們很友善，我們也得到了亟需的礫石來源。

十二英畝地的礫石當然是太多了。一英畝地已足夠。於是我們在最靠近道路的一頭闢了一個採礫石場，四周圍起一塊少於兩英畝的地，其餘的地則分成兩部分。我們在其中一塊地上建了一座小木屋，親自實驗一下這類型的建築工事，以六百美元賣出。建造過程讓我們學到不少東西，最重要的一課就是不要再拿木材蓋房子了⑧。我們在另外一塊地上建了一座四房單層石屋，屋後有一間冷藏用的石室，以兩千美元賣出。石屋離採礫石場約一百碼，建築石材來自取出沙子與礫石後剩下來的許多石頭。我們在兩間房子裡都以石材造了煙囪和壁爐。

我們無法認同賺取利潤的觀念與制度。因此我們在蓋那兩棟房子的時候詳細記錄了支出情形，並加計相當於當時行情的工錢、地價、建材與建築相關開銷，從而得出不計利潤的售價。兩棟房子的建造與出售給了我們很多經驗以及一小筆資金，這些錢我們很快就又投入了其他的建築計畫裡。

採礫石場也出產草皮和表土，供我們闢園圃和堆肥用；底土和圓石可供工程充填用；石頭、沙子和礫石則成了牆壁、地板與煙囪。我們會將採礫石場覆蓋起來，以免有機物質混入底下的沙子與礫石。

幾年下來，我們挖出了許多優質土壤來擴充園圃；許多非建築用石頭、甚至樹根和其他雜七雜八的東西來填充沼地，好讓我們可以在製糖工場周圍駕車來去；許多底土和粗礫來建造或填補附近的道路。從有機混合土、表土、底土一直到礫石都各有用途。舉例來說，製糖工場後面就有一個可以吞沒任何直徑四英尺以內東西的大洞需要填平。

這十二項要點是我們十年計畫的精髓，我們在卡片上逐條詳列，形同我們家居生活機制的基本大法。此外我們還訂定了一些家居生活的程序規則，第一條就是要求條理分明。

我們所規劃的是一個運作順暢的家園，不是什麼營利事業；但我們希望它就像大型經濟計畫一樣條理明晰。我們的記事卡上有一項是「待做之事」，此項又分為「好天氣的工作」和「下雨天的工作」，其他事項還包括「規劃的工事」以及「已完成的計畫」。每一項計畫都列有開支記錄，使用的材料和經費支用情形都詳加記載。另外還有園藝與製糖專用的活頁記事本，其上載錄原始規劃、當前工作的報告以及過去幾年的記事。

亞瑟·楊格在《農民的行事曆》⑨裡的「冬夜」一節如此叮嚀農民：「每一件第二天要做的工作，都應事先排定，寫在農事記錄簿裡。此外，他還應該備有另一本簿子，記下各式各樣的觀察、疑問、思考和計算……用單張的紙張記錄事情，日子一久，不但容易散失，而且翻查起來相當費事。如果一概都把事情記在同一本簿子裡，找起來就相當容易。借助過去的心得和經驗，他將會事半功倍。」

我們一個一個解決實際遇到的問題。解決問題的模式為：首先估衡情勢，接著進行一場或一連串的討論，導出結論，同時白紙黑字記錄備忘。結論推演成一份計畫，同樣訴諸文字，並適時予以修正。這份計畫經過查核後融入我們的十年計畫之中，成為工作進度的一部分。⑩

讀者或許會覺得這樣的生活管理太嚴密了。人們可不想把日常所有的活動都如此詳細規劃。然而，日復一日，年復一年，我們知道這就是做事情的方法。如果有預定的目標和周詳的計畫，誠心誠意並條理分明地執行進度，對細節與整體規劃同樣關注，區區兩個人也可以在一天、一個月、一年之內成就許多事情。

以工具的管理與放置為例。工具皆有定位。鏟、鋤、耙、棒放在工具間入口處右邊的架子上。有多少工具，架上就有多少空位。我們從來不需要為了一把鏟子或鋤頭四處搜尋。如果工具不在架上，一眼就看得出，我們便去找出來，萬一找不著就予以添置。事實上，這套方法幾乎不曾讓我們丟掉過任何工具。

一天的工作完畢之後，工具皆重歸定位。我們每一天都這麼做。因此，不在定位的工具就是在使用中，不用的工具就會在定位。如有工具在一天之中同時為多項工作所用，此一做法仍然適用。為了進一步對工具加以分類與管理，我們在工具的握把塗上鮮艷的顏色，如此工具不管在草地裡或工作場所中都很容易辨識。

鄰居知道我們工具齊備，便不時來借。我們通常都有備份，否則就會不夠用的。

基本上，資本財應該是可以用一輩子的。譬如我們的水泥攪拌器，一九三三年以二十美元購得，二十年後讓給赫伯特·李德時仍然好用得很。我們每次用完都會清洗乾淨，冬天則上油收好。它是手動的攪拌器，許多訪客建議我們接上汽油引擎或電動馬達，不過我們還是繼續維持手動。攪拌器二十塊錢的資本額（減去它在一九五三年能賣得的好價錢）就這麼用了二十年的時光，一年還花不到一塊錢呢！

讓攪拌器維持手動有幾個好處。⑴我們省卻了操作動力機械所需的時間、勞力、資本、維修和改裝費用。⑵我們省下了汽油或電力的花費。⑶我們得以免除機械故障所引發的焦慮、緊張、挫折和時間耗費。主張機械化的人所不願意面對的事實是，機器也有生命週期，有生老病死，機械管理者必須像照料家畜——譬如一隻馬——或其他奴僕一樣等著在機器的生命週期裡處理種種的狀況。⑷在雙手交替轉動攪拌器的過程中，我們得以在戶外新鮮的空氣中均衡地鍛鍊肌肉、運動身體，從而獲致精神與活力——此乃維持身體健康的要訣之一。⑸我們得到了直接參與的滿足感，而不用去照料機器，不必去吸廢氣和一氧化碳。

讀者在這裡可能會問我們兩個問題。第一個問題是，如果我們不想使用機器，那為什麼不用鏟子，而要用手動攪拌器？我們的回答：我們的確是經常使用鏟子的。如果工事規模較小，我們便在鐵製手推車上攪拌水泥。拉手推車要比搬攪拌器來得容易。再者，清洗手推車只要清洗攪拌器四分之一或五分之一的時間。

第二個問題大概是「如果你們想造個水壩，你們還會在手推車上攪拌水泥嗎？」我們的回答：可能不會。機器自有其功用，在大型工程中尤其顯著。我們所從事的不是什麼大型計畫，而是迷你事業。我們想要建立並維持一個自給自足的家園。大致來講，機械器具在這樣的一種努力中實屬負債而非資產。

人類使用工具有悠久的歷史。機器是新玩意兒，最近才進入人類的生活領域之中。機器當然比人類更有力量。機器同時也逼退或消滅了許多古老、迷人且創意無限的手工技藝，打破了傳統機制，把成千上萬的「手」推向工廠，讓成群結隊的都市游民在貧民窟之間輾轉流離。且讓將來的歷史學家去估量機器年代對人類的心理、生活樂趣和生存意志所造成的影響。

拉拉雜雜談了一下我們那忠貞不二且堅毅持久的水泥攪拌器，我們要說的是，資本財可以用上很長的一段時間。我們將就此繼續發揮。

我們的測量用水平儀和轉鏡儀是祖父輩所遺贈，都是十九世紀中期史泰波爾兄弟公司的產品（早已停產），很能滿足我們簡單的工程需要。我們有很多狀況良好的鎚、鋸、鉋和金屬器具已經傳了兩三代了。這些工具如果任其暴露於戶外，即便時間短暫，壽命也會縮短，如時值晚秋和冬天，那麼離報廢的日子就不遠了。⑪

我們和鄰居談論這件事，不過沒什麼用。他們共同的想法是，把工具留在工作場所隨時取用要比帶進帶出的方便多了。他們大都有屋舍可用，但就是任其閒置。

將工具暴露於戶外對工具金屬部分的損害通常要比木質部分來得嚴重。不過木質部分也會受到相當程度的損傷。有一年夏天，由於工作需要我們必須在一台美金三十五元的手推車上處理黏土。每天工作完畢之後我們即清洗推車，並於夜間予以覆蓋。推車的木質把手雖已上漆，經過一個月的濕了又乾、乾了又濕仍然損壞嚴重。我們把它塗上一層舊機油，這才挽回頹勢。⑫

工具間放鏟子的架上右側，有兩塊麻袋布掛在釘子上，鏟子用完後拿這兩塊布擦拭乾淨，到了冬天就花半分鐘時間用廢棄的油漆刷塗上一層油。這些鏟子不曾生鏽，泥土也就不會黏在上面，要用時不必敲敲打打刮刮擦擦的。乾淨的工具用起來事半功倍。斧頭放在鏟子旁邊，每天晚上工作完畢之後斧頭便歸於定位。斧頭如果鈍了，就馬上磨利，鈍斧和利斧用起來可是天差地別的。

如果細心經營，資本支出便可減少，資本財的壽命也可以無限延長，讓每年維修與更新的費用幾近於零。重新購置會消耗相當的經費，如果是分期付款，或任其暴露戶外，或是被小孩拿去玩耍，支出更是可觀。

秋天，我們為礫石場做最後一次整理，檢查採糖的管線，清掃工具間，播下麥種，儲存根莖蔬菜和蘋果，在道路和溝渠邊釘上雪樁，同時我們自問：「我們明年有什麼打算？」接下來的幾週或幾個月，我們討論各種可能性，做出決定，寫在紙上，訂出計畫，歸檔存放，等春天來臨便著手進行。如果發現建築用木材短缺，我們便在冬天伐木，砍伐的木材先做暫時性的擺放，等春天道路雪融後再予以搬運。我們要保持木材儲存充足無缺，以備各種大小工作的需要。薪柴也不虞匱乏。我們認為貯存得宜的木柴比銀行裡的存款還要實在。製糖事務經過通盤的考量，不致因為缺少物資而招致損失。我們手頭有錢就蓋房子。一年蓋不完便設定暫停點，等明年再繼續。

為了執行各種計畫，我們訂下若干紀律事項，希望和我們一起生活的人也能遵守。農場裡有三種工作要做：(1)一般日常工作：烹飪，清洗，打掃；(2)正規勞務：園藝，伐木，修繕，更新，以及有關建築與裝備等的生計勞動；(3)獲利農作。

在森林農場和我們一起過活的人，首先是那些只逗留一兩天的。這些我們視為客人，不必配合我們的生活模式，頂多是幫忙烹飪和清洗。

其次為停留時間超過一週的人。這些是短期居留者，我們讓他們撥出一半的時間幫忙做正規勞務。

最後是永久居民。他們幫忙做上述前兩種工作，分享農場生產的所有食物，可自行興建居所——我們提供建地、材料、協助訂定計畫與細部工作。永久居民有權利也有義務。如果他們想參與獲利農作，必是基於大家分工合作、意見協同的前提。

客人和短期居留者都住在客房裡，和我們一起用餐。我們想要讓大家在用餐時交流往來。朋友和訪客都知道用餐是交際時間。用餐時間一到，在場所有人都會受邀享用早餐、中餐或晚餐，不論顧客、陌生人或朋友皆然。我們的廚房兼餐廳通常還要擺上第二桌呢！

我們把每一天分成兩個主要時段：早上四小時，下午四小時。早餐時我們首先觀察天氣，自問「今天怎麼安排？」經過討論我們決定哪一段時間從事生計勞動，哪一段時間做自己的事。天氣通常是最主要的決定因素。

假設早上是生計勞動時間。農場裡每一個人都有該做的工作，不管在園圃、林子、工地還是在製糖場都一樣。如果早上是生計勞動時間，那麼下午就是個人活動時間，可以讀書、寫作、曬太陽、林中漫步、玩樂器、去鎮上走走。四個小時的勞動換來四個小時的閒暇。

還有一點非常重要。我們從不趕著做事，除非有時候快下雨了，裝楓樹汁的桶子快滿出來了，或者聖誕節的忙季到了。這些緊急情況我們都盡量事先設想好，以避免手忙腳亂。我們每天、每月、每年都從容做事。我們做自己該做的工作，且樂在其中。

我們擁有閑暇時光，且充分享用。生計勞動時間我們努力工作。認真工作也好，享受工作也罷，除了極少數特殊情況之外，工作本身就是很有意義、也很有意思的。⑬

這兒沒有主管。沒有人發號施令。漢可・梅耶本來做的是大型建設工事。來這兒一天之後，他滿腹狐疑地說：「在這裡聽不見任何人對別人大呼小叫，真不知道你們是怎麼把事情做好的！」

我們希望每個人都能在自己的精力與能力範圍之內做出貢獻，而情形的確是如此。無所事事或逃避工作的人絕無僅有。有時候，叫人們去工作不難，難的是叫他們停止工作。園圃尤其讓人流連忘返。菜圃裡總有事情做。在一個早上的植苗工作之後，總有些不平整之處需要修飾。於是吃了午餐之後便不由自主地溜回菜圃裡，想要再多種一排，或者豎立幾個蕃茄架。於是半個下午就這麼不知不覺地溜走，而菜圃裡還有的是事情做呢！

雅各・阿普瑟剛來時頗為不安，不確定自己將來要做什麼。後來他在工作中得到紓解。於是他每天早上從事生計勞動，吃了午飯之後又繼續一個下午同樣的工作。我們花了一個月或六個禮拜的時間，才說服他把半天的時光花在閱讀或其他與生計無關的活動上。過了一段時間，他漸漸能夠和從事勞動一樣，自在地享受每天四小時的閑暇時光。雅各體認到，如果要把事情做好，休閒和工作一樣重要，而如果一個人太過緊繃，休閒常是更迫切的。

這裡的每一個人都有假期，時間從幾週到幾個月不等，相當於從事生計勞動的時間。我們事先根據工作情況和個人喜好安排假期時程。我們的目標是用半年的生計勞動換得一年的生活所需。細節安排極富彈性。有時候我們正常工作了幾個月，接著是幾個月的假期。

禮拜天我們沒有特定的時程表，也沒有固定的生計勞動。禮拜天早上通常是音樂時間，晚上則經常是共同討論時間。有時週日晚上是朗誦時間，聽的人敲堅果、剝豆子、縫衣服、打毛線。我們大致上遵循這套時程，但也不是盲目奉行。如果沒有很好、很充分的理由，我們不會予以更動。

我們佛蒙特州的鄰居想當然耳對我們的規律生活驚異不已。他們已經習慣隨性的生活方式。他們起床工作，或者因故不能工作，或者不想工作。如果有人造訪，他們十之八九會丟下工作跑去打屁，有時一聊就是好幾個鐘頭。他們隨興所至決定工作目標。工具用完了隨手放著，想要再拿來用時找上老半天。如果早上的天氣像是要下雨或下雪，就坐下來不幹活。在他們眼裡，我們規律的生活無異自我虐待。「那些傢伙活得像犯人一樣」，鄰居們指著我們說。「我們像火車和公車一樣按照時刻表前進。」

我們的確是如此，那是因為我們標的明確，規劃周詳。如果你能掌握整體狀況，將工作妥善劃分，按部就班，逐一完成，如此則任何繁瑣的工作都可以處理得當的。

## 註釋

①在佛蒙特州的這些年，我們一直有一輛半噸的小卡車，價錢不便宜，但不可或缺。第一台是達吉(Dodge)，之後是福特(Fords)及雪芙蘭(Chevrolets)，直到最後性能卓越、四輪驅動的吉普(Jeep)。如果走的是柏油路，四輪驅動就顯得多餘，但是在石子路上，穿越田野和樹林，上下坡，走泥地、雪地或結冰路面時，為四輪驅動車多花的錢就非常值得。這輛小卡車載過木材、砂石、大石頭、石灰、水泥、表層土以及我們的製糖產品等等，南來北往，每年載我們行過數千哩路。

②Lon.: Chatto & Windus 1888 p.143

③「在這裡，我要提醒那些興致勃勃想把破爛的鄉下居所整治翻修的人，其實這工作是知易行難。」D.G. Mitchell, *My Farm of Edgewood*, N.Y.: Scribner 1863 p.57

④Thomas Fuller, *The Holy State and the Profane State*, Cambridge: Daniel 1632 p.166

⑤「石屋主要的花費是在蒐集石材的費用上…如果石材在冬天或任何空間時間就蒐集妥當，而且取用方便的話，可以想見一棟美麗大方的石屋所花的錢應該不會比建造木屋超出太多，尤其是木材還得從外地購買和運送。」J. M. Gourgas, in *The New England Farmer,* April 4,1832,p.298

⑥*Five Hundred Pointes of Good Husbandrie,* Lon.: Tottell 1573 p.96

⑦同上，p.99

⑧「倘若我在林地的生活重新開始，除了簡單的小屋或豬圈之外，我是不會再用木頭當建材了；因為經驗告訴我，整體評估起來，木屋最不乾淨，最不方便，成本也最高。定居者要蓋房子，如果可能盡量蓋石屋，因為石頭、木料和石灰，除了收集和搬運的工夫之外，所費無幾。我所說的『所費無幾』，指的是這些東西不需要用錢買，可以靠家人通力合作來取得。」Samuel Strickland, *27 Years in Canada West,* Lon.: Bentley 1853 Vol. I. pp.170-1

⑨Lon.: Phillips 1805 pp.51-2

⑩佛蒙特州本地人對律師往往敬而遠之，看到法律條文避之唯恐不及，除非受到壓力否則不會在「文件」上簽名。有時細節比較繁複，例如將楓糖分配給合作生產者的時候，我們討論周詳，將達成的協議記錄下來，用複寫紙打好字分送各方，沒有人簽名，但白紙黑字還是很有用的。

⑪「照常理看，農夫應該是懂得樽節物力的人，會隨時隨地盡量避免浪費。在花了七十元美金買牛車、四十五元美金買手拉車之後，不用時要小心安置，不應任憑日曬雨淋。犁與其他農作用具也

都一樣。」J. M. Gourgas, in *New England Farmer*, 1/25/1828 p.209

⑫工具把手與其他木質部分可以上漆，但很容易脫漆。比較有效的作法是，當漆面於木紋之間出現破洞時，即刷上一層機油，並抹上一些細沙，如此一來把手的表面會很平滑舒爽，也可填補木頭縫隙，藉以防潮。

⑬「若生命的主要構成元素是可憎的，那人生還有什麼好事可言？不會的。要緊的是好好安排，讓你的日常勞務本身充滿樂趣。」Edward Carpenter, *Non-Governmental Society*, Lon.:Fifield 1911 p.15

---

日出而作，
日落而息，
掘井而飲，耕田而食，
帝力於我有何哉。

——中國古樂府詩（2500B. C.）

神啊！我想這是愉快的生活，
就當個平凡的鄉下人，
安身山間，如我目前景況……
花那麼多時間照顧羊群；
花那麼多時間休憩偷閒；
花那麼多時間靜靜沉思；
花那麼多時間自我消遣；
啊，生活如斯，多麼甜蜜！多麼可愛！

——莎士比亞（William Shakespeare），《亨利六世》（*King Henry VI*, 1623）

我退隱到蒙特齊羅（Monticello），在那兒……我享受到了前所未有的恬靜時光。我早上寫信。午晚餐之間，我要不就待在花園裡，要不就騎著馬在農場兜一兜。吃完晚餐天黑之前，則是作社交活動，與街坊鄰居消磨時光。就寢前看看書。我健康良好，體力也因我所從事的活動而大大增進；對一個六十七歲的人來說，這應該是值得慶幸的。我和鄰居們閒聊農事，談播種與收成，當然，如果他們喜歡，我也會像其他人一樣大談政治，毫無保留；想想我能暢所欲言，毋須向任何人負責，真感到是一種福祉。

——Thomas Jefferson，《給柯修斯科的信》(*Letter to Kosciusko*, Feb. 26,1810)

生活的姿態有兩種：一個人可以生活散漫，無所謂地活著，也可以運用生命，積極行事。所謂積極，不單單是對個人的生命，也是對社會、對人類未來的態度。

——Julian Huxley，《生物學者文集》(*Essays of a Biologist*, 1923)

# 蓋一間石頭農宅

為什麼選擇石頭？——我們建築的基本原則——新房子的選址——挖掘牆基——新房子的布局——弗拉格的方法——版模的製作、固定與塡充——移動版模——牆壁的勾縫——壁爐——對石頭的激情——屋頂的鋪設——室內裝潢——我們自建的全部石頭建築一瞥

上一章已介紹了我們先後買下艾樂儂與霍德兩個農莊的經過，而我們蓋石頭農宅的地點，是在霍德農莊。

霍德農場有一組已經走樣但尚堪使用的建築：一棟農宅、一個柴棚、一間牛欄兼

穀倉、一個馬廐、一間豬欄與一間雞舍。這是一組針對以家畜飼養為主要生計的農戶而設計的建築。由於這一組建築早已搖搖欲墜，加上我們並不打算飼養家畜，所以它們大部分對我們來說一無用處。我們把其中牛欄、豬欄和雞舍送給鄰居科皮先生。他的農場沒有這些設施，因此，他想獲得這些建築的心情，和我們想把它們送走一樣急切。科皮先生和兒子兩人把幾棟建物拆下，搬走了所有可以使用的材料。我們拿馬廐來充當臨時的工具棚屋，存放我們打算用來蓋石頭農宅的木料與水泥。

我們打算以一組功能性強的建築來代替霍德農場原有的建築，一概使用石頭興建。我們之所以會選擇石頭，有好幾個原因。石頭建築看起來就像是大地自己生出來的產物，可以和四周的地貌融為一體。我們也喜歡石頭的色澤與質感。石頭在新英格蘭的大部分農村地區隨處可見。石頭宅子穩重、威嚴而牢固，可以一住就是好幾代人。它們維護起來很容易，不需要油漆，很少或幾乎不需要修理，沒有火災的危險，而且冬暖夏涼。把這些好處全加起來，你就會覺得，花錢蓋一棟石頭宅子相當划算。就因為這樣，我們認定石頭是最符合我們需要的建材。

我們並不是專業建築師，不過，我們讀過有關建築的書，也蓋過大約一打的建築物。**基於有過的經驗，我們膽敢提出四條我們認為是蓋自用住宅應該遵守的通則。**

**原則一：房子的形式和功能應該與結構統一**。建築物的平衡感與和諧感只會衍生於建築物本身的結構，不是可以人工增減的添加物。你是可以先把蛋糕做好，再把糖衣澆上去，但你卻無法先蓋好一棟房子，再把美和實用加上去。設計房子的時候，要符合經濟原則，把不必要的材料和勞力支出減到最低。美和實用是由房子本身的線條和形狀決定的，因此，一般來說，室外裝潢只會減損而不會增加建築的美（但不是沒有例外）。建築家法蘭克・萊特在《論建築》中說過：「我深信，如果一件物件，它的各部分是真正有機地組合在一起，而比例又正確的話，它自然會美。」

**原則二：應該盡力讓房子融入四周的環境中**，使它與四周環境成為不可分的一體。實用和美只存在於整體之中，不存在於部分之中。萊特說：「一棟建築，應該看起來像是輕鬆從地裡長出來的。如果四周是大自然的話，就應該把它設計得與周遭的大自然協調一致；而如果四周不是大自然的話，也應盡量把它設計得寧靜、結實和有機，讓它看起來像是坐落在大自然之中一樣。」

**原則三：建材應該盡可能就地取材**，以便讓人產生一種錯覺：你蓋的這棟房子從開天闢地以來就是四周環境的一部分，是與四周環境一起形成長大的。《小房子》的作者艾德溫・班塔指出：「那些用從遠方運來的不尋常的大理石或花崗岩蓋房子的人，並沒能讓他們的房子顯得與眾不同，能夠做到這一點的，反而是那些為了省錢而挖用最不起眼的石頭來蓋房子的人。」《我們的埃奇伍德農莊》的作者米切爾也說：「我迫不及待要向人證明，用手邊最不起眼的材料來蓋房子，不但可行和經濟，而且可以讓房子牢固耐久，並顯示出一種獨特的美。」

**原則四：房子的風格，應該是其住居者個性的表達、自我的延伸。**《觀念引生結果》的作者李察・韋弗指出：「一個人的個性會顯現於他房子的建築與格局中。」吉卜林也在一篇短篇小說裡寫道：「不管男人女人，有時候都有辦法編造出使別人入信的謊言；唯獨他們所住的房子——也就是他們的聖殿——是不會說謊的，而只會把主人的真相和盤托出。」

以這四條原則為依歸，我們計畫利用佛蒙特州的本地石頭與木材，建築一棟長而矮的房子。我們不打算把房子蓋在平地上，而打算蓋在山坡上。房子的正面應該有一個漆成棕色的陽台，面向斯特拉頓山。屋頂應該低矮，漆成青苔綠色，兩旁有寬闊凸出的屋簷。

要把新房子蓋在那裡呢？是不是可以把霍德家的農舍拆掉，在原地重建呢？由於新英格蘭多雪，所以農民喜歡把房子蓋在道路附近。霍德家的農舍比一般農舍要遠離道路，這一點合乎我們的理想，只可惜它坐落在一塊低矮的濕地，排水欠佳，不是理想的居住環境。我們必須另覓他址。

有一次，我們在霍德農舍上方的山坡滑雪，途經一些灌木叢後，看見一個狀似小山崖的凸出物，它的其中一面，平整得有如一面牆壁。等積雪在春天融化以後，我們回過頭去看這塊大石。那是一塊裂開了的冰河巨礫，有一個面向東南的平坦切面。這切面非常平直，宛如是有人用鉛錘量度過之後劈出來似的。當我們把它前面的樹砍倒，挖出部分表土以後，發現它超過九英尺高。巨礫的背部嵌在山坡裡。它的正面正對著西南方的斯特拉頓山，有如是用指南針定過位。

我們找到合適的屋址了。我們打算把房子直接挨著巨礫蓋，把它平整的一面直接用作起居室的一面牆壁。這面二十英尺寬的牆壁，既可以在冬天為我們抵擋北風，又可以在夏天為我們釋出陰涼。另外，它也可以讓房子看起來更有大自然的味道。在二樓的後方，這塊巨礫還可以充當一個露天平台的基座。(房子蓋好後，有些不懂力學的訪客問我們，我們是用什麼辦法把巨礫移到現在的位置來的。)

我們考察了四周的環境。附近的樹叢裡包含著一些鐵杉和白樺樹。我們樂於讓它們保留下來。在巨礫上方的陡峭山坡，零散分布著類似的巨礫，這將可使我們的新居看起來和四周的環境渾然一體。

鄰居聽到我們的打算，都大驚失色。「你們不是說要把房子蓋在那個石頭堆和樹叢堆裡面吧？」他們問。他們把那裡稱為「大熊的花園」、「一個動物園」，當我們的房子蓋了一部分時，他們又謔稱之為「一間鐵匠店」。不過，隨著房子慢慢接近完成，我們鄰居的態度開始有所改變。米切爾的自述和我們的切身遭遇相差無幾：「我很欣慰地發現，那些剛開始時對我的陋室最不客氣的批評者，現在都表現出對它莫大的好感。它和四周的地貌相當匹配，和它的目的也相當匹配。它毫不矜持的氣質和經久耐用的外表，讓它贏得了當初最存疑的人的推許。」

我們建築計畫的第一步是蓋一間木材棚屋，以便存放蓋新房子用的木板與木條。就像我們的其他建築一樣，它也是一間石頭建築。有人可能會覺得，區區一間木材棚屋，我們何必這麼大費周章，動用石頭去蓋它？事實上，這間木材棚屋是我們整體建築計畫的一個有機部分。從前我們夫妻在荷蘭旅行時，曾在埃爾達堡住宿過。我們看到，在通向埃爾達堡護城河的道路兩旁，各有一間低矮的長形棚屋，很有對稱之美。這種設計讓我們印象深刻，所以，在蓋新房子的時候，我們決定如法炮製，在通向新農宅的道路兩旁，蓋兩組對稱的矮長建築物。一組是木材棚屋連車庫，一組是客屋連工具坊。木材棚屋是我們在佛蒙特州所蓋的第一棟石頭建築，蓋它，讓我們學到很多寶貴經驗。

蓋木材棚屋的那個夏天，亞歷斯・克勞斯貝和他家人來我們這裡作客，住了一段時間，我們把他們安置在一間廢棄的學校房舍中（那是向鄰居楊格家租用的）。亞歷斯是個報人，但對體力勞動有著很大的熱忱。「你們有什麼工作可以分派給我做的沒有？」他一來就問：「我指的是可以我一個人做和按照自己步調進行的工作。」

「當然有，」我們回答說：「你可以幫我們挖木材棚屋的地基溝。」

木材棚屋的面積為十七×十三英尺，換言之，亞歷斯需要挖的，是一條寬二十英寸、總長約九十英尺的地基溝。雖然工作環境很克難，但亞歷斯把工作做得很棒。動手沒多久，他就在其中一個屋角的預定位置，遇到一條深入地下幾英尺的鬆動岩脈。地基溝必須挖得超過這條岩脈的深度，否則，藏在岩脈縫隙間的水會在冬天凝結膨脹，把房子的牆壁撐裂。我們幫過很多人挖地基溝，也看過很多人挖地基溝，但從未見過有比亞歷斯做得更好的，他應該為此自豪。

值得一提的是，很多人都把「挖泥巴」視為是一件輕鬆容易的工作，那真是大錯特錯！說實在，挖掘工作要做得好，是沒有幾個人可以充分掌握的技藝。我們所見過的挖掘高手中，亞歷斯是其一，傑克·賴福是另一。（賴福是我們的鄰居，常常幫忙我們蓋東蓋西。）

木材棚屋的牆壁厚十英寸，朝外一面是石頭，朝內一面是混凝土。門窗框用的都是用六×六英寸的雪松木條製成，托樑也是相同規格。椽木用的是雪松圓竿木。至於窗子，當然是買來的。稍後，挨著木材棚屋旁邊，我們又蓋了一間二十英尺長、容得下兩部車子的車庫。

計畫中的主建築包括三個單元：第一單元由起居室、兩個臥室、浴室、廁所與地窖組成，第二單元是一間大柴棚，第三單元則是連接主屋與柴棚的一條走道（兼食品室）。大柴棚的其中一半闢成兩個房間，一個用來放楓糖包，一個當儲藏間。

我們想要的是一間農舍，而不是一棟鄉村別墅。我們講求的是實用、舒適，而不是便利，所以——例如——我們的房子並沒有正門，進出都要經過廚房。房子裡沒有一面牆壁施有油漆、壁紙或灰泥。所有牆壁都鑲了壁板，地板一律鋪石頭。起居室的唯一裝飾是一排排五顏六色的書和框在一個個窗框中的室外景觀。所有家具都是最簡單的自製家具。

第一個施工的夏天，我們只計畫做兩項工作：砍去盤據在新房子預定地的樹木和挖一部分的地基溝。砍樹的工作聽起來容易，做起來卻困難重重。那些樹，包括蘋果樹和白桉樹，不但生得密密麻麻，而且根部都深深紮入淤泥和碎石塊之間（這些淤泥和碎石是從前由土石流沖積而成）。

接下來的春天，我們進行築路的工作。通向新房子預定地的那片山坡，有十五至二〇%的地點非常陡，貨車往上開的時候，常常會打滑和陷入泥濘之中。我們用大石頭與粗糙的礫石，把路一段一段往上築。當路築到新房子的預定地之後，我們又碰到另一個問題：沒有夠大夠平的空地可供貨車迴車。為了解決這個問題，我們又搬來更多的石頭和礫石，把整片新房子預定地填平。我們所填入的砂石，在最深的位置，超過六英尺深。挖地基溝和挖地窖過程中所挖出來的大量石頭，在這個龐大的填土工程中幫了我們不少忙。

我們在地窖洞的後方發現了一道泉水，這有可能會是個大麻煩。為此，我們用混凝土在泉水兩邊築起邊壁，再用水管把泉水引到廚房的水槽裡去。我們原來預定的供水源，是山坡上方的一道泉水，但地窖裡發現的泉水卻讓我們平添了一個供水源。

為了把地窖裡泉水外溢的水排掉，我們動手在地窖邊邊挖一條排水溝。地窖底部佈滿卵石，我們盡量避開大塊的卵石，移開小塊的卵石，挖一條溝渠。一切進行得很順利，但就在到達窖底之前的一英尺的地方，我們鑿到了一道堅硬的花崗岩岩脈。解決它的唯一方法是使用電鑽和炸藥，但它有可能長達二十英尺。我們採取了別的做法：把原來的溝渠塡了起來，另挖一條可以避過岩脈的溝渠。這條新的溝渠雖然要繞比較多的路，但比起對付花崗岩岩脈來，還是省事得多。挖掘工作就像是談戀愛，你永遠都不能指望會一帆風順。

我們蓋石頭住宅的方法，可以稱之為弗拉格法。恩斯特・弗拉格是紐約一名建築師，他深信，即使財力和經驗有限的人，一樣可以蓋出耐用而美麗的石頭宅子。有鑒於石頭宅子泛見於世界上很多石頭資源豐富的地方，所以弗拉格認為，別的地方做得到，在美國這裡就沒有理由做不到。他設計了一套築石牆的辦法，可免去切割石頭這道繁複而昂貴的手續。他的石牆壁由石頭和混凝土構成，兩者一起施工，成為不可分的一體。他的方法揚棄泥刀與水平儀，而代之以使用兩片一組的版模。牆面的石頭不是裝飾用的，它們會與後方的混凝土固結在一起。往往，石頭佔牆面的厚度，會高達四分之三，甚至以上。經過多年的實踐，弗拉格成功地證明了，只要方法得宜，石頭住宅就可以以合理的價格興建出來。霍德・卡里在《蓋一個家——省三分之一》中指出：「弗拉格的方法讓普通人或包商可以以原來三分之二的價錢，蓋出一棟石頭住宅。」

弗拉格向打算建築石頭住宅的人提出四點忠告：一、石頭住宅不宜建得太高，因為石頭住宅蓋到五英尺高以後，搬運石頭與混凝土所花費的功夫，就會以比例增加。如果有需要一層二樓的話，可以盡量利用老虎窗式的結構。二、地窖的空間應減少到最低，所有樓地板都應該使用混凝土來鋪。如果喜歡，可以在混凝土地板的上面加鋪一層其他地板：暖氣管和電線可以藏在導管裡。三、房子應該蓋成一個固結為一體的單元，所以門窗框應以使用堅實的材料製造，並嵌入石牆中；不要加鑲邊。四、使用可重覆使用的版模。

我們樂於根據自己的經驗為弗拉格作三點補充：一、屋頂的輪廓線愈簡單愈好，即使要裝老虎窗，也是宜少不宜多；二、房子的形狀也是愈方正愈好，把棱棱角角減到最低；三、把房子蓋得大一點，因為石頭房子的改建相當困難，等以後你發現地方不夠用而想把它擴建，會非常花功夫。

對石頭懷同樣熱情的並不只我們幾個，農人作家約翰・巴洛茲就顯然是我們的同道。在《徵兆與四季》一書中，他說：「在新英格蘭鄉村地區的大部分路邊，散布著大量細小、不規則的石頭。它們是年復一年被人們從田裡挖出來。我決心要把這些石頭轉化為房舍。……在感覺上，我的房子是由我在樹林裡找尋石頭的每一個美妙秋日所砌出來的。每一個我把石頭載回家的箱子，都同時裝載著我的喜悅與快樂。每一天都充滿著大事。樹林裡蘊藏了未知的寶藏。……我時刻注意有沒有適合砌屋角的石頭（我計畫中的房子有七個屋角），一棟房子的牆壁是不是漂亮，很大程度上要看它的屋角是不是夠堅固。……我對地面的搜尋是那麼的熱切，以致即使是被青苔或樹葉遮蓋起來的石頭，也難逃我的法眼。……對我而言，那是一種充滿激情的追尋，這種熱情，只有透過鐵棒和鐵錘才能得到抒發。每天都太短了，短得讓我來不及對搜尋石頭的活動生厭。」

在蓋石頭農宅以前，我們就詳細討論過屋頂的問題。一棟石頭房子，如果用來鋪屋頂的是不可燃的材料的話，那它火災的風險就很低，而保費也僅及木造房子的一半。有一段時間，我們蓋房子的時候都喜歡用石板瓦來鋪屋頂，因為離我們住處不遠，就有一家生產石板瓦的工廠。不過，石板瓦的缺點不少。首先，石板瓦較昂貴，也較不易鋪；其次，石板瓦很重；第三，在冬天的時候，雨雪常常積聚在石板瓦片的末端，很容易在凝結膨脹時把石板瓦撐裂，斜度低的屋頂尤其如此（我們計畫建的屋頂，就是一個斜度低的屋頂）。除石板瓦外，另外的可能選擇還有木瓦和石棉瓦。由於木瓦的火災風險很高，所以我們完全不予考慮。至於石棉瓦，則容易被強風吹裂，而且一般而言並不耐用。幾經考慮後，我們決定使用鍍鋅的鐵片，然後漆上青苔綠色。這個決定沒有讓我們後悔。鍍鋅鐵片很容易鋪，而且火災的風險是零，只要每隔三年油一次漆，壽命就幾乎可以無限期延長。我們有些金屬屋頂，用了二十年，仍然完好如昔。金屬屋頂還有一個好處，就是它可以起到避雷針的功能（如果屋頂與地面之間有金屬管路連接的話，避雷效果尤佳）。

我們裝潢房子的兩大原則是簡單和省工。我們認為，不用門窗框鑲邊、壁紙、窗簾、灰泥、雕花家具之類的東西，可以讓房子獲得一種日本式的單純美。誠如《一輩子以上的生活》的作者克勞德・布藍敦所說的：「建築體的本身就是一種裝潢：一間房間蓋好的同時，也就是它裝潢完成的同時。」我們的牆壁都會鑲上松木、雲杉或椴木製成的壁板，但都不施油漆或壁紙。巴洛茲也指出過：「木頭的天然色澤與紋理，給與了房子一種任何室內裝潢都無法比擬的豐富與單純。眼睛喜歡真實的東西，尤其偏愛木頭。一個油了漆的表面，是一個毫無意義可言的表面，但木頭的肌理和形狀，卻是充滿表現力的。」

蓋房子的時候，即使是一間小房子，我們也力求寬敞。我們新房子的起居室長二十二英尺，一面牆壁全排滿書。一邊是十四英尺長的天然岩壁，另一邊是一排十二英尺長的窗戶。天花板上橫著一根根厚重的樑木。屋子裡沒有一件傢具是舊家具，也沒有任何地毯或窗簾。所有家具都是在房子興建過程中一起製造的，務使能與整棟建築的格調相吻合。萊特說過：「『有機的單純』這個理念自然而然排斥一切的附加物，它拒絕舊家具、地毯和大部分的懸掛物，視它們為不相干和膚淺的裝飾。有力的線條和明晰的平面，比起花邊窗簾、圖案壁紙、雕花家具和精緻相框，要更適合作為生活起居的佈景。」

在房子蓋好以後，我們又花了四個夏天進行先期作業，才正式入住。我們房子的施工時間一律都是夏天。因為每年春天，我們都忙著煉製楓糖和種植菜圃，只有到了六月，才抽得出時間來從事房子的施工。四或五個月後，寒霜的降臨，又會宣布建築季節的結束。當初我們預估的全部工程時間是十年，但結果卻用了十一年。但我們並不著急，只要看到工程一直在進展，就會心滿意足。

當我們遷入了新房子以後，就把原來霍德家的農舍，連同它的柴棚，送給幫忙我們工作的鄰居佛勒・史萊遜。他把農舍夷平，將拆下來的材料搬回家，築成一間車庫兼柴棚。我們重築了霍德家的農舍的地窖，把它變成一個食物和楓糖漿的儲藏間。在地窖上方，我們蓋了一間十二平方英尺的小房子，作為暫時性的工作坊（後又放入床舖等物，改成客屋）。

我們又蓋了一個十二×十四英尺的柴棚。它採三面開放式，只有北面是一道以石頭和混凝土砌成的牆。工程費並不貴，全部支出加起來才一百一十五美元。它提供了一個可供風乾柴薪的寬闊空間。乾柴對我們非常重要，因為無論是取暖還是煉製楓糖，我們都得仰賴乾柴。事實上，乾柴對佛蒙特州的農戶是如此重要，以至於如果一個丈夫交給太太生火的不是乾柴而是新柴的話，足以構成太太訴請離婚的充分理由。

毋庸說，我們的工作並不是獨力完成的。有幾位朋友提供了我們實質性的幫忙。其中一位是傑克・賴福。傑克出生於倫敦，現在就住在我們的近旁，他對我們提供過無數寶貴的忠告、批評和建議。只要有空，他都會過來我們這邊，幫幫這個忙，幫幫那個忙。雖然他自謙是「凡事只懂皮毛的傑克」①，不過，但凡我們碰到麻煩，需要別人幫忙的場合，他都從來不會缺席。另外兩位是查理・塞奇和艾得柏特・卡佩。他們兩位都是我們的好朋友，就住在邦德維爾。蓋房子不是他們的內行，但卻是需要使用斧頭或手斧的工作的能手。

另一位我們要感謝的朋友是佛勒・史萊遜，他也是住在邦德維爾。在我們的所有建築工程中，佛勒出過的力大概比誰都多。佛勒因病住院了一段長時間，我們石頭農宅開始施工時，他才剛出院，身體很差。平常，他會幫人磨磨鋸，幫補收入。我們拿了幾把鋸給他磨，發現他磨得非常用心。幾個月後，我們在煉楓糖時需要找一些幫手，找上了他，他答應一試。這一合作下來，我們才發現他是個多才多藝的人。他懂得木工、油漆、修理鐘錶和汽油發動機。在他的幫忙下，我們重鋪了楓林裡的管路系統和蓋了一間新的煉糖工場。對我們碰到的任何問題，他都提得出解決的建議，而他所做的工作，又快又好。

我們以實際行動見證了弗拉格的信念：一個人，即使才智中庸、經驗不多、經費有限，但只要他有耐心和興趣，以及願意花這個時間，一樣可以蓋得成一棟石頭住宅。蓋石頭房子是很費時費事，但如果考慮到它的美觀和耐用，還是完全值得你花這個功夫。

**註釋**

①「凡事只懂皮毛的傑克」(Jack of all, master of none)一語原為西諺，指「知道很多，但都只懂皮

毛的人」，其中的「傑克」並非實指。

---

如果我打算蓋一棟房子，那只有大自然合該是我的建築師。而毫無疑問，她會把便利看得比美觀更重，而且會把屋址選在鄉郊地區。

——賀拉斯（Horace），《第一卷》（*First Book*），20B. C.

人自己動手蓋房子，就像鳥自己搭巢一樣合情合理。如果人親手去蓋自己的住處，親手單純而又誠實的供應自己和家人食物，誰又知道詩的機能不會普遍發達起來，像鳥類的歌唱一樣呢？但可惜的是，我們卻像牛鸝和杜鵑一樣，把蛋生在別的鳥所搭的巢裡。

——梭羅（Henry David Thoreau），《湖濱散記》（*Walden*），1854

人生的最大樂事之一就是為自己蓋一棟房子。……我注意到人們在蓋自住的房子時，心情有多麼的熱切。他們會在房子的工地甚至只是預定地流連忘返。挖地窖時，他們會刻意去抓一把土，握在手上感覺一下。當地基築好，一樓已經用木板圍出大致輪廓以後，他們又會在想像中的房間裡穿過來走過去，或長時間坐在木材堆上，陷入甜蜜的沈思默想之中。

——巴洛茲(John Burroughs)，《徵兆與四季》(*Signs and Seasons*)，1914

在我看來，大自然賜給了人三種物料，作為營生之用：第一種是土壤，供人種植食物；第二種是木頭，供人製造家具；第三種是石頭，供人蓋自己的房子。

——彼得斯(Frazier Peters)，《石頭房舍》(*Houses of Stone*)，1933

# 肥美的土壤

佛蒙特州的氣候——陡峭的地勢與梯田——活的土壤——製作堆肥——菜圃的格局——主導我們園藝計畫的原則——延長新鮮蔬菜供應時間的辦法——溫室——覆盆子——覆蓋物——香豌豆

我們經濟的最大成敗關鍵在於食物的供應。由於食物支出是一個低收入家庭最大的單項支出，所以，如果我們能種出大部分我們所需的食物，將可大大削減支出和對現金的需要。在佛蒙特州的高山地區，這種想法是可行的嗎？答案取決於我們是否能克服三個嚴苛的挑戰：惡劣的氣候、陡峭的地勢和貧瘠的土壤。

最大難題還不在於土壤，而在氣候。有人形容我們所居住那一帶佛蒙特州的氣候是「十一個月冬天加上三十個極寒冷的晝夜」。一位作家說過：「在這一帶，春天常常姍姍來遲，而夏天的熱度又相當保守。」我們的親身經驗證明此言不假。

我們的農莊坐落在一個四面環山的山谷，離海平面一千八百英尺高，一年裡無霜無雪的日子加起來大約是八十五天。在一九四七年，我們所種的豆子、番茄和南瓜，在六、七、八三個月都受到了霜害，這表示，那一年的每一個月，都有霜降出現。四月的時候，我們的蘋果樹還花團錦簇，但五月二十二日一場一英尺厚的濕雪，卻把蘋果樹的樹枝壓垮，花朵壓死。隨這場五月雪而來的是一場凜冽的霜降。五月底的時候，我們在一場暴雨以後看到風向標轉向了北邊，數小時以後，溫度就直直掉到了零下十度左右，一整個晚上，溫度都在零下六七度徘徊，讓桉樹、樺樹、山毛櫸和沙果的花、果、苗，甚至嫩葉，統統冷死。那一年，最後一場有殺傷力的霜降出現在六月五日，而在八月二十五日，我們看見前一天還昂然挺立的一整片馬鈴薯被霜凍死。在一九三八年的嚴冬，住在我們附近的一位果樹種植者，損失掉他兩百棵飽德溫蘋果樹中的一百九十棵。那都是一些有三十五年樹齡、健康結實的果樹。這些事實表明，在我們那一帶的佛蒙特州，一年會出現十二個月的霜降，並非不可能的事。然則，在這樣的氣候條件下，一個自給自足的家戶有可能存活嗎？經過二十年的實驗後，我們得到的答案是肯定的。

我們知道氣候給了我們那些限制，又給了我們那些可能。如果夠小心翼翼，我們仍然有望種活諸如南瓜和番茄之類的柔弱蔬菜。至於更硬朗的作物，如馬鈴薯、甜菜和胡蘿蔔，想要種活它們完全不是什麼難事。蘋果樹也可以在大多數的冬天存活。相較起來，李子和梨子會被冷死的機率就高很多。這些果樹，如果熬得過冬天，那每五次就有兩三次結得出果子。櫻桃和桃子則完全沒有考慮的餘地。在堅果類的果樹中，只有山毛櫸和榛樹可以考慮，它們大概每三年會成功結果一次。我們的種植，只能集中在一年的短時間，而且必須慎選作物的類型與品種。

我們所住的地方，是一個印第安地方，但我們在附近卻很少看到箭簇或石斧。為什麼呢？印第安人過去也在這一帶進行漁獵，但是他們是住在比較下面一點的山谷。他們的大本營是在康乃迪克州，不是佛蒙特州。我們所在的那片霜雪頻繁的山區，即使對印第安人來說，也嫌太冷了。不過，我們知道，有農戶在這山谷裡生息繁衍，已超過了一百年。既然別人能，就表示我們不是沒有成功的機會。當然，我們必須步步為營，否則就會一敗塗地。

鄰居給我們的農事忠告省卻我們不少時間與麻煩。《農村經濟》的作者亞瑟·楊格給務農的新鮮人這樣的建議：「他應該把目光伸過樹籬，看看鄰居們都在做些什麼；他還應該四處走走，把他所看到的和別人告訴他的做個比較。為了自己好，他應該結識一或兩個高尚、有判斷力、不會以誤導他為樂的鄰居朋友。這一類人那裡都可以找到。」我們就有這樣的鄰居朋友。其中一位是傑克・賴福，他在這個山谷已經住了三十五年。另一位是是土生土長的佛萊依德・赫德。他有部分印第安人血統，有霜降要來臨，他用鼻子就可以嗅得出來。他們跟我們分享了不少經驗之談。每年春天，當種植季鄰近，他們都會提供我們各種農事上的建議與忠告。在秋天，他們又會帶著如同登山者警戒山崩心情，密切注意霜降來臨。

我們的菜圃，原來只開墾在農舍的旁邊，不過稍後，我們又在三百英尺的上方、尖塔山的一個山肩上，開墾了另一片菜圃。這是因為鄰居告訴我們，冷空氣有往下沈積的特性，有時候，當山谷裡的作物都已被霜降摧折一空時，種在對上幾百英尺高地點的作物，仍然可以安然無恙。我們稱這片高地勢的菜圃為「保險用的菜圃」。在那裡，我們種了一片蘆筍和一片覆盆子。另外，我們所有的玉米、豆類、南瓜、大頭菜、番茄和甘藍菜家族的作物，全都種在這裡。據我們計算，它每年的無霜日要比農舍旁邊的菜圃最少多三星期。

稍後，隨著訪客愈來愈多，食物需求量愈來愈大，我們又在上述兩個菜圃之間一片土地闢了第三個菜圃，這片土地，原來是霍德家用來種馬鈴薯用的。我們種了草莓、混種藍莓和馬鈴薯（三種都是偏好酸度高的土壤的作物）。菜圃的方位面南，其東、西、北三面都有樹林保護，土壤是難得一見的優良沙質壤土。它的無霜日略長於農舍旁邊的菜圃。

佛蒙特州山谷的土地都是狹窄、陡峭的山坡地。山谷底是有若干平坦的土點，但它們一般都是沼澤地，要不然就是會在春天積水，而一積水，就要好幾個星期才會乾透。

大部分佛蒙特農民都是把菜圃闢在山坡上，不過，每個菜圃的壽命一般只有三年。每三年，人們就會把舊的菜圃棄置，另闢一片新的。鄰居聽說我們打算把菜圃闢成梯田，都勸我們：「別浪費氣力。一片菜圃的地力在這裡只能維持兩三年，如果你們把它築成梯田的話，只怕你才築好，它們就已經不能用了。」

但我們有自己的想法。我們曾經在歐洲和亞洲看過一些被耕墾了幾千年之久的梯田。如果中國人、日本人或德國人辦得成這件事，我們在佛蒙特為什麼就辦不成呢？所以，我們就把菜圃裡比較陡的地點，一概築成梯田。起初，我們用來砌梯田圍牆的，只有石頭，但稍後我們發現，石頭的梯田圍牆容易蔓生野草，而且很難拔除，此後我們就改用石頭和混凝土來築牆。在地上鋪上乾草或麥稈，都有助於減低土壤的流失速度。我們用附近找得到的表土來建立菜圃，又持續不斷地使用自製的堆肥來加強地力。職是之故，我們田土的肥沃度不但未見逐年減少，反而逐年增加。

任何想建立一個好菜圃的人都務必要銘記一點：植物的大部分養份都是來自土壤的表土。表土在好幾個意義下都可以稱之為是「活的」。它是活的，因為它富含由動植物遺留物所構成的有機物質；它是活的，因為它孳生著大量可以把有機物（例如枯葉）轉化為植物養份的微生物；它是活的，因為蚯蚓會在其內裡作工。蚯蚓會破開表土的粒子，吸取牠需的營養物，再反過來以排泄物滋養表土。阿爾伯特‧霍華德爵士指出：「蚯蚓糞便與最表面六英寸的泥土相比，其含氮量要多五倍，含磷酸鹽量要多七倍，含鉀碱量要多十一倍。一英畝耕作得宜的田畝，一年可以產生出大約二十五噸的蚯蚓糞便。」蚯蚓糞便是一種「中性的膠狀腐殖質，也是唯一一種作物可以直接獲得的腐殖質。」除了有把廢物變成養份的功能外，蚯蚓還有為土壤通風和排水的功能。表土裡的有機物愈豐富，它所包含的生物就愈多，土質也愈鬆軟。

只有養份完整的土壤可以孕育出營養完整的作物。如果一片泥土缺少了——例如

——碘或硼（它們都是對人體很重要的礦物質），那人或動物在吃下它所生長的植物後，就會得到缺碘或缺硼所引致的毛病。

在東方，例如中國和韓國，一塊土地的地力，往往可以歷幾千年的耕墾而不衰。那是因為，中國人和韓國人懂得一個道理：一切從土壤中得來的東西——植物、動物或人類的殘餘物——都應該要還諸土壤。但現代的西方人卻反其道而行。他們把大量的城市廢棄物丟入河中，要不就是以焚化方式燒燬。他們放棄家畜飼養、使用機器來農耕，從而導致動物糞便供給量的減少。現在，人們從田裡收成以後，回報於田畝的，不是有機物質，而是化學肥料。再者，大面積的開墾，也給了風和水流大肆侵蝕、帶走土壤的機會，讓地力衰退的問題雪上加霜。這樣的土地是無法長出營養完整的作物來的。

大自然經年累月都在釀造土壤。在森林或沼澤，隨處可見腐敗的植物、蚯蚓的糞便、動物的糞便，偶然還可以看到昆蟲、鳥類和動物的屍體，而這些，都是大自然釀造土壤的材料。在北美洲，森林要釀造出一英寸厚的表土，大概要花上三百到一千年的時間。土壤的基本成分是分解中的有機物質，而帶來分解的原動力，則主要是活躍在土壤中的大量有機體。

談到森林的土壤，有一件重要的事情值得一提。森林是由很多不同的樹種所構成，至於一個森林裡會長那一類的樹種，則是取決於氣候、海拔、日照量和土壤的成分。以硬楓樹來說，它所需要的，是含鈣量相當高的土質。但硬楓樹在生長過程中，會消耗土壤中的鈣質，而當一片土壤的鈣質慢慢被耗盡，它就會變得比較不適合楓樹生長，而比較適合別的樹種（例如雲杉）生長。所以，每過若干年，一片楓樹林總會被一片雲杉林所取代。這種改朝換代的情形，我們目睹過不知道多少遍。

由此可知，不同森林的土壤成分並不盡相同，而適合生長於其中的植物也不盡相同。一片森林的土壤內容如何，帶有偶然的成分，端視乎周遭環境所可以提供的，是哪一些的養份。所以，嚴格說來，從事農作或園藝的人，單單把自己田裡的土壤複製成森林土壤的翻版是不夠的，因為每種作物都有獨特的土壤需要。

想要把破碎、貧瘠的土壤還原為原整、肥美，最重要的手段是施用堆肥。堆肥是表土與有機物質的混合物，如果分解得夠充分，它就可以提供作物充足的養份。堆肥內包含那些養份，是可以完全掌控在製作者的手中的。透過土壤分析，你可以得知你的土壤缺乏那些成分，然後，你在製作堆肥的時候，就可以特別加強這些方面的養份。土壤就像金屬一樣，是完全可以按照人的需要加以鍛鑄的。

佛蒙特州州立農業學院的農業實驗站，可以為有需要的人士提供土壤成分分析服務。它會告訴你，你的土裡那些礦物質是充足的，而那一些又不夠。有了這個幫助，你就可以知道，在製作堆肥的時候，有那一些礦物質，是你需要去補強的。

我們最早試做堆肥的時候，使用的是動物的殘留物，特別是動物的糞便。但稍後，我們改用植物性的材料。我們會在這些植物性的材料裡頭加入磨碎的石灰石、磷鹽岩、鉀碱岩、泥灰，或膠質土。所有這些天然的土石都包含量多且多樣化的礦物質。在我們土壤的含氮量逐漸下降後，我們又在堆肥裡加入棉花籽屑、亞麻籽屑、大豆屑或紫花苜蓿屑。其效果遠遠超出我們的預期。用自製的堆肥來施肥，單靠三分一英畝大小的土地，就足以種出可滿足六個人需要的食物（不包括穀物）。

我們製作堆肥的方法，主要參考自霍華德的《農業聖經》和《土壤與健康》、普菲弗爾的《農耕園藝的生物動力學》和《土壤的施肥、更新與保存》、鮑爾弗的《活的土壤》，還有羅德爾的《有機的前線》。不過，我們對他們的方法做了若干修改，以遷就自身的需要。

我們用來製作堆肥堆的，全都是就近找得到的現成物料。這些物料，會隨我們的居住地點和季節的不同而有出入。在佛蒙特州，我們只要看到麥稈、乾草、落葉、鋸屑，就會把它們撿起來，集中到堆肥區的旁邊，分放在不同的桶子裡。乾草和落葉每一年只會出現一次，所以我們每次會盡量多收集一點，以備接下來的季節使用。

我們把堆肥堆一律築成八平方英尺，但對於小家庭，我們會建議他們把堆肥堆築成五平方英尺，甚至三平方英尺。堆肥堆小一點的好處是，它可以在兩三星期內就完成分解。有些英國的堆肥專家甚至建議，如果是一個很小的家庭，可以使用更小的堆肥。不過，如果堆肥堆太小，它內部生熱的能力也會相對減弱。而熱力不夠，就無法殺死真菌和讓有機物的分解速度加快。

我們選擇了一個排水好、有遮陰的地點，作為堆肥製造場。我們在築一個堆肥堆時，會先把地面的草挖起，再挖出六到八英寸深的表土。在這個淺坑中，我們最先堆入的是一英尺厚的粗糙有機物：鷹嘴豆豆蔓、玉蜀黍莖、乾草、野草、麥稈和甘藍莖。如果能把這些物料事先放在太陽底下曬上一天，會更加理想，因為把太新鮮的植物殘留物直接放入堆肥堆裡，它們有可能會產生發酵，阻緩分解作用的進行。

製作堆肥的物料都是蓬鬆滑溜的，所以，如果一面築堆肥堆，一面用東西把它圍攏，將有助於防止它坍塌（如果你自問有把握把堆肥堆疊得整齊穩固，這就不是必要之舉）。在實驗過若干種堆肥堆的圍攏物以後，我們選擇了一種由圓木竿所構成的堆肥框。堆肥框所使用的圓木竿，一律二、三英寸粗，來自白楊、白樺、鐵杉或櫻桃這一類次一等的木材。在砍伐樹木的季節，我們都會找一個時間，把那些長短適合和夠直的木頭挑出來，運到堆肥區的附近備用。築堆肥堆時，挖出淺坑以後，我們會先用四根八英尺長的木竿，在淺坑內疊成正方型（兩根在上，兩根在下），才把物料填入淺坑中。物料愈往上堆，圓木竿就愈往上疊。每個堆肥堆的高度大約是五英尺，所以，圓木竿疊起來的總高度也大約是五英尺。

鋪好最下面一層物料之後，我們會在其上頭架設一個通風系統，方法如下：把三四根八英尺長的小木竿捆在一起，橫放在物料的中央（兩頭疊在最下面的兩根圓木竿上頭），再在這束小木竿上頭三等份的位置鑽兩個孔。然後，在每個孔內各插入三四根輕木竿，用鐵絲分別綁緊。這樣，一個通風系統就完成了。堆肥堆在疊高以後，空氣仍能透過垂直或水平的木竿進入堆內。對於面積小於六平方英尺的堆肥堆，通風系統只要一束垂直的細木竿就夠（插在橫放的木竿束的正中央）。

築好通風系統以後，我們會在堆肥堆最下面一層物料上頭，撒上一層半英寸到一英寸厚的表土（要加入表土，是因為能分解堆肥的有機體，全都生活在表土裡的）。下一步是撒入一些磨碎的磷鹽岩屑，繼之以一薄層森林樹葉。接下來又是一層表土和一些磨碎的鉀碱。之後是乾草或麥稈，繼而我們會一再重覆以上的程序，直至堆肥堆到達胸膛或臉頰的高度。

築一個堆肥堆，最好分大約十天到兩星期完成，而不要一兩天內一次築好，否則，堆肥堆就會出現相當程度的沈陷。堆肥堆是應該保持濕潤，但不是潮濕。這表示，天氣很乾燥的時候，你應該為它澆澆水。如果你的堆肥堆築得其法，那麼幾天之內，它的內部溫度就可以到達六、七十度，足以加速有機物的分解速度和透過催促野草種子發芽，把它們殺死。否則，野草種子就會一直潛伏在堆肥裡，等你拿堆肥去施肥的時候，重新回到菜圃裡，發芽滋長。

等堆肥堆的溫度變涼一點以後，就可以放入蚯蚓。如果堆肥堆夠濕潤，蚯蚓就能在它裡面穿行，同時分解有機物。如果你沒有蚯蚓的話，一個變通的辦法是把堆肥堆翻面（把堆肥堆一層一層鏟下來，在旁邊的空地重築一次）。通常，我們都會在堆肥堆裡放入小量的活化劑，加速它的分解。

經驗告訴我們，有加活化劑的堆肥堆，確實要比沒加活化劑的堆肥堆分解得快。但如果你不趕時間的話，那麼，只要讓堆肥堆放久一點，即使不加活化劑，最後結果是一樣的。

如果堆肥堆能保持濕潤而天氣又溫暖的話，那六十至九十天之內，就能分解到可以用於施肥的程度。這段期間，堆肥堆內的各種物料，會被分解為爛爛的、嗅起來甜甜的一堆。如果你讓它再放久一點的話，它會分解得更徹底。有些農藝專家甚至主張，應該讓堆肥堆放上三年再行使用。

即使不使用諸如磷鹽岩、鉀鹼、棉花籽屑、石灰、活化劑、蚯蚓這些附加物，一樣能製作出很棒的堆肥（森林在製造堆肥的時候就沒有使用這些東西）。只不過，它們確有助於有機物的加速分解。另外，如果是一片地力已經流失的土地（像我們的土地就是如此），加上上述的輔助物，將有助於恢復土壤中各種礦物質成分的均衡。

我們從不用堆肥以外的其他東西為菜圃施肥。我們要餵它活的食物，而不要餵它死的、合成的、人工的食物。結果，菜圃回報於我們的，是質量俱佳、顏色和味道都非常上乘的蔬果。我們菜圃的表土厚度一年勝於一年，其鬆軟度與產能亦復如此。

我們菜圃裡的作物，一律由北向南排列，這樣的排列方式，可以讓作物與土壤都獲得最大的日照量。每一列作物旁邊都插有標示竿，註明其編號。在早期，我們的標示竿都是由木板鋸成，油漆後再寫上編號。後來，我們改用直挺的硬楓幼樹或桉木來當標示竿。每根長十六英寸、粗一英寸上下，一頭削尖，以便插入土裡，另一頭削去樹皮，用木材筆寫上編號。當一年的農事在秋季結束，我們就會把竿子拔起來，甩掉髒土，再收到乾燥的地方過冬。這樣處理的話，它們就能使用上好些年。我們用來給番茄與豆子攀緣的竿子（一律用直挺的幼樹削成），也是以同樣方式保存。

三個菜圃的上方都備有儲水箱，可以透過導管把水送到菜圃。我們不執行固定的灌溉，只有在土壤看起來太乾時才會澆澆水。有好幾次，我們甚至一整季都幾乎沒有灌溉過。不過，我們總是會把水備著，以防不時之需。在移種作物時，水是不可或缺的。

為了保持工作的有條不紊，我們用一本活頁記事本（封面貼上「農事記錄簿」的標籤），記下發生在菜圃裡的一切。我們用記錄簿的其中一部分來擬訂計畫，其中包括一幅手繪的菜圃平面圖，上面註明接下來的兩年，菜圃裡的每一部分，預計要種的是什麼。記事本中的其他資料還包括種植日期、種子的來源和品種、種植的方法和結果等等。我們也對每個堆肥堆加以編號，並對那個堆肥堆的堆肥被施用於菜圃中的那一部分做了記錄。憑著這些記錄，我們可以比較出不同種植方法的成效和不同種子商店的產品的優劣。它們也讓我們不至於忘記，哪些堆肥堆內加入了石灰，哪些沒有（有加入石灰的堆肥不適合用於馬鈴薯和漿果）。我們年復一年進行各種記錄，舊一年的記錄會被歸檔到記錄簿的最後面。要制定新季度的種植計畫時，記錄簿中的資料可以提供我們重要參考。

我們會在冬末或春初擬訂種植計畫。當然，意料之外的天氣變化或突發事件都有可能迫使我們修改原定的計畫，但除此以外，我們都會竭力把計畫中的事項付諸實行。這樣一種「思而後行」的方法，可以把風險減低，讓農耕變得更有趣，也更有效率。

現在可以來談談當初主導我們園藝計畫的幾個原則了：一、我們希望一年十二個月都能採摘到新鮮蔬果；二：我們希望吃到的食物，完全是新鮮的、未經加工的蔬果；三、我們希望菜圃裡可以長出多樣性的蔬果，讓我們的營養不致偏頗；四、我們希望能把儲存食物或把食物裝罐密封的需要減到最低。經過多年的努力，我們四個目標都達到了。

四個目標中，最難達成的是第一個，也就是一年十二個月都能採摘到新鮮蔬果。我們用兩個辦法來克服這個困難。第一就是讓飲食內容與四季同步。在冬天而想吃草莓或綠色的鷹嘴豆，未免太奢侈和不負責任了。這種作法罔顧了四季循環的意義。那些不依四季次序飲食的人，就如同跳級就讀的小孩，會錯失掉許多有價值的體驗。

我們初春的主食是歐洲防風(Parsnip)，它們是菜圃一年裡最先長出來的作物。春雪一融，我們就把它們從地裡挖出，連續三或四星期，一天吃一頓。這段期間，我們身體所需的澱粉質與糖份，大部分靠歐洲防風提供。與歐洲防風差不多同時成熟的作物有婆羅門參(oyster plant)、香旱根、歐芹根、韭葱和菊苣。接下來，我們的餐點有六到八星期的蘆筍，伴之以蒲公英、細香葱和分生洋葱(multiplier onion)。當蘆筍快被吃光，菠菜、紅蘿蔔、芥菜、水芹和早熟萵苣就登場了。之後上場的會是鷹嘴豆、甜菜、標準萵苣、豇豆(string bean)和南瓜。在一年生長季的最高峰，我們會有玉蜀黍、番茄、去莢豆(shellbean)、花莖甘藍(broccoli)、花椰菜和芹菜。隨著秋天一步步接近，我們的菜單就逐漸改為甘藍、筍瓜、大頭菜、蕪菁甘藍、胡蘿蔔、大白菜、寬葉羽衣甘藍(collard)、長葉萵苣(cos lettuce)、秋紅蘿蔔、秋菠菜、秋甜菜、馬鈴薯與乾豆。我們也種植草莓、覆盆子和藍莓。這些漿果，連同沙果、唐棣和黑楊莓，也野生得很茂盛。我們的其他水果還有梨子、李子和蘋果。

當菜圃被白雪封凍以後，我們就會到地窖去，把藏在那裡的甘藍、筍瓜、馬鈴薯、甜菜、胡蘿蔔、大頭菜、洋葱、蕪菁甘藍、香旱根、歐芹根、梨子和蘋果給找出來。這些蔬果中最硬朗的一些，可以保存至積雪融化，歐洲防風重新長出。

透過這個輪換系統，我們可以吃到多樣性的蔬果。我們的食物隨季節的變換而變換，每一種都在最合時令的狀態下食用。它們從不會讓我們生厭，我們總是抱著期盼的心情等待它們的到來。

我們鄰居的菜圃一般都是在五月開耕，八月底或九月初休耕，一任田畝被野草和昆蟲占領。但我們的習慣卻有所不同。當寒霜降臨時（通常都是九月初），我們的菜圃仍擠滿著各種可以挺得住寒霜的作物。我們覺得，我們初春和深秋菜圃，要比夏天的菜圃還要出色。

初春的菜圃是由一些蟄伏了一個冬天的分生洋蔥、蒲公英、歐芹、寬葉羽衣甘藍、菊苣所構成，只要在大霜結束後，把保護它們的覆蓋物（乾草或麥稈之類）挪開，它們就會昂首挺立於陽光之中。這樣，即使是開耕的時間還沒有到來，我們餐桌上就已經有成熟的蔬菜供應。一種對春天園藝有用的幫手是小型的、可移動的冷床(cold frame)①，它由幾片木板釘成，上面鑲有玻璃片。利用這種冷床，我們可以種一些早熟的紅蘿蔔、萵苣、水芹和芥菜葉。如果天氣夠好，紅蘿蔔三四個星期之內就會成熟。它們很硬朗，可以挺得住若干程度的霜降。

秋天的菜圃蛻變自夏天的菜圃。大約七月一日，當我們把紅蘿蔔、萵苣、早熟甜菜和菠菜從菜圃裡統統挖出來以後，就會在土裡施入堆肥，再植入洋蔥種子、甜菜、菊苣、大白菜、花莖甘藍、羽衣甘藍和寬葉羽衣甘藍。稍後，我們會種入橡葉萵苣、長葉萵苣、山芹和菠菜，最後則是種入芥菜葉、獨行菜(garden cress)和紅蘿蔔。

當黃瓜、南瓜、甜椒和番茄都凍死以後，我們就會在它們原地換上移植的萵苣、菊苣、花莖甘藍和羽衣甘藍，播下芥菜、水芹和紅蘿蔔的種子。即使到了十月一日，我們的菜圃仍然生機勃勃，而且翠綠猶勝八月。十月由於多雨潮濕，加以害蟲都已絕跡，反而更適合綠色蔬菜生長。用一些樹葉、乾草或麥稈作為覆蓋物，這些作物可以存活到大雪降臨為止。如果第一場大雪夠濕的話，那就仍然可望從積雪下面挖出雖凍硬但仍可食用的湯菜、寬葉羽衣甘藍、菊苣、大白菜、羽衣甘藍和歐芹。沒有一個季節的蔬菜要比它們來得美味。

為了能把獲得新鮮蔬菜的時間更往後推，我們蓋了一間小溫室。我們利用它來保護冬天的蔬菜和培育準備在春天栽種的幼苗。我們工具棚屋的南壁長十八英尺，挨著這面牆壁，我們蓋了一間由混凝土與木材構成的溫室。在陽光普照的冬日，如果窗子全關起來的話，溫室內的溫度可高達三十八度。

我們用這溫室來培養芹菜、番茄、萵苣和一些從菜圃轉種過來的作物。有一年十月，我們在溫室裡試種了橡葉萵苣（它們都是在九月初播種在菜圃裡的），結果，它們吃它們吃到了一月五日。我們原沒想到，在零下的低溫中，橡葉萵苣竟能存活那麼久。

不過，更驚人的事情還在後頭。同一年的春天，我們在溫室後頭的一個角落，發現了幾棵被忽略在那裡的橡葉窩苣。它們竟然還活著，而且顯得強健而硬朗。看到這樣的情形，我們不禁訝異：如果這些橡葉萵苣在乏人照料的情況下，仍然可以熬得過冬天，那天知道假以細心照料的話，它們能活多久？

接下來的秋天，我們在溫室裡清了一塊地，挖去兩英寸厚的土壤，代之以兩英寸厚的堆肥，再從菜圃裡移植了八十八棵橡葉萵苣。它們當時的高度大約是二英寸。隨著它們慢慢長高，我們在根部四周鋪上一些樹葉，以防根部受到霜害。結果，八十八棵橡葉萵苣中，只有兩棵沒有種活。我們吃它們吃了一整個冬天。這段期間，溫室內的溫度，有好幾次都只有零下二十五度。

第二年冬天，我們改以辛普遜萵苣來作實驗。這一次也不用葉子為它們加覆②。結果和橡葉萵苣一模一樣：它們活到第二年的五月。同一時間，我們在溫室裡又試種了在菜圃裡長了一個夏天的細香蔥和歐芹，也一樣成功。我們終於找到可提供一整個冬天新鮮蔬菜的供應源了。如果溫室空間夠大的話，我們相信我們還可以種得活芥菜葉、獨行菜、散葉菊苣和大頭菜嫩葉。

冬天的大部分時間，溫室的屋頂和周邊都會積滿雪。這些時候，由於陽光無法進入，溫室裡的溫度可以低至零下二十五度，而萵苣都會凍得發硬。如果你這時把它們割下來，那你才拿到廚房，它們就會萎縮，即使放在冷水裡浸泡也無補於事。要吃溫室裡的萵苣，應該挑天氣較溫暖的日子，等萵苣自行解凍後，再予以採摘食用。這樣處理的萵苣，吃起來既脆嫩又可口。

我們上述有關園藝的種種，談的都是蔬菜，但同樣的道理也適用於花朵和水果。當然，每一種花朵或水果，都有各自的要求。不過，園藝的最基本原理是一樣的，那就是，只要你把土壤加肥加厚，就可以種出最好的作物來，無分蔬菜、花朵，還是水果。

我們樂於在這裡報告我們種植覆盆子的成功經驗。種覆盆子的時候，我們用的是丘植法。我們在田裡豎立起一排排兩英寸粗、八英尺長的木樁，每根木樁各與其前後左右的木樁相距六英尺。每根木樁的旁邊，各種上一棵覆盆子的幼苗。到了八九月，我們會把每棵覆盆子所長出的藤蔓，刪剪為六到七根。每根都修剪到齊腰高，然後用繩子綁在木樁上。到第二年春天，我們會把藤蔓檢查一遍，把較瘦弱的藤蔓剪掉，讓每棵覆盆子的藤蔓保持在三到四根。每根修剪至齊胸高，分綁在木樁上不同的位置。

有一個每個種覆盆子的人都會遇到的頭疼問題：野草。如果你任由野草長密長高，那覆盆子就會被它們擠掉。我們的對策是在地上鋪上大量覆蓋物，阻止野草的冒生。我們在為覆盆子修剪過藤蔓以後，就在地上鋪上六英寸厚的鋸屑。結果很神奇。細蔓愈長愈粗，愈長愈高。雖然我們沒有噴灑任何殺蟲藥，卻完全未見有病蟲害，由真菌和昆蟲所導致的損傷也微乎其微。由於地心引力、蚯蚓和風雨的作用，鋸屑會慢慢沈陷，變成為一英寸厚，並進一步和土壤融合。每年秋天，我們都會在原來的鋸屑上再鋪一層六英寸厚的鋸屑。如是者經過十八年，我們種植覆盆子那塊土地，比四周的菜圃高出了兩英寸。它生產的覆盆子，不但量豐，而且個兒特別大，顏色鮮豔，味道絕倫。

使用覆蓋物的做法，我們最初只應用在覆盆子，但後來慢慢擴及其他作物，而其效果也一樣佳。

覆蓋物是鋪在土壤表面的一些物料，其功能為：一、保持土壤濕潤；二、阻礙野草生長；三、保持土地涼快(有些作物喜歡陰涼的土壤)；四、防止土壤被水蝕與風蝕；五、吸引蚯蚓接近；六、覆蓋物分解後，可變成為作物的養份。可用作覆蓋物的物料種類多種多樣，不管是紙張、乾草、麥稈、樹葉、樹枝、木屑或鋸屑，全都可以派上用場。

多年來的實驗讓我們深信，覆蓋物是堆肥一個不可少的補充。我們對不同的作物施用過不同覆蓋物，而它們的表現各不相同。鋸屑——特別是得自鐵杉圓木的鋸屑——並不是普遍適用於任何作物的覆蓋物，例如，把它們用於草莓或馬鈴薯，效果就乏善可陳。另外，有些作物——像玉蜀黍、豆子和番茄——都喜歡它周圍的土地受到溫暖的日照，因此，在它們四周鋪上覆蓋物，似乎有所不宜。另一方面，喜歡陰涼土壤的鷹嘴豆和馬鈴薯，卻顯得很偏好覆蓋物。

我們菜圃裡另一種讓我們引以為傲的作物是香豌豆。每一年，我們都會種兩排最少五十英尺長的香豌豆。剛開始的時候，我們種出來的香豌豆品質並不好。它們發芽發得很差，等長出苗以後，又遭到切根蟲和穿孔蟲的侵害。倖存下來的植株，都是一副病懨懨的模樣。而它們所結出來的豆子，莖短、小顆、色淺，而且不太香。

不過，當我們把土質改善以後，情形就完全改觀。幼苗長得非常健壯；在氣候合宜的年頭，它們可以長得很高，以致採收時需要用到凳子或梯子。有好幾次，它們長到超過八英尺高。花莖很長，很多莖都可以長出四到五朵、甚至六朵的花。花大而香，顏色鮮豔。

我們種植香豌豆的方法很簡單。一等春雪融化，土地鬆軟得可以耕植，我們就會在泥土上抹上一層一兩英寸厚的堆肥，再輕輕把它翻入泥土內。然後，我們挖出兩條三四英寸寬的、彼此相隔八英寸的溝，再把香豌豆種子放入溝內，每顆種子相距四英寸。繼而，我們往溝內鏟入堆肥，填至滿，在上面走來走去，把堆肥踩實。當種子抽苗後，我們在兩條溝之間架上一排支架，供香豌豆攀緣之用，又在秧苗附近覆蓋六或八英寸厚的乾草或麥稈。

香豌豆植株長到二十四到三十英寸高之後，就會開花。我們的香豌豆花，不管顏色或大小，都比鄰居那些專業的香豌豆種植人來得上乘。有一年的九月初，我們提著一籃香豌豆花去參加一個有機菜農的會議。一位發表演說的專家對於我們那麼晚還能種出那麼棒的香豌豆花，感到又驚又喜。他對我們說：「你們回家後，煩請你們寄一把香豌豆花寄給大衛・伯比先生。他是一家種子公司的老板，過去，他公司香豌豆種子的銷售量很龐大，但如今，銷售量已大不如前。他告訴我，這是因為現在的農人都種不好香豌豆。」我們照做了，結果收到一封表示推許與感謝的回函。

只要菜圃裡的腐殖質充沛，香豌豆自然會長得好。想用侵蝕嚴重、地力疲乏的土壤種出好的香豌豆，不啻是緣木求魚。我們之所以能種出上好的香豌豆，原因無他，就不過是我們懂得藉助堆肥、覆蓋物和蚯蚓的幫助，把貧瘠的土地還原為肥美罷了。

如果人不知憐恤、胡墾濫墾，一片土地的地力就會逐漸枯竭，終至不毛。不過，如果人能把他的惡習改變過來，以培植地力為己任，那麼，他的園圃，將可望像神話中的伊甸園一樣豐盛繁榮。

你怎樣耕耘，就怎樣收穫——沒有比人對待土壤的方式更能印證這句古諺的真確性的了。

**註釋**

①冷床是一個裝在地面或近地面的木框框，上面鑲嵌玻璃或其他種類的透明物質，具有幫助作物抵禦寒冷的作用，其功能類似溫室，只是體積比溫室小得多。

②加覆是指在作物基部四周鋪上樹葉、乾草或麥稈等覆蓋物，保持土壤的溫暖。其詳見後文。

我接下來要談的，是務農所能為人帶來的快樂。這種快樂，依我自己的體驗，是難以言詮的。即使是老年人，想享受這種快樂，也並沒有什麼障礙存在。它看來相當接近於真正的智慧。

——西塞羅(Cicero)，《論老年》(*De Senectute*)，45B. C.

精明的農人，是那些
懂得和土地相互幫助的農人。
他每年細心照顧田畝半年
就會獲得田畝感激的回報半年。

——維吉爾(Virgil)，《農事詩》(*Georgics*)，第二卷，29B. C.

我常常想，如果老天給我機會重新選擇一次我的職業，我會選擇一片土壤肥美、灌溉良好和與菜市場接近的土地，從事耕墾的工作。在我看來，沒有一種職業要比耕墾土地來得愉快，又沒有一種耕墾比耕墾菜圃來得愉快。菜圃裡的作物是那麼的多種多樣，以致於即使其中一種歉收，也可以透過另一種的豐收來彌補；菜圃的收成並不是只有一年一次，而是一年連續不斷的。

——傑佛遜（Thomas Jefferson）致皮爾（*Charles E. Peale*）的信，1811

既然所有想吃水果的人都可以吃得到水果，那剩下來的唯一問題就只有，你要吃的，是好的水果還是差勁的水果。那些自種蔬菜水果的窮人，要比那些不自種蔬菜水果的富人，吃得更好。

——勞登（Jack Loudon），《園藝百科》（*An Encyclopedia of Gardening*），1826

# 吃出健康

什麼是健康？——營養——完整的食物——種子——加工食物——唯利是圖的食品加工業——麵粉的製造過程——有毒的食物——藥物——營養不良與健康衰退——一年四季的新鮮食物供應——冬天的食物儲存——食物封罐的方法——食物的種類——素食主義——我們一日三餐的內容——無肉的膳食——簡化飲食程序

**健康是真善美生活最重要的元素之一。**一個人身體愈健康，他對生活的滿意度就會愈高。自己蓋房子，自己種植食物，這些，無疑都是真善美生活的元素，但如果一個人失去了健康，那這些事情對他的意義也將變得相當小。不過，你有沒有自己種食物，和你是不是吃得健康，並不是同一回事。

在還沒有搬到鄉村以前，我們的健康就比一般人要好。既然這樣，我們何必大費周章，要從紐約搬到佛蒙特州的荒山野嶺呢？從統計數字來看，我們確實沒有必要。並沒有任何有力的統計數字可以證明，佛蒙特州居民的健康要比紐約市的居民好。就我們的觀察，山谷中的人家，患有消化不良、心臟病、風濕、癌症和精神疾病者不在少數。這並不奇怪，因為佛蒙特人的飲食習慣和所承受的生活壓力，基本上和紐約人沒兩樣。不管住在什麼地方，如果你想獲得健康，就得把構成健康的元素一個一個找出來，予以付諸實行。健康是不會從天而降的。

「什麼是健康？」我們拿這個問題問過很多行醫的人，而得到的一般回答都是「身體的功能正常、均衡」或「沒有病」。但當我們問他們何謂疾病的時候，得到的回答卻是：「缺乏健康。」這等於是繞了一個圈圈。我們碰到過最坦白的，是一個行醫了六十年的美國老醫生，當我們問他知不知道何謂健康時，他毫不猶豫地回答說：「當然不知道。」美國應該沒有一家醫學院是開有「健康」這門課的。

翻開《大英百科全書》的「健康」條目，你可以看到這樣的說明：**「健康：一種**

**生理良好狀態，處於這種狀態的有機體，可以順暢地行使其機能；這個詞也可借用於形容道德或智能上的健全。」**《大英百科全書》討論疾病的條目，往往長篇大論，但用來說明健康的，卻只有寥寥五行字。醫學期刊和醫學著作中有關疾病的討論汗牛充棟，但有關健康的長篇討論卻屈指可數。

在這種大潮流中，英國醫生蘭奇的《健康之輪》一書，是個罕有的例外。蘭奇並沒有花時間去談論疾病的問題，而是開宗明義地發問：「什麼是健康？」「獲得健康的祕訣何在？」「要到哪裡，我才找得到最健康的人作為研究對象？」經過多方打聽和研究，他終於找到了他所認為世界上最健康的人：住在印度西藏邊界的罕薩人（Hunzas）。《健康之輪》一書，相當大的篇幅就是在探討，為什麼罕薩人會特別健康，而蘭奇所獲得的結論是：「疾病只會侵襲那些外部環境——特別是食物——有問題的人。要預防和杜絕疾病，食物是最主要的關鍵，其次則是居住環境。防腐、使用藥劑、注射疫苗，全都是規避問題的做法。疾病是一個訊號，一個對營養不健全的人、動物或植物所發出的訊號。」

健康的土壤可以種出健康的食物，健康的食物可以哺育出健康的動物；反過來的，當植物和動物死亡後，又會化為肥料，使土壤變得更肥沃。這樣一個周而復始的循環，就是蘭奇所揭櫫的「健康之輪」。

人體的最主要成份是水。除水以外，人體尚包括大約二十種物質，而這些物質都是來自於土壤，特別是由土壤所孕育出來的植物。因為人體的組織與器官要不斷工作，合成人體的細胞會不斷耗損，所以，血管也必須把修補細胞、組織、器官的物質源源不斷輸送到身體各部分。

人體所攝取的食物量太少的話，那可供進行修復工作的材料就會不足。輸送到各細胞、組織和器官的物質的充足與否，決定了一個人骨骼、肌肉和神經結構的健全程度。就此而論，為身體各部門輸送養份的腸道與血管，其功能可比擬為一棟施工中的建築輸送建材的鐵公路。

蓋房子的時候，一個包商會需要用到石頭、木材、水泥、玻璃和其他材料。建構身體這棟「房子」，情形也類似。除了蛋白質、脂肪、碳水化合物和維生素以外，身體的建構還需要二十種以上的礦物質。這些基本的養份中，人體只要缺少一種（例如鈣、鈷或維生素A），都有過能會導致身體功能的運作失調。所以，營養的攝取，單單講究質與量是不夠的，還要講究比例上的均衡。

每一種食物都有不同的營養組合。所以，用餐的時候，必須搭配不同的食物，才能達到營養的均衡。超級市場裡陳列的食物多達幾十幾百種，如果一個消費者在選購的時候，任由廣告宣傳或包裝樣式左右他的抉擇，他就有可能會購入劣質的食物，導致全家人的健康受損。

在前面的章節我們指出過，大部分人類的食物都是直接或間接來自地表最上面幾英寸厚的表土。只有養份整全的土壤可以種出硬朗健康的蔬菜水果。土壤的整全性會因為侵蝕作用、過分耕墾或不當的施肥而受到破壞。在一片土壤的整全性恢復過來以前，它是無法長出營養均衡的作物來的。如果人吃了這些作物，就會把營養的不均衡轉移到自己身上來。

好的食物應該生長在整全的土壤裡，食用的時候最好是現採，不加處理。即使是最好的土壤所種出來的最好作物，如果加以事先處理，其營養或多或少都會有流失之虞。不管是把馬鈴薯削皮、把胡蘿蔔剁碎、把小麥碾磨、把鷹嘴豆水煮，都會導致這些食物化學成分的改變或維生素的流失。把蔬果放久，也會有同樣的不良後果。

完整的食物除了可以為人帶來健康以外，還有一個重要的優點：它們吃起來更可口。另外值得順帶一提的是，用堆肥所種出來的蔬菜水果，又要比用化學肥料或新鮮動物糞便種出來的好吃。

一顆豌豆、鷹嘴豆、玉米或其他種子，本身就是自足整全的食物。每一顆種子都擁有一粒胚芽，那是它全部生命力之所繫。每一顆種子的種子仁裡，也包含著蛋白質、油和維他命，用以供養胚芽的滋長，直到種子發芽抽根，能夠自行向外吸取養份為止。另外，每一顆種子都包有一層嫩皮，內有保護胚芽成長茁壯的物質。不同類的種子有不同的礦物質比例，以向日葵的種子為例，它的鈣氟比例，就剛好和人體所需的鈣氟比例一樣。東歐人素以牙齒硬朗見稱，這和他們平常大量食用向日葵子和南瓜子有關。東歐人吃瓜子時候，都習慣用牙齒把瓜子殼磕開，這樣一來，他們不但吃到了瓜子肉所包含的礦物質，也吃到了瓜子殼所包含的礦物質。一顆生的、整全的種子——它的胚芽包含著蛋白質，脂肪中包含著油，種子仁中包含著澱粉，嫩皮中包含著礦物質——可以為生命體提供相當周延的養份。

在人類歷史上，有過一段時間，人類覓食的方式，都是現場採集，現場進食，就像鳥吃種子、鹿吃草一樣。一個地點的食物吃光，就轉移到下一地點。以這種方式吃到的食物，其整全性自是無虞。

但現今的西方人卻難得遇見天然狀態的食物。過去那種在天然環境下採集食物的覓食方式，在今日的工商業城市裡已幾近絕跡。城市人難得有機會看到天然狀態下的食物，而他們所買到的食物，盡皆是超級市場裡的貨品。一個真實的故事可以反映出城市人對大自然的食物陌生到何種程度。話說有一家紐約市的小學，為了讓學童接觸到生活的真實，特地帶他們到一個蔬果批發市場參觀，作為戶外教學。一堆堆鮮亮的甜菜、胡蘿蔔、芹菜、甘藍、萵苣和洋葱琳琅滿目，一輛輛貨車進進出出。老師問那些看得眼花撩亂的學童說：「你們認為，這些可愛的蔬菜水果都是打那兒來的？」學童回答：「當然是A&P（美國一家大型連鎖超市）。」

城市人現在大部分買到的食物，都是加工處理過的食物。到超級市場走一趟，你就會發現，貨架上的食物，不是罐裝就是袋裝。食品加工、裝罐和分銷的產業，已蔚為美國產業的大宗。超級市場所賣的一切——從小孩食物到狗食貓食——莫不裝在密封的罐子裡，換言之，莫不經過事先處理、攪拌和預煮。即使那些有空地可以種東西的人，因為貪圖方便，也寧願到超級市場去採購食物，而不願自己動手栽種。罐裝食品的方便性是毋庸置疑的：你只要用一個開罐器把罐頭輕輕打開，用勺子把罐子裡的食物舀到盤子裡，再放到火上加熱，一頓飯就做出來了。美國有整整一代人，都是被工廠製造出來的罐裝或袋裝食品養大的。這些食物在裝罐前就已經經過削皮、去殼、碾磨、切片、切碎、柔化、殺菌等等人工方法處理過，在若干程度上失去了營養的完整性。食物的那些部分應該保留、那些部分應該去除，決定權是操在製造商而不是消費者的手上。

但食品製造商用來斷定食物那一部分應該保留、那一部分應該去掉的標準又是什麼呢？是市場。一種食品產品想有好的銷路，方法是增加外觀和味道上的吸引力，不此之圖，它就很可能會成為滯銷品。食品製造商另一個要照顧的問題，就是確保產品在送達消費者手中以前，保持品質不變。一件食品產品從出廠到運抵商店、被消費者買去，再到被打開來食用，往往經歷幾星期甚至幾個月的時間。為了讓食物能夠保存得久一點，製造商就要使用各種的辦法，包括施以極高溫或極低溫處理，以及把食物中任何容易壞或不討喜部分除去，那怕這些部分對人體健康非常重要的。總之，食品製造商的著眼點是銷路問題，而不是消費者的健康問題。

美國的麵粉製造業是個活生生的例子。過去很長一段時間，人類在儲存穀物的時候，都是以整顆整顆的辦法加以儲存。穀物只要能被保存在乾燥的環境，就幾乎可以無限期的存放，因為穀物的堅硬外殼可防止穀粒養份的流失。然而，麥子一旦被磨成麵粉，就會變得不耐放，因為麥粒的油份會因氧化作用而腐臭或蒸發。在相對短的時間內，麵粉就會發酸或發霉。因此，理想上，麵粉應該在使用前才加以研磨。圭克尼博士在《全國性的營養不良》一書中指出：「應該立法規定，麵粉必須用全麥來研磨，而且是由合格的研磨師在進行麵包糕點烘焙當天的早上研磨。……對一般家庭而言，麵粉應該像牛奶一樣，由專人每天遞送。」

投資麵粉製造的大企業，都會採取一系列的步驟，來保障自身的獲利。第一步就是想辦法減低成本——用《參議院農作物應用報告》裡的話來說，就是「把較便宜的產品裝扮成較上等的產品。」

第二步是把麵粉「細緻化」，也就是說，把麵粉磨成較細的粒子，好讓消費者嚼起來較不費力，也讓麵包和糕點的重量減輕。在這個過程中，小麥的胚芽和外殼都會被除去——胚芽和外殼中的油份、蛋白質和礦物質當然也會隨之而去。

第三步是漂白麵粉，因為在一般人心目中，愈白的麵粉愈乾淨，品質也愈上乘。漂白麵粉的另一個「好處」是可以把殘存在麵粉中的所有生命體鈍化，讓牠們無法對麵粉起作用。廠商用來漂白麵粉的，是諸如氯之類具有腐蝕性的化學藥劑，它可以把麵粉漂成死白色。

第四步是在麵粉裡加入一些人工合成的化學物質，讓養份已被掏空的麵粉看起來顯得「豐滿」。不妨再次引用政府的報告：「很多麵粉和麵包都含有磷、氟、矽、明礬、煙酸、溴酸鉀和二十多種其他有毒性的物質。……烘焙的產品，就像其他很多加工食品一樣，透過化學藥品的加添，不但掏空了消費者的荷包，也掏空了他們的健康。」

麵粉製造的過程聽起來讓人怵目驚心，不過，它只是美國眾多食品製造業的其中一支。用無色、無味、無生命的麵粉所做出來的麵包、餅乾、曲奇餅、麵條、糕點，在西方人的日常飲食中占有相當高的比重。圭克尼博士指出：「輸入紐約市的麵粉產品，占紐約市居民全部食物攝取量約五五％。」

幾乎可以說，現在很多食品製造商根本就是在蓄意毒殺社會大眾。這種講法聽起來可能會有點荒誕不經，因為在很多人的心目中，毒殺是一件只存在於中世紀宮廷鬥爭中的事情。不過，如果你仔細研究，就會發現，「毒殺」事件在現代要比在中世紀發生得更普遍。

字典對毒藥的定義是：「任何經攝取後，可以以其內在的殺傷力去摧毀生命或破壞健康的物質。」由此可見，任何足以破壞或摧毀生物體的食物，都符合毒藥的定義。介紹過這個定義以後，我們就可以來看看一些與美國的食品製造與銷售有關的事實。

一、某些加工過的食品，例如漂白過的麵粉、米和糖，業已證明會對人體帶來傷害。白麵粉會導致腸道的疾病和神經中樞受損，白糖會帶來蛀牙，而漂白過的米，則會引起腳氣病和其他疾病。職是之故，一切用白麵粉、白糖或白米做出來的糕點餅乾，都符合字典對毒藥的定義。另外，發酵粉、小蘇打和一般的鹽，也許都可以歸入這個範疇；具有刺激性的辣椒和醬汁也是如此。

二、被美國的食品加工業用來為食品著色、調味和防腐的化學藥品，多達數百種。這一點，你只要在逛超市的時候，把每一種食品包裝的標籤翻一翻，就會心裡有數。我們夫妻倆最近從超市食物產品的標籤上抄下來一大堆稀奇古怪的名字：二醋酸一鈉、酸苯酸鈉、磷酸氫二鈉、檸檬酸鹽、賽克拉美鈣、環磺酸鹽、氯化鈣、聚氧乙烯、丙酸鈣、焦磷酸鹽、酸性磷酸酯、甘油單硬脂酸酯、苯甲酸納、羧甲基纖維素、聚甲醛、二氧化硫、山梨醇、丙二醇。我們完全不知道這些化學藥品是些什麼玩意兒，更不知道它們會對人體帶來甚麼影響。至於讀者諸君，看來對這些藥品的認識，也不會比我們夫妻倆高明到那裡去。你們一定以為，製造商本人對這些化學藥品的了解，會比我們多很多，那就錯了。一份眾議院的調查報告就指出：「美國的現行法令不足以規範食品產品的安全性。美國食品藥物管理局在向參議院所提的一份證詞中承認，目前被用於食品製造的化學藥品有七〇四種，但其中只有四二八種是確定安全的。……聯邦食品藥物管理法根本無法做到防範於未然，而只能在消費者受到傷害以後，進行補救工作：它根本不要求用於食品製造的化學藥物要通過嚴格檢查，而只有這種嚴格檢查，可以防止消費者受到傷害。」由此可見，目前被用於食品產品製造的化學藥物中，最少有兩百種，是未經過詳細研究的。只要它們能增加食品的美觀、風味或耐放度，製造商就樂於把它們添加到食品中，至於它對人體會不會有不良影響的問題嘛，消費者就只能自求多福了。誠如眾議院的調查報告所說的：「在製造、加工、保存與包裝食品的過程中大量使用化學添加物，已經對公眾的健康構成了嚴重的威脅。」

三、食品的毒素還有另一個來源。現在，農人在種蔬菜水果時，為防真菌孳生和殺死害蟲，很多時候都會使用包含砷、汞、銅或硫磺的殺蟲劑。這些物質，人體即使只攝入小量，都會引起不適；如果長期或大量攝入，更是有患病或死亡之虞。即使對這個問題早有所知的人，也不要指望單靠清洗，就可以把殘留在蔬菜水果中的殺蟲劑徹底洗掉（除非是用到鹽酸）。因為製造商為求加強殺蟲劑的效果，刻意加強了它們的存留能力。正如這些殺蟲劑的廣告詞所說的：「不可思議的存留能力」、「我們會等到牠們，再幹掉牠們」。有人就指出過：「新式殺蟲劑和殺真菌劑的毒性非常高，殘留能力也非常強，這也是為什麼它們會那麼好用。」

另一份政府的報告提出警告說：「社會大眾常常以為，只要是從商店櫃台上買得到的東西，就一定是安全無虞的。……很多家庭主婦有所不知的是，有很多她們從商店櫃台買來的殺蟲劑，例如DDT、氯丹和砷，都具有可致命的毒性，使用的時候必須極端小心。」「砷是一種基本金屬，它被以砷化物的方式使用於殺蟲劑的製造中。動物實驗顯示，如果在動物的飲食中加入濃度百萬分之三的砷，就會導致動物出現肝硬化，如果長時間以這種飲食餵食動物，就有可能讓牠們長出肝癌。噴灑在蔬菜水果上的砷，其存留能力非常強。例如，一個沒有洗過的蘋果，其表皮所含有的砷，濃度可達百萬分之一；又由於砷可以穿透果皮，積聚在果肉中，所以，有些蘋果果肉的含砷量，可高達百萬分之三。」

「苯基化合物是一種相當廣泛被用於蔬果種植的殺真菌劑。對這種化合物的研究顯示，它們可以積聚在腎裡，毒素非常強。」「毒性測試顯示，如果在老鼠的飲食裡加入濃度百萬分之五的DDT，就會肯定導致牠們肝臟輕微受損。稍後的研究又顯示，如果對乳牛噴灑DDT，或餵牠們吃噴過DDT的飼料，又或把牠們養在噴過DDT的牛欄裡，DDT都有可能積聚在乳牛的脂肪中，並進而分泌到牛奶中。在一個實驗中，研究人員對牛欄進行了DDT的噴灑。儘管研究人員並沒有直接對乳牛噴灑DDT，但經過二十四小時後，DDT還是出現了在乳牛的牛奶中。在經過四十八小時後，牛奶中的

DDT濃度可高達百萬分之二。」「氯丹是另一種被廣泛使用的氯代烴殺蟲劑。但經食品與藥物管理局測試後發現，它的毒性，還要比DDT高上四至五倍。」

一九五三年八月號的《科學美國》雜誌有一篇文章，談到了一種叫肼的有毒化學物質：「馬來酸肼目前正快速成為一種受歡迎的噴霧劑，人們用它來防止儲存中的洋蔥與馬鈴薯發芽，和在有降霜威脅時用來延緩果樹結果的時間。」如此看來，又多兩種冬天最常被食用的作物受污染了。

四、美國的食品工業不但向大眾銷售有毒、加工過或食物，還透過全國性的宣傳攻勢，向大眾促銷咖啡因、可樂果萃取物、尼古丁和酒精這些會上癮的消費品。所有這些東西，多多少少都對人體有害。每一年，單是美國，社會大眾消耗在尼古丁和酒精產品上的金錢，就超過一百億美元。

長期攝取加工處理過的食物，就會導致營養不良，因為你吃再多的食物，假如它是有問題的食物，也難望獲得營養上的均衡。營養不良會導致一些即時性的小毛病，如倦怠、頭痛、胃痛和便秘等。美國有數以百萬計的男女飽受這些小毛病的困擾，卻不思找出問題的癥結所在，只一再借助藥物來治標，讓問題變本加厲。

長遠來說，營養偏頗還會帶來一些更嚴重的後果。這一點，從美國人疾病和死亡的統計數字中就可以窺見。據美國公共衛生署一項最近的調查報告指出，有兩千八百萬的美國成年人或多或少為疾病所苦，這其中，有四分之一患的是關節炎。在一九四九年，美國的自然死亡人口中，有一半是死於心臟病，七分之一是死於癌症。在總數一、四四三、六〇七位病死的人當中，有七二〇、四九七人死於心臟血管疾病，有二〇六、三二五人死於惡性腫瘤，有四九、七七四人死於循環系統方面的疾病，有二五、〇八九人死於糖尿病。因感染性或傳染性疾病而死的人只佔少數：死於流行性感冒和肺炎的四四、六四〇人，死於肺結核的三九、一〇〇人，死於小兒麻痺症的二、七二〇人，死於痢疾的一、四四〇人，死於傷寒的一六一人。換言之，美國人死亡的主因是身體重要組織或器官的衰敗。各種證據顯示，這又和營養攝取的不足有關。

沒多少年前，癌症還被看成是老年人的專利，但如今，它的魔掌已經伸向了襁褓中的兒童。這一點，可視為加工食物對人體毒害性的另一證明(但並不是沒有爭議性)。

其他證據也支持營養偏頗是導致健康衰退的原因的假設。很多例子顯示，很多原來健健康康的原始民族，在一旦接觸到西方人的食物之後，就開始罹患本來只見於西方人的疾病（參見蘭奇的《健康之輪》、羅德爾的《健康的罕薩人》和皮爾斯的《營養與健康衰退》）。圭克尼博士在《全國性的營養不良》中指出，加拿大西北部的印度安人，一向身體強健而高壽，但自從開始接受白人的飲食習慣以後，情形就全變了。「他們對白人的食物和酒類趨之若鶩，結果導致了關節炎、肺結核和蛀牙，以致縮減了壽命、減低了工作的活力。至於那些住在加拿大較北方的印第安人，由於一直沒有機會接觸到白人的食物，所以身體始終保持強健。他們沒有人得肺結核，也沒有人患上述任一種疾病。」

加工過的有毒食物肥了少數人和企業的荷包，卻動搖了美國大眾的健康。城市的居民，即使收入再高，買得起再好的食物，但假如他們不能抱著戒慎恐懼的態度去慎選食物的話，也難保不會成為加工食物的受害者。不要以為鄉村居民就一定能夠置身事外，除非他們自己種自己吃的食物，並把加工食物的攝取量減到最低，否則，一樣會成為營養偏頗的犧牲者。

讀者可能會納悶，我們是不是有必要對今日美國人的營養狀況來這樣一番長篇大論，浪費他們的時間，考驗他們的耐性。不過，誠如我們在章首所提及的，我們相信，營養好不好，是決定每一個人健不健康、快不快樂的最重要因素之一。我們同時也深信，食品製造商與菸酒公司花在廣告宣傳和遊說活動的龐大金錢，已經對美國人以及其他西方國家的人民帶來了長遠的不利影響。當初我們之所以會決定離開城市、移居鄉村，一個主要原因就是為了躲過加工食物的天羅地網。我們決心要起而保衛自己的健康。

我們靠著自種自採的食物，保持了身體良好的健康。每年五到十月，我們的菜圃都有新鮮蔬果可摘。至於從十一月到隔年四月——也就是我們的菜圃處於封凍狀態下的幾個月——我們則用儲存起來的蔬果，維持食物的補給。起初，我們用來儲存食物的，是一些挖在室外的蔬菜坑。我們把蔬果放在坑裡，在坑口鋪上樹枝、樹葉和麥稈，以資保護。在溫度穩定的冬天，這些蔬菜坑的表現很好，但在冷熱起伏大的冬天，它們的表現就沒那麼好，蔬果常常會爛掉。

後來，我們決定改為使用地窖，作為食物的儲藏庫。我們前後共築了三個地窖。第一個地窖築在石頭農宅的廚房下方，這個地窖，是與石頭農宅同時施工的。我們用它來存放楓糖漿、蜜餞、果汁和快要吃的蔬菜水果。但由於這個地窖的溫度還不夠低（它與廚房只隔著雙層木頭地板），所以並不適合供儲存需要放比較久的蔬果。

第二個地窖位於工作坊——後來改成了客屋——的下面。只有很偶然，我們才會在工作坊裡生火。在那些最寒冷的夜晚，地窖內的溫度，可低至零下六七度，甚至更低。地窖內有一道從岩脈中流出的泉水，保證了地窖內溫度的均勻和空氣的濕潤。地窖的地板由粗糙的礫石鋪成，既可以讓水自由流動，又可起到排水的作用。在地窖裡，我們放入一個個深一英尺、寬三英尺的箱子，作為存放蔬果的容器。在每個箱子底部，我們會先墊入一層厚厚的楓樹葉，再放入一層蔬果，然後再鋪一層楓樹葉；此後，每放入一層蔬果，就鋪上一層楓樹葉。在最頂一層蔬果上方，我們會再鋪上幾英寸厚的楓樹葉。

這個設計的效果很理想。每當我們想要吃馬鈴薯、胡蘿蔔、甜菜、香旱根或蘋果，只消撥開最上一層樹葉，就可以手到擒來。樹葉既有防霜凍的功效，又可以減緩蔬菜水果的水份蒸發速度。以這種方法保存的蔬果，很多都可以存放到第二年八月還不壞。

諾亞・韋伯斯特在其《麻薩諸塞的農業寶庫》中說：「我一整年都可以吃到自己親手所種的新鮮水果。」對那些不能像我們那樣搜集到大量落葉的人，不妨採用韋伯斯特的方法。他建議用一層一層的乾沙來保護蘋果：「這種保存方法的獨家好處是：一、沙子可以把空氣隔離。二、沙子可以阻止蘋果的水分蒸發或流失，因此完整地保存了蘋果的風味（另一方面，蘋果所產生的濕氣，又會被沙子吸去，因此能一直保持乾燥）。我的斑皮蘋果，即使保存到五六月，吃起來就像它們剛剛被摘下來的時候一樣新鮮。使用沙子的第三個好處是，它可以防止蘋果受霜凍、腐爛，等等。」

稍後，當我們發現第二個地窖因為太潮濕，不適合用來存放甘藍以後，就在一個地勢高一點的位置，挖了第三個地窖。地窖位於工具棚屋地下，溫室的後方。我們在這個混凝土的地窖裡用木板搭了一個架子，每隔一英尺遠的位置釘一顆釘子，再將一棵棵的甘藍頭下腳上的用繩子懸掛在上面。（沒有兩棵甘藍是彼此接觸到的。）靠著這個方法，我們成功地把甘藍保存到來年的五月。

我們也用這個地窖來儲存芹菜、香旱根和歐芹根。我們會在九月或十月，趕在寒霜來臨以前把它們從田裡拔起，放到一個個底部有裂縫的舊楓汁桶裡（底部的裂縫是用來通氣），存在地窖中。在合宜的情況下，芹菜可以保存兩個月。如果我們時間抓得夠準，恰恰好在第一場寒霜要來未來的時候把芹菜採收入地窖的話，就不愁聖誕或元旦沒有芹菜可以享用。把捲葉菊苣、菊苣、大白菜以相同方式收藏在地窖，它們可以保存八星期。如果把菊苣根放在楓汁桶中，蓋以泥土，它們可以長葉子長一個冬天。加以細心照顧的話，細香蔥和歐芹的植株可以保持生長至春季。我們也把筍瓜存放在這個地窖裡（不過，把筍瓜保存在一個不太冷也不太暖的乾燥閣樓中，效果會更勝一籌）。

上述方法讓我們一年四季都可以吃得到新鮮蔬菜。當然，地窖裡的蔬菜，並不能算是「絕對」新鮮，但比起加工食物來，還是要強太多了。美國大部分地區的氣候條件都要比我們山谷來得溫和，因此，食物的保存也應該更容易才對。

有些讀者可能會好奇，我們一整個冬天都在吃甘藍、馬鈴薯、胡蘿蔔和歐洲防風，難道不會膩嗎？答案是不會。其實，我們並沒「一整個冬天」都在吃它們。我們菜圃裡的產品可以分為三大類：一、即種即食的春季作物，像鷹嘴豆、玉蜀黍、萵苣；二、夏季作物，它們其中一部分會被我們曬乾（鷹嘴豆和豆子）或裝罐（漿果和番茄），儲存起來稍後食用。三、秋季作物，如甘藍、馬鈴薯、大頭菜、南瓜等。我們的秋季作物幾乎從不會在夏季吃到。以甘藍為例，我們從不會種夏季或早熟的甘藍。我們會等到五月底或六月初，才在田裡紅蘿蔔或芥菜葉空出來的位置，播入甘藍種子。它們會在十月底或十一月初成熟，我們隨即採收。但我們不會立刻拿它們來吃，而是先儲存起來。在十一月底或十二月初以前，我們會繼續食用田裡的長葉萵苣、芹菜、寬葉羽衣甘藍、羽衣甘藍、湯菜、花莖甘藍、水田芥、菊苣和大白菜。這些都是抗寒力很強的作物，可以挨得到第一場大霜的來臨。等以上的蔬菜統統冷死，地窖裡的甘藍、大頭菜、筍瓜、馬鈴薯和洋蔥才會派上用場。所以說，我們會吃地窖裡儲存食物的時間，並不是那麼的長，所以也從來不會生厭。

我們的冬天蔬菜來源中，另一個值得一提的來源——也是很重要的一個——是發芽的種子。亞洲人很懂得綠豆芽的妙處，而我們則除了會發綠豆芽以外，也會發大豆、鷹嘴豆和小麥的芽。這些種子芽，無論是和著沙拉吃、放在湯裡生吃，還是採用中國式的吃法，盡皆相宜。

我們的菜圃也出產香草，包括羅勒、鼠尾草、百里香、夏季香薄荷、牛至、歐芹和芹菜葉。曬乾後的香草，是做沙拉或和著湯吃的好材料。我們也喜歡把春黃菊、胡椒薄荷、留蘭香、覆盆子和草莓的葉子烤乾，拿來泡茶喝。我們把它們放在火爐上烤焙，至徹底乾燥，再捏碎葉子，收藏在玻璃罐子裡。

我們也會用裝罐密封的方式保存食物，不過數量不多，主要是施用於易壞的食物。被我們做成罐頭的項目包括漿果汁（覆盆子汁、黑楊梅汁、草莓汁、藍莓汁和葡萄汁）、番茄菜汁、高湯和蘋果。我們用來做蘋果罐頭的，都是品質較差的蘋果。

漿果汁裝罐的方法非常簡單，值得在這裡加以介紹。先準備一至兩壺沸開水和把密封漿果汁用的小玻璃罐放在火爐上加熱殺菌。之後，在每個小玻璃罐裡注入一英寸高的沸水，再舀入一杯的糖，攪拌至徹底溶化（我們用的糖是紅糖、楓糖或熱的楓糖漿）。然後倒入一杯半的漿果汁或葡萄汁。這時，只要把小玻璃罐加蓋密封，就大功告成了。不需要煮沸，也不需要任何加工。以這種方法保存的漿果汁，顏色會一直保持紅潤。開罐喝它們的時候，風味和香味都跟當令的新鮮漿果無異。傳統用來保存葡萄汁的方是先把葡萄汁煮過，包在果汁過濾袋中過濾，裝罐前再煮沸一次。用這種方法做出來的葡萄汁罐頭，雖然美味，但卻相當費事。我們的方法要省事得多，而且味道不遑多讓。我們算過，用上述的方法，兩個人在二十分鐘內就可以把十五夸脫的果汁裝罐。

我們做蘋果罐頭的方法也一樣簡單。先用水壺在火爐上煮沸幾壺糖漿（放一半水一半糖漿）。然後，在沸糖漿中放入去籽留皮的蘋果片（每一英寸高的糖漿放切成六到八片的蘋果）。蓋上蓋子繼續煮，一等果肉可以輕輕為叉子戳入，就立刻收火（煮的時間愈短，味道愈好）。之後就可以裝罐、密封。

番茄菜汁的裝罐方法幾乎同樣簡單。首先在一個容量十六夸脫的水壺內放入三分二滿的番茄。然後，把一打切片的洋葱、六把芹菜（連柄）、一把香草（牛至、羅勒、香薄荷、鼠尾草或百里香皆可）放入水壺內。不需要加水，把水壺的蓋子蓋上，以細火慢煮。等芹菜煮軟後，就用一個濾網，把鍋中的所有物料過濾掉。剩下來的湯汁，加熱煮至沸，然後放入少許糖（楓糖）和少許海鹽或蔬菜鹽。不需要再作任何加工就可以裝罐密封。

上述被濾網過濾掉的物料，則可以做成高湯，方法如下：把物料分到幾個架在火爐上的小水壺中。加入若干的水（水不用太多，但求能讓水壺中的物料不致煮焦即可）。不斷攪拌水壺中的物料，煮開後，分裝到小玻璃罐中。把物料裝入小玻璃罐時，用一隻叉子把物料壓實。在每個小玻璃罐裝至半滿後，加入一湯匙的鹽，再把物料加至滿。之後即可加蓋密封。這些高湯為我們冬天的菜湯帶來一種強烈的風味，而那是所有單純用地窖裡的蔬菜做出來的菜湯所無法媲美的。這可能是因為，高湯中的物料，都是在它們最當令的時候採摘和保存起來的。

我們選擇作為膳食的食物，都是最簡單和與土最親近的食物。傑瑞德・艾略特稱之為「地球上最乾淨的產品」。所有食物，不管動物性或是植物性的食物，都是源出於土地，但只有生鮮的水果、堅果和蔬菜，才是和土最親且關係最直接的。你大可以稱之為第一手的食物。

跟蔬菜水果比起來，乳產品只能算是第二手或第三手的食物，因為它們需要透過中介——以植物為食的動物——才能到達人體。奶是牛、綿羊或山羊的乳腺分泌物，蛋白質非常高，特別適合發育階段的小動物食用。小嬰孩應該吃人奶，小牛犢應該吃牛奶，如此類推。小牛犢的體重可以在一個月內增加一倍，小嬰兒則需要六個月。大自然為各種動物各準備不同食物，適合一種動物的食物，不見得就適合另一種。

在人類的食物中，有一種要比乳產品離土更遠的，那就是肉食——走獸、飛禽和魚類的肉。這些動物要不是以植物為食，就是以其他吃植物的動物為食。人類食用動物屍體的習慣由來已久，以致大家視之為正常不過的做法。但如果亨利・史蒂芬斯的《文化的復甦》所言不假，那人類吃肉的歷史，並沒有我們想像的長遠。史蒂芬斯認為，人類吃肉的習慣和戰爭有關，在此之前，人類只以植物為食。

我們嚮往過的，是一種仁慈、高尚、潔淨而單純的生活。從很久以前開始，我們就決定只吃素，不殺生也不吃肉；再稍後，我們盡可能連乳製品也不碰。這和我們所秉持的哲學信念是相一貫的：為儘可能多的生靈帶來盡可能多的善和盡可能少的惡。

我們膳食的總內容有固定的比例：五〇％水果、三五％蔬菜、一〇％蛋白質與澱粉質、五％油類。我們食用的水果因季節而異，但它們在飲食中所佔的比例則維持不變。至於蔬菜，我們盡力做到葉菜類佔三分之一，非葉菜類佔三分之一，自製的蔬菜汁罐頭佔三分之一，以確保營養的周全。在夏季，水果和蔬菜在我們膳食中所佔的比例，最少是四分之三，在冬天，則是三分之一到一半。我們所攝取的蛋白質來自堅果、豆類、橄欖，以及包含在蔬菜、穀類和種子中的蛋白質。我們相信，人體所需要的蛋白質，遠少於一般所認為的量。嗜食高蛋白質食物，是一種後天的習慣，也是一種危險的習慣，會讓人體的能量過剩，造成負擔。我們攝取的油類來自植物油：橄欖油、大豆油、玉米油、花生油和葵花油。我們對橄欖油的評價很高。鱷梨也是我們植物油的一個重要來源。

除不吃肉以外，我們也力求每餐飲食內容的單一化。吃得少和吃得單一，是健康的不二法門。很多原始民族的飲食都非常簡單。例如，特里斯坦－達庫尼亞①的島民──他們的健康和牙齒都是頂呱呱的──據說「一餐從不吃超過一種食物。」（《泰晤士報》一九三二年二月二十二日號）有些西方人用餐時，也喜歡不把蔬菜和水果混著吃，或不把蛋白質、澱粉質和含酸的食物混著吃，他們認為，這樣，胃腸消化起食物來會更加容易。經過親身試驗後，我們發現，每餐膳食內容的單一化，不但有助於消化，還可以減少準備飲食的時間。吃整全、生鮮和少樣化的食物，可以大大減少家庭主婦做飯的時間。

你從上述所提的健康飲食原則，就不難歸納出我們一日三餐的飲食公式：早餐吃水果，午餐喝湯及吃穀類，晚餐吃沙拉和蔬菜。

我們水果早餐的內容端視當令的是些什麼水果。在漿果生長的季節，早餐餐桌上就可以看到草莓、覆盆子、黑楊梅或藍莓。我們從樹林或菜圃裡把它們摘來，每頓早餐每人大約消耗半夸脫。甜瓜與桃子當令的時候，我們就吃甜瓜與桃子。在沒有水果可採的時節，我們就會購買香蕉、葡萄乾、橘子和棗椰來當早點。我們一年四季都可以吃得到蘋果，因為即使在冬季，我們也可以拿庫存的蘋果來吃，它們很耐放。蘋果是一種很棒的水果，不但鹼度高，而且富含鐵和其他重要礦物質。常常，我們會一整天不進食，單只吃一個蘋果，讓胃腸可以休息和淨化。我們從不把橘子榨汁，而是切成長長的六片，像吃西瓜一樣湊在上面吃。吃香蕉以前，我們喜歡先把整根香蕉蘸上蜂蜜和小麥胚芽。吃蘋果片的時候也一樣，要不就是在上面塗上花生醬。至於漿果，我們有時候會蘸楓糖漿或蜂蜜來吃，有時則乾吃。早餐的飲料，有時是一杯加入蜂蜜的香草茶，有時是一杯加了一湯匙廢糖蜜(blackstrap molasses)的熱水。

值得一提的是，我們常常會在早餐的香草茶或廢糖蜜水裡，加入幾滴薔薇果的萃取液。薔薇果是維生素C的一個重要來源，它所包含的維生素C量，一般要比鮮橙汁多三十倍。愛德拉・戴維斯指出：「研究發現，有些品種的薔薇果，其所含維生素C的量，是柑橘汁的九十六倍。」她的食譜教了我們一些風乾和保存薔薇果的方法。最先引起我們對薔薇果的注意的，是鄰居史密斯太太。有一年秋天，她每天都給她的小孩餵一湯匙的薔薇果汁，結果，他們的感冒奇蹟似的立刻痊癒。

很多人都懷疑，以上述分量「單薄」的早餐，怎樣能支撐一個人工作到中午？這完全是習不習慣的問題。我們曾經有過連續好幾個月不吃早餐的經驗，但身體仍然健康，沒有半點不舒服。過去十年，我們早餐都只吃水果，但仍有足夠體力應付早上四小時的重活。我們覺得，吃這樣的早餐，比吃高澱粉和高蛋白質的早餐，還要讓人神清氣爽，更有工作活力。

我們的午餐既可以說是千篇一律，也可以說是變化多端。說是千篇一律，是因為它毫無例外都是由一碗湯和一份穀物構成，而且湯總是蔬菜湯；說它變化多端，是因為蔬菜湯的內容，每天不同，各種蔬菜——馬鈴薯、甘藍、胡蘿蔔、番茄、洋蔥、歐芹、芹菜、豆子、鷹嘴豆、甜菜、玉米——互相變換。在湯裡，我們會加入香草或海鹽來調味。偶然，湯料中也會包括大麥、大豆屑、燕麥或米飯。午餐的時候，我們會只吃穀物，有時是小麥，有時是蕎麥，有時是粟。買這些穀類，我們都是一次買一大批，回家後分裝在容器裡。每天晚上，我們都會把幾把穀物泡在水裡，浸泡一夜，第二天早上再用慢火熬煮。經此一煮，穀物會膨脹一倍大，冷吃或熱吃皆宜。兩碗蔬菜湯加上一份穀物，就讓人有工作到晚餐的精力。

我們從來不自己烘製麵包，也很少買來吃。我們用未經加工的穀物來代替麵包，不只營養更佳，而且要便宜得多。偶而，我們也會用略加碾磨的全麥、玉米粗粉、滾過的小麥和燕麥，做做那種玉米蕊形狀的「旅行蛋糕」。這種蛋糕，我們會在午餐或出外時帶在身邊吃。

晚餐的主菜是一碗相當大的沙拉。沙拉的材料由水果或蔬菜構成，至於是哪種蔬菜水果，則端視菜圃裡可以找到什麼而定。做沙拉的時候，我們會先在一個大木碗裡塗上一層摻有薔薇果汁和橄欖油的檸檬汁或酸橙汁，然後再放入切片的甜椒、芹菜、洋蔥、紅蘿蔔、歐芹、番茄、黃瓜和萵苣。有時材料則會是甜菜、胡蘿蔔、南瓜、香旱根、大頭菜、堅果和葡萄乾。在冬天，沙拉的主力會是白甘藍或紅甘藍而不是萵苣。除甘藍以外，我們還會放入切片的蘋果、堅果、橘子（或葡萄）和芹菜。在夏天，我們另外還會加入生的嫩鷹嘴豆、蘆筍尖和生玉米。我們會在做沙拉之前才會去採材料，又只會在吃以前才去做它。這樣，可以確保蔬菜水果中維生素的完整。一頓這樣的餐膳，只要半小時的打點（包括採摘），就可以就緒。正如約翰•伊夫林所說的：「這種家庭裡的主婦從來不會慌張，因為一切材料都在手邊，只要一瞬之間，就可以端出一大盤漂亮的沙拉來。」

有時候，我們的晚餐會完全不加料裡，就整顆（棵）的蔬菜水果端到桌上，大快朵頤。選擇有很多種：萵苣菜心；或菊苣、蒲公英和波菜的嫩葉；或花椰菜芽、湯菜、花莖甘藍和歐芹枝；或整顆的胡蘿蔔、紅蘿蔔、番茄和黃瓜；或芹菜和蘆筍的莖；或嫩的甜玉米、綠鷹嘴豆和甜椒。事實上，任何可以用來製作沙拉的蔬菜水果，都可以以整棵（顆）的方式食用。用餐的人想吃那幾種，就自己在盤子裡挑那幾種。

在冬天，除沙拉外，我們也會加吃烤馬鈴薯或烤南瓜。我們把它們連著皮整個兒烤。連皮烤的馬鈴薯或南瓜特別快熟，而且營養保存得最完整。當菜圃裡的玉米、蘆筍、鷹嘴豆或豆子成熟後，我們也會把它們加入晚餐中。煮這些食物時，時間愈短愈好，用的水愈少愈好。定居佛蒙特州之初，我們使用的鍋具都是鋁製，但後來我們把鋁鍋具統統丟棄，因為我們相信，鋁比大部分其他金屬容易溶解，而溶解後積聚在鍋底的鋁，不但有可能會影響食物的味道，甚至有可能對人體帶來不良影響。我們很少會烹煮食物，但有這個需要的時候，都改為使用不銹鋼、琺琅、陶或玻璃的鍋具。

我們就著一張木板桌子用餐，食具是一個木碗和一雙木筷。我們一頓飯吃下來，用的始終都是同一個木碗，這樣可以省去洗碗的時間。由於我們沒有使用醬汁，也沒有任何煎炸的食物，所以，清洗碗筷的工作很輕鬆。我們使用筷子來吃沙拉，是因為覺得筷子比叉子要來得靈活。用木製食具還有一個好處：它們比較中性，比較不會影響食物的風味。

我們的飲食習慣簡單、經濟而實際，可惜的是，它並不是二十世紀一般美國人的習慣。隨著文明的進化，美國人的飲食模式經歷了一個徹頭徹尾的改變。工廠和大型企業取代了林場、菜圃與廚房，成了食物的來源地。為了抵制這種趨勢，我們從城市回歸農村，自己種自己的食物。我們發現，自種的食物豐沛、美味而營養。它們讓我們身體健壯硬朗，不需要與醫生打交道。借撒姆耳．湯普辛的話說，「我們的藥房就是我們的樹林和田畝。」另一位作者說得好：「只要注意飲食，那就很多疾病都可以避免，而其餘的疾病，也可以獲得緩和。可以說，那些飲食規律和健康的人，自己就是自己的大夫。」

**註釋**

①特里斯坦–達庫尼亞（Tristan de Cunha），位於南大西洋的群島。

好的飲食習慣是最好的療方，
應該受到高度重視。
一個不能規範自己飲食的國王，
也將無法保持國土的和平與寧靜。

——《沐浴的衛生》（*Regimen Sanitatis Salernitanum*），十一世紀

去，告訴他們，你為他們所帶來的，遠超過
這些城市財富的總和，因為你為他們帶來的是健康。

——赫爾瑪（John Helme），《英國人的醫生》（*The Englishman's Doctor*），1608

如果我有這個能力，我樂於呼籲世人，即便他們不願意回歸太古時代的飲食
習慣，最少也應該採取比時下流行的來得健康和節制的飲食習慣。

——伊夫林（John Evelyn），《論沙拉》（*A Discourse of Sallets*），1699

飛離惡臭的城市，避開它混濁的空氣……
郊外的原野在邀你；山脈，還有溪谷，在喚你；
樹林、溪水，以及每一陣甜美的清風
在雲朵起伏不斷的天空下展開——
多麼仁慈的天空啊！它哺養了
所有的人、動物與植物……
就在這兒展開你的菜園吧，一任清涼、
濕潤的蔬菜
盛陳於你每一天的飯桌上。

——阿姆斯壯(John Armstrong)，《保持健康的藝術》
(*The Art of Preserving Health*)，1838

兩年的經驗告訴我，即使像在這樣的緯度區，要獲得生活的基本食物，所費的勁也少得不可思議；很多人吃的都是像動物一樣簡單，仍然健康強壯。

——梭羅，《湖濱散記》，1854

# 建立裕如的生計

生計的需要——穩定感與安全感——我們生計的基礎——從市場經濟體制中解放——學習各種技能——一種非金錢的經濟體系——經營自給自足生活所必須具有的責任感與遠見

幹活是大部分人用以維持其生活的基本辦法。這當然不是沒有例外，但大多數的人，特別是生活在工業社會中的人們，卻必須拿他們最黃金的歲月去幹活，以換取維持溫飽的收入。只有兒童、老人、病人和自願的寄生蟲可以部分免除這種枷鎖，至於身體健全的成年人，則幾乎別無選擇。他們必須投入謀生活動，否則就會招來非議，陷於不安和焦慮，甚至會因為生活必需品的匱乏而導致疾病。

謀生的需要，特別是生活必需品的需要，是持續不斷的：日復一日，月復一月，年復一年。生活必需品的中斷，那怕只是一段短時間，都會帶來不安、焦慮與恐懼。要怎樣才能建立裕如的生計呢？

我們無法在這裡深入探討這個問題，只能提出幾點大綱性的建議：

第一、家戶裡所有身體健全的成員都應該投入工作，避免有任何吃閒飯的成員。

第二、不應讓家戶裡出現因收入高下而帶來的地位不平等。

第三、為開支制定計畫與預算。

第四、要有作帳的習慣，帳本應該是公開的，隨時可供家戶中的各人查閱。

第五、購買勞務或產品時，宜以現金支付，以避免因通貨膨脹帶來的損失。

第六、應該盡量花得少而不是盡量花得多。

以上的原則，值得每一個有心建立裕如生計的人認真注意。由於我們在對上一本著作《動力年代的經濟學》中，已經就建立生計的問題作過詳細的探討，所以在此不再重覆，只列舉其大要，以作為介紹我們怎樣在佛蒙特解決生計問題的背景性說明。

住在佛蒙特的山區，你也大可以像住在紐約或波士頓的近郊一樣，到附近城鎮去採購所有的生活必需品和食物。在我們的山谷裡，就有好些人家是這樣幹的。

但我們並不選擇這種方式，這一方面是因為，我們相信只有吃自種的新鮮蔬果，才能保持身體健康，另一方面則是因為，我們希望盡可能減低對外界的依賴。

我們的經濟基礎是菜圃。我們自己所種的蔬果，提供了近八〇%我們的食物需要量。至於房子——它是低收入家庭的第二大開支——也是我們自己一手一腳所蓋。我們有些鄰居以煤、瓦斯或電力來生火或取暖，但我們卻選擇木柴當作燃料。我們的木柴都取自我們四周的樹林，並不需要金錢購買。我們喜歡在樹林裡工作，梭羅說得好：「在我們把木材運到家裡以前，已受了它們最大的惠。……它們會溫暖我們兩次，第一次是最全面和最堪回憶的，與之相比，第二次的溫暖只不過像是一堆焦炭。」

不過，我們之所以會遷居佛蒙特州，最主要的目的並不是從事生產活動，而是為了有更多的餘暇，從事自己喜愛的活動。因此，我們的生產活動僅以滿足生活的基本所需為目標。一旦達成這個目標，我們就會把注意力和精力轉投於學術研究和社會性的參與。

時下美國的經濟體系鼓勵人們獲得溫飽以後追求舒適，獲得舒適以後追求奢侈。

因為只有這樣，消費者才會不斷努力賺錢，努力消費，讓企業的利潤可以永無止境地增加。

我們的做法則正跟這種潮流相反。我們的生活必需品大部分都是由自己生產。至於我們會用錢去購買的產品，則主要是一些在新英格蘭的氣候條件下無法生產的食物。愈多的支出，意味著你必須去賺取愈多的收入。因此，我們努力做到史蒂文生在一篇聖誕節佈道詞裡所叮囑的：「賺得少一點，花得更少一點。」來自菜圃裡的食物和來自森林裡的木材，都是我們用自己時間和勞力換來的產物。我們不需要付租金，稅金也很合理。我們不消費糖果、糕點、汽水、酒、紅茶、咖啡或香菸。這些消費項目分別來看，都不是什麼大支出，但如果你把它們全部加起來，就會發現，它們往往佔一個一般家庭總支出的一個大部分。我們只花很少錢在衣著上面。我們點了十五年的煤油和蠟燭。我們從未有過電話和收音機。我們的大部分家具都屬自製。我們到鎮上購物的次數，一個月不會超過兩次，每一次的花費都很低微。

**馬克吐溫說得好：「所謂文明，就是無限地去製造一些不必要的需要。」**透過誘惑哄騙，市場經濟驅使消費者買一些他們根本用不著的東西，藉此驅使他們出賣更多的勞力，去換取購物所需的金錢。由於我們的目標是讓自己從無間斷的勞動的束縛中釋放出來，所以，我們宛如一隻處處防範陷阱的聰明老鼠一樣，處處防範奢侈品的誘惑。

讀者也許會覺得，我們的做法，是一種痛苦的禁慾主義，甚至已經達到了自我懲罰的邊緣。但我們並不這樣認為。我們自小就生長在紐約市，對它那種浪費無度的作風備感苦惱，但遷居到鄉村以後，我們卻又驚訝又高興地發現，很多被城市人棄如敝屣的物質，都不是沒有用途的。我們覺得自己就像兩隻飛出樊籠的小鳥一樣，感到自由自在。壓在城市消費者身上的那種重擔，從我們身上被卸下來了。

佛蒙特的務農生活不但讓我們成為更沒有負擔的消費者，也讓我們成為更有責任感的生產者。那是因為，想要自給自足生活經營得成功，責任感是不可或缺的。

經營自給自足生活的家庭，不但要能生產得出足夠數量的食物，還要生產得恰如其時。住在偏遠山區的人，不可能在晚餐前一小時才打電話給雜貨店，請對方把做晚飯的材料給送過來。他們必須在前一季就為下一季的食物預作準備。如果想六月的第一個星期可以在餐桌上看到紅蘿蔔，他們最晚在五月的第一星期以前就必須把紅蘿蔔種到田裡。另外，如果想作物長得最好，土壤也必須事先施好肥。施肥需要有堆肥。如果想在春季有堆肥可用，他們就必須在前一年的仲夏就把堆肥堆築好。換言之，為了可以在六月一日可以享用到新鮮的紅蘿蔔，我們需要在十到十二個月之前就開始準備。

燃料的獲得也是一樣。沒有錯，新嫩的樹枝也可以用來生火（它們雖然不會燒得很旺，但至少不會完全燒不起來），不過，想要獲得最好的生火效果，最佳方法還是把木柴破開，在空地上堆成一堆堆，曬曬太陽或吹吹風一陣子，再放到一個通風的柴棚裡六個月，讓它們有時間乾透。換言之，冬天要用的木柴，需要在春天就預作準備。如果能讓木柴在柴棚裡放上一年，效果更佳。

另一個需要未雨綢繆的項目是建築。我們的木材棚屋裡闢有專門用來存放水泥的地方。每次我們要到鎮上去以前，都會去看看庫存裡的水泥還剩下多少，少於五袋的話，就會在鎮上順道買五或十袋。這樣一來，我們隨時需要，就隨時有水泥可用。否則的話，建築工作進行到一半才發現水泥用罄，我們就得特別花時間精力到鎮上跑一趟。一次購買五袋十袋水泥還有一個好處：有時候每袋的價錢可便宜五到十美分。

自給自足的家戶，難免三不五時都會有自己動手修補房子和建物的需要。自己做出來的修補，有時看起來可能會不夠專業，但它們卻可以提供當事人發揮創意與想像力的機會，而且帶給他們很好的訓練。不管怎麼說，把房子的設計、施工和修補工作交給專業的建築匠負責，都是不智之舉。梭羅問得好：「我們應該把建築的樂趣拱手讓給木匠嗎？」

機器和裝配線的出現，讓很多能工巧匠淪為機器的照顧者，而他們被委以的職責，不在保證產品的品質，而在保證產品的數量。大部分城市居民的收入都是來自薪水，不過，在獲得這份薪水的同時，他們再也沒機會享受到掌握技藝的自豪感和駕馭工具的滿足感。

在經營自給自足生活的過程中，我們學到了一系列大部分城市人所一竅不通的技能。這些技能之中，最重要的一項跟土壤的利用與作物的種植有關。其他重要的技能還包括房屋的建築與維修、工具的製造與修理、圓木與木柴的切割、林木的砍伐等等。所有這些工作，都敦促著我們動腦去思考，去計畫，去組織工具與材料，去不斷實習，以求獲得最大的成果。

城市人由於習慣了什麼都透過服務業代勞，以至於誤認為，任何生活所需都可以透過一通電話解決。沒有錯，一張面額十美元的大鈔，確實可以讓你在一棟城市公寓裡住得舒舒服服，但如果把你擺到一座森林裡去生活的話，那這張十美元的大鈔將了無用處。這時，只有智慧、技巧、耐性與毅力才會是你真正的本錢。那些光靠在商店裡買來大包小包滿足生活所需的人，是永遠不會學到什麼的，只有那些能使用工具與技巧，把材料轉化為自己需要的產品的人，才會不斷獲得成長。想要能在城市裡過活，你需要的只要一部電話和一個帳戶，但想要過自給自足的生活，你需要的卻是千百種不同的技能。

自給自足的生活是不講情面的。你也許可以跟一個店東、一個計程車司機，甚或一個交通警察打商量，但一堆混壞了的混凝土、一段多結節的松木、一根有裂縫的水管或一節短了路的電路，都是不會跟你打商量的。它們只會默不作聲地待在那裡，嘲笑你的無能或粗心大意。這時候，你除了把做壞了的事情重做一遍以外，別無選擇。

即使是經營自給自足生活的人，也不是完全用不著金錢的。例如支付稅款和購買零件工具，就都需要用到金錢。以我們夫妻倆來說，就還需要用現金來購買衣服（住在佛蒙特州期間我們從未自製衣服過。）對此，那些習慣靠薪水度日的城市人，一定會很不知所措。他們會問：沒有薪水袋，錢要打哪兒來？

喬治．布里恩就是一個例子。喬治從事銷售員的工作從事了很多年，以至於他剛從康乃迪克州搬到山谷裡來定居時，完全無法想像，一個星期完全沒有薪水收入的日子要怎樣過。他就像一個突然被丟到陌生異國的人一樣，充滿焦慮和不安全感。其實，我們剛從紐約移居到佛蒙特的山區時，也經歷過同樣的感覺。當我們揮別城市時，原以為自己也揮別了對金錢的全部依賴，孰知，金錢這個怪獸是無孔不入的。為此，我們努力讓我們的生產活動產生一定的盈餘。威廉・庫柏在《原野生活指南》裡所說的話很明智：「懂得如何運用管理一筆小錢，更勝擁有一筆大錢。但萬萬不能連一點點錢都沒有。人真正需要的不是一筆大錢，而是一份如小溪般源源不斷的固定收入。」

義務教育、濟貧金、老人年金和社會保險制度在一九三二至一九五二年間先後進入了佛蒙特的農村地區。不過，對經營自給自足的家戶來說，能不能建立裕如的生計，最終取決的，都是其成員的健康狀況和工作意願。

山谷中的人家，幾乎或多或少都有自己的菜圃。他們在春天開種，夏天進行馬馬虎虎的照拂，而一到秋天，就讓菜圃交由野草來接管。

山谷裡的野生動物豐富。鹿隻為數眾多，常常會侵入菜圃，啃食農作物。儘管如此，會在菜圃四周建立籬笆的人家，卻少之又少。大部分本地人面對動物入侵菜圃的威脅，對策不外是把菜圃關在房子附近和養狗養貓看管，賭賭自己的運氣。

我們山谷的年雨量在四十五英寸上下，全年的分布相當平均，不過幾乎每年夏天，都會出現小型的乾旱，而週期性的缺雨，也會把田土乾燥成粉狀。山谷裡的泉水和溪水豐沛；石頭隨處可見，沙子與礫石也很容易找到。不過，我們從沒看過有那戶人家的菜圃裡備有灌溉水箱或築有灌溉系統。

菜圃都是闢在山坡上，有些斜坡還頗為陡，不過，山谷裡除了我們以外，也沒有任一戶人家把菜圃闢成梯田。

山谷裡的房子都很糟糕，大部分屋頂鋪的都是木瓦，火災風險很高。大部分人家都沒有引水入屋的設備，在乾季時，會準備一些接雨水桶以防火災的人家，也並不多。離山谷最接近的一間消防局，在幾英里開外。煙囪著火的事時有所聞。不過，山谷裡居民的運氣相當好：在我們居住於佛蒙特的二十年間，山谷裡因為火災而被燒毀過的房子，只有一棟。

山谷裡會作帳或作計畫的家庭寥寥無幾。結果是，大部分人家都賺少花多，使自己陷入負債，只能指望明天會更好。《農人的行事曆》的作者亞瑟・楊格就說過：「求證於成功農人的生活的每一階段，作帳的好處都是無可置疑的，但會這樣作的農人，卻千中無一。」

因為我們從事生計勞動，求的只是最基本的溫飽，所以從不打算把一半以上的時間花在生計的經營上。儘管如此，我們仍然不敢對生計的問題掉以輕心。我們會針對各種值得改進的地方，加以思考、討論，擬訂計畫，組織工具與材料，然後著手進行改善。也因此，我們先後建立了圍籬、灌溉系統、梯田等等各種有助於生計經營的設施。不過，這種種興革，不但未能帶動鄰居起而效尤，反而讓我們在鄰居的眼中，顯得是兩個不願合群、愛搞怪的人。

> 鄉居者所擁有的，是一個蒙福和有收益的家庭。他的生活必需品不是來自於商店，他餐桌上的飲食，也不是得之於市場。他的食物一律是來自自己的庫存，而且總是與四季同步。
>
> ——格瓦拉（Don Antonio de Guevara），《頌讚鄉居之樂》（*The Praise & Happiness of the Countrie-Life*），1539

即使在我們目前這麼不完善的環境下，仁慈的上蒼並沒獨厚具有高度智慧的農人，把成功獨獨劃歸給他們。上蒼所制定的律法是那麼的仁厚，以至於即使是未經訓練的雙手，只要願意苦幹，也有望得到一定的收成；但是，如果想要獲得最大的成功，那就只有透過在最高智慧指導下的互助合作，才有可能。

——亞倫（R. L. Allen），《美國農場手冊》（*The American Farm Book*），1849

誰見過遵守審慎習慣的好農夫失敗的例子？

——布萊克（John L. Blake），《農人的每日書》（*Farmer's Every-Day Book*），1850

如果一個人真想體驗鄉居生活的美妙與莊嚴，就不應該大部分時間住在城市、而只把鄉居當成玩票性質的消遣，他必須用雙腳踩過濕答答的田畝。他應該用他的臉去面對這項事業，而不是用他的屁股。

——米切爾，《我們的埃奇伍德農莊》，1863

# 社區生活

風氣蔽塞的佛蒙特農村地區——分工合作的原則——成功與失敗的社區活動——透過合作，山谷社區可共榮共存——意興闌珊——社區議題——社區活動中心——個人主義當道——絃樂飄飄——成功的社區合作個案

佛蒙特人稱外來者為「外地人」，但從他們對外來者的猜疑與不願接納程度來看，他們會更樂於稱外來者為「闖入者」。

每個社區都有自己一套價值觀和規範，希望它的成員遵守，而且希望它的每個成員（包括女婿媳婦）都是本地人。在偏遠的小社區裡，這種地緣取向似乎比其他的條

件都還來得重要。一九三二年全球性經濟大恐慌的不景氣，連我們荒僻的佛蒙特都可以感受得到。佛勒•史萊遜原是倫登德立(Londonderry)人，他娶了一位邦德維爾女孩為妻，並在邦德維爾定居了下來。佛勒的木工和油漆技術都是一流的，很快就在鎮裡打下了事業基礎。但一位邦德維爾老人卻對這樁婚姻作出了這樣的評論：「我搞不懂，這些外地人為什麼大老遠跑來搶我們孩子的工作。」

以佛勒一個土生土長的佛蒙特人，只因為翻越幾個山頭，從倫登德立搬到鄰近一個山谷定居，就能引來這樣的非議，那麼，從幾百公里外的紐約搬到佛蒙特來的人會被以什麼眼光看待，可想而知。我們和鄰居之間隔著一條鴻溝。為了在此安身立命，與社區打好關係實屬必要，但我們和本地人的習性格格不入，而且也不是他們的子弟。

我們初抵此地的那一刻，鄰居們就從頭到腳把我們掃描一遍。不多時，他們已對我們的身家背景瞭若指掌——我們打哪兒來的，在那裡做什麼，今年貴庚，開什麼車，車子的里程、性能，穿著的品味，飲食習慣等等，巨細靡遺。

我們到佛蒙特州落腳後的第一件事，就是問傑克•賴福，能否為我們供應牛奶，他欣然答應。(賴福家離我們家不到四分之一英里，是與我們住得最接近的鄰居。)此後每天，他三個小女兒之中的某一個，會提著牛奶，送到我們家。有時候，三個小女孩會一塊兒來。她們有時會坐在我們家廚房的一個破舊大木箱上，一字排開，活像一排小小鳥——年紀最大的是米妮，坐在木箱上，她的腳剛好可以觸地，二女兒瑪麗的兩隻腳還懸在半空，而四、五歲的葛蕾蒂則可以雙腳伸直，坐在木箱上。她們各有一雙大而認真的眼睛，會觀察這裡的每件事，記下，然後轉述給她們親人和好朋友。我們的行徑令鄰居們發噱、狐疑，乃至厭惡。其中最引起反彈的大概是我們的飲食習慣。（如果我們遵循本地人的飲食習慣，大概要容易被接納得多。）我們使用木碗、筷子而不是瓷盤、刀叉和調羹進食。我們生食佛蒙特州人認為應該熟食的食物；我們把佛蒙特州人認為不可食的野草和異國食品拿來烹調。我們不吃葷已屬稀奇，更令他們歎為觀止的是，生活在佛蒙特的二十年間，我們沒烤過一個派，也很少吃蛋糕、餅乾，幾乎從不吃甜甜圈。對於一天至少吃兩次派、蛋糕或甜甜圈的山谷居民來說，這不僅匪夷所思，簡直是該受天譴。

居住於佛蒙特的二十年間，我們曾就食用白麵粉、白麵包、白糖、蛋糕和肉類的害處和生食蔬菜的好處，苦口婆心地對左鄰右舍說明過無數次，但卻沒有一個鄰居因為我們的勸告而改變習慣。佛蒙特人是多麼死硬派的保守主義者，由此可見一斑。

我們得學的事情多如牛毛，但我們的一些想法在佛蒙特州卻不受用。這裡可以舉一個例子。當雨季來臨，小水溝就會被落葉和樹枝阻塞，造成很大的不便。我們學我們在華盛頓岩溪公園所看見的辦法，在小水溝上面鋪入石頭，以便涉足而過。但鄰居勸我們，這個辦法在冬天行不通，因為水流會穿過石頭上的雪，留下兩邊高高的雪堆，又得把雪堆剷平才能通行。我們堅持要鋪石頭，結果鄰居說對了。更糟糕的是，有些邊緣的石頭因為下面的水流結成厚冰而鼓起，造成更大的不便。最後，我們放棄了鋪石頭之舉。鄰居都志得意滿地說：「瞧，不是早跟你們說過了。」

不過，另一件事情讓我們扳回了一城。在山谷的煉糖季節，你常常可以看到一根根排氣的鐵煙囪，那是煉糖工場的煙囪。我們煉糖工場的大蒸發器也需要一根直徑二十二英寸、高二十八英尺的大煙囪。鐵煙囪每節長六英尺，笨重無比，即使一個大男人拖著它在地上移動都不太容易。傳統上，每當煉糖季節揭開序幕，人們就把大煙囪組裝起來。這件工作通常需要七個大男人。組裝煙囪近地面的部分還算輕鬆，但組裝上半部則既困難又危險。當煉糖季節告一段落，細心的主人會把大煙囪卸下，貯放起來；粗心大意的主人就讓大煙囪繼續挺著，任其生鏽，直到下一個煉糖季節。

起初，我們入境隨俗，用的也是組合式的大煙囪，但拆拆卸卸兩三年後，我們煩了，決定要蓋一個永久性的煙囪。我們想過使用磚塊，但後來還是選了混凝土。我們計畫保留原來的大煙囪做內裡，從外側一段段地包上一層混凝土。我們的煉糖工場已建立多時，有堅固的混凝土地基和地板，所以我們把大煙囪安置在工場的外側，和牆壁連在一起。歷經一番波折，我們的煙囪計畫順利完成，並在下一個煉糖季節初試啼聲。結果令人相當滿意。就我們所知，我們的煉糖工場，是佛蒙特州境內第一座築有混凝土煙囪的煉糖工場。混凝土煙囪屹立了超過十五寒暑，不需任何修繕工夫。我們省掉了每年春天累人又危險的組裝煙囪工作。只需兩個人花二十分鐘在煙囪和蒸發器之間鎖進導管，煉楓汁的工作就可以開始。

不用說，我們興建混凝土煙囪的舉動，自然會引發鄰居的紛紛議論。就連漢彌頓太太——她是保守派中的保守派——也禁不住好奇，前來察看我們混凝土煙囪的運作情形。漢彌頓太太從前煉楓糖煉過很多年，通曉與煉楓糖有關的各種技術問題。她觀察了我們的混凝土煙囪幾分鐘，就回過身對旁人說：「嗯，他們雖然也許是社會主義份子，但還是滿有點子的。」

她的這個評語，是我們從鄰人當中得到過最有善意的評語之一。至於其他評語，就沒有那麼正面了。即便是那些平日對我們很友善的鄰人，也常常對我們各種千奇百怪的點子心存懷疑。

我們一向深信人與人之間，該採的是互助合作的關係，而非勞資關係。所以，如果我們能透過勞力交換完成一件工作，就不會動用到勞資關係。勞力的買賣是一種畸形的社會關係，我們比較贊成時間或產品的對等交換。在盡可能的情況下，我們採取合作互惠的方式。必要時我們會妥協以工資僱請勞力，但我們盡可能避免，而且總是在鄰居的請求下才會破例。如果真要勞力買賣，我們會在把工作內容告知對方後問他（有時是在工作結束後問）：「你覺得做這件差事應得多少？」我們完全按照對方的開價付錢，從來不會討價還價。

我們採取這種互惠關係最成功的一個例子，是與佛漢夫婦的合作。佛漢夫婦買下了一座老農舍，改建成滑雪山莊，離我們家十幾公里遠。他們想補蓋一個壁爐和煙囪，本地的泥水匠開價六百美元。我們建議佛漢夫婦不如自己動手，但他們從未接觸過泥水工作，有點猶豫不決。當時，我們正為林子裡的小木屋鋪石梯。這是件吃力的工程，我們需要找些幫手。我們找佛漢夫婦商量，最後達成了協議：我們協助他們築壁爐和煙囪，他們則幫我們築石梯。我們計算過：築壁爐和煙囪的工作，大概要花六個工作天，所以，佛漢夫婦也需要為我們築六個工作天的石梯。

我們也有些鄰居，開始的時候贊成合作關係，但實行起來以後，當他們意識到成功的合作關係必須以縝密的計畫和責任感為基礎時，就立刻打了退堂鼓。

哈洛・菲爾德就是一個例子。哈洛為人和善，有發明天才，一旦投入工作可以廢寢忘食。他擁有一片楓樹林，但卻沒有自己的煉糖工場，因此我們和他達成了一個合作協議：他把他從楓樹林裡採來的楓汁交給我們，而我們在煉成楓糖後，把一定比例的楓糖分給他，作為回報。哈洛和我們合作的那個季度，是個楓汁大豐收的煉糖季，結果，他大概只用了四十二個工作天，就換得了一百五十加侖的楓糖。

哈洛對這樣的成果樂不可支，不過，他對我們所要求的嚴格工作日程表卻感到排斥。（煉糖的工作日程表必須排得很緊，因為如果楓汁不在採集後盡快送入大蒸發器去煮的話，很快就會發酵。）另外，哈洛也有自己的如意算盤。他心想，既然自己花那麼少的氣力，就可以獲得那麼大的回報，何不善用自己的楓樹林，蓋一座自己的煉糖工場，讓全部的產量都歸自己所有？下一個煉糖季裡，我們看見哈洛蓋起了自己的煉糖工場，大小事物幾乎一手包辦。哈洛有所不知的是，煉楓糖是一件需要細部分工以及不同程度的工作協調的事。最有效率的工作團隊是三或四人一組。收集楓汁是一道程序，煉糖則是另一個步驟。這些工作必須同時進行，尤其在天氣好的時候，這樣楓汁才不會因為放置太久而發酸。慘淡經營幾年後，哈洛終究放棄了煉糖工場。他放棄的理由是，煉糖工場的收益無法與他付出的工時獲得對等的回報。

赫德夫婦是最早傳授我們煉糖技術的朋友。一九三三到四〇年間，我們跟著他們一起煉糖。赫德一家是安息日基督復臨派的教友，這個教派相信星期六而非星期天，才是神聖的安息日，所以，他們也拒絕在星期六工作或做生意。在星期六，他們只做擠牛奶或幫牛隻沖水等幾項比較緊急的零工。如果鄰居堅持，他們可以容許供應一些生活必需品如牛奶或雞蛋；即使如此，他們也會改天才向買主收錢。

我們的一位鄰居華特・徹溫正是安息日基督復臨派的領導者之一，他擁有一塊無雜質且品級均勻的建築用沙坑。華特樂善好施，待人親切，但他在星期六這一天絕對禁止我們去他的沙坑採沙。華特也是山谷裡的煉糖高手之一。他在早春總先人一步，收集楓樹汁比誰都勤快，製造出來的楓糖也特別細緻；幾乎每年都由他拔得頭籌，第一個在三月初就將楓糖送到鎮上的市集。山谷裡盛傳，出於信仰上的虔誠，華特在每星期五日落時都會跑到他的楓樹林去，把所有的桶子翻轉倒過來，直到星期六日落後再把它們扶正，他這樣做，是以防自己會誤用到主日當天流進桶子裡的楓樹汁。

赫德夫婦也恪守這項原則，每星期六準時上教堂，而讓當天流出的楓樹汁白白流進泥土裡。我們沒有這項忌諱，所以星期六照常收集楓樹汁、煉糖。這麼一來問題就產生了：我們這些用星期六收集的楓樹汁煉出來的糖，赫德夫婦會不會想收取他們應得的糖呢？經過誠懇的討論，他們拿走了他們應得的利潤。

如果建立合作、互惠的努力成功了，集體經濟的模式就可以在社區中扮演重要的角色。雖然山谷裡有幾個人理論上相信合作，但對合作這件事並未特別關心，也沒有朝這方面努力。

我們居住的山谷，在地形上與世隔絕，而且自給自足，透過集體的努力，必定可以享有更理想的生活。我們這個山谷位在賈麥加西邊五英里，皮克斯瀑布後方的土路上。西河的一條支流沿著陡峭的峽谷由東向西流，到了山谷延展開來，足足有半英里寬、兩英里長。南邊隱約可見斯特拉頓山，北邊則是尖塔山。往東與往西的交通都受到丘陵阻擋，有六、七條溪流從谷底蜿蜒而過，最後注入西河。整個山谷佔地約一千英畝，另外加上三、四千英畝的中海拔林地，並沒有上等的乳牛場用地。這裡的海拔對大部分果樹都太高了（一千五百至兩千英尺）。我們住在山谷中的二十年間，有三次在七、八月間出現大霜，凍壞了南瓜、番茄、玉米，甚至馬鈴薯。除了谷底以外，山谷中幾乎找不出五英畝可以開墾而不致於會發生嚴重侵蝕的土地。(但谷底的土地雖然不用擔心侵蝕，卻常常會積水。）放牧的季節很短暫。雪季從感恩節持續到復活節。

另一方面，谷地裡還有十一片楓樹林，另有上千株從不曾被人收集過楓汁的硬楓樹。四周的丘陵長滿了樅樹、松樹、硬楓樹、黃櫸、白楊、菩提樹、山毛櫸、軟楓和白楊等等。森林的木材生產不需人工照料，而且樹木的生長相當快速。若條件配合得當，我們可以完成許多社區理想，包括(1)興建一個社區鋸木場，並在適當的地點興建或整修十五至二十間房子；(2)為每棟房子闢建一塊地，可以做為菜圃、果園或其他附屬建築；(3)興建公共乳牛場，為整個山谷地區提供乳產品；(4)支持一所公共機械廠、地毯店、溫室與車庫的營運；(5)在鋸木場旁興建一間木工廠，把科學化管理的木材場木材加工成玩具或其他可銷售到市面上的產品；(6)以合作社的方式煉製楓糖，興建一幢公共封裝廠，把楓漿和楓糖加以創意包裝，以利行銷；(7)以山谷裡生產的穗帶毯子、木雕、家具或打鐵成品挹注山谷的收入；籌備社區學校、圖書館、閱覽室，或其他全方位社區所需要的公共設施或活動。這樣一個機制若能妥善經營，並且獲得社區居民熱心與理念的支持，就可以為這裡七十五至一百位住戶提供相當令人稱羨的社區生活環境。這種想法並非空中樓閣，但必須建立在社區居民有共同目標、互助合作、嚴格規範及意志堅強的基礎上，並且至少能夠堅持十年才看得出成果。

不少年輕氣盛的理想主義者在這個山谷地裡逗留了一段時日（有數日的、有數週的、也有數月或數年的）。他們對上述的理想尚嫌不足，願意插手做一些事。然而，除了無數次的口水之談，所謂的合作互助體仍在不定之天。確實曾有過零星的火花，計畫的執行卻不曾開花結果。

最後，我們在山谷裡看到的唯一的鋸木場，只是一座由職業伐木人引入的流動式鋸木場。住山谷裡的二十年間，我們眼睜睜地看著他們把數以百萬英尺計的原木或木材一卡車一卡車地運往倫登德立、賈麥加和新芬。平均而言，每年山谷裡的楓樹林中，只有不到一半有人去收集楓樹汁。大部分的楓漿都被以大桶裝賣給了大盤商，換回的，是少得可憐的現金。也有人試圖在本地製作麵包，但他們的做法不夠有系統，持續的時間也不長。籌建護校和幼稚園的計畫，下場大致也是如此。

前後約有七八十個家庭——大部分帶著年幼的子女——抱著落戶於此的念頭，來到這座山谷。他們停留的時間，有些長一點，有些短一點，但幾乎沒有一家最後是真正定居在這裡的。二十年下來，山谷裡的人口不增反減。而大家合作的情形也僅限於少數貨品或勞務交換，偶而，也會有彼此幫忙照顧病人或看護小孩的例子，不過，這種事，又在世界的那一個地方是看不到的呢？

山谷裡的男男女女非常珍視他們的自由，視合作性的事業體為強迫他們放棄自由的第一步。他們對有組織的方法和規畫懷有著深深的疑懼，他們寧可不要這些。結果，大部分的社區性活動只能淪為和休閒娛樂有關的活動。

山谷中的居民對經濟性的合作活動興趣缺缺，但對籌畫各種形式的鄰里活動可謂不遺餘力。「娛樂對人來說是最重要不過的，對從事田作的人尤其如此。……每一分的勞動，都需要相應分量的娛樂來平衡。」（馬卡姆，《鄉村的滿足》）

早期，社區活動是在夏天或初秋的戶外舉辦。包括在皮克斯瀑布或某家前庭的野餐或是舉辦舞會。戶外聚會在白天風和日麗時沒什麼問題，但有些時候天公不作美，暴雨突臨或天氣轉寒。我們的客廳，放入板凳、椅子、坐墊，約莫可以容納四十人。幾年來，我們的客廳成為社區的聚會所，論時事、談哲理以及其他芝麻綠豆的事。這類聚會通常在周六或周日夜晚。

距我們家東邊約十五英里的西陶軒有另一個聚會所，聚會時間是每個星期三晚上。山谷裡的聚會很少超過三十人，但西陶軒在特殊節日卻可以吸引上百人參與。有時候，西陶軒的人會來參加我們家裡的聚會，而通常也有十幾個人從我們的山谷到西陶軒赴會。

二次大戰早期的緊張氣氛以及後來對冷戰與韓戰的激情，使我們的討論會蒙上一層陰影。大體而言，本地的佛蒙特州人拒絕參加山谷裡或西陶軒的討論，認為討論會上的論調太激進了。這一點並不令人意外，佛蒙特州人多是共和黨員，一向視民主黨員為左派分子。在早年的西陶軒聚會上，當地自由派的校長相當鼓勵中學生從五英里外的勒蘭得學院和葛雷學院來參加聚會。有些附近溫漢鎮牛頓學校的學生也會來此聚會。當戰事愈來愈緊繃，學生們不再來參加聚會。

山谷裡有兩個旨趣不同的團體。它們一個關心的是世界局勢和生活的意義與目的，另一個關心的，則只是一些非常地方性的事務——如籌辦兒童看護、護校、廣場上的舞會、社區活動中心等等與民生相關的事務。他們彼此都希望扭轉話題，討論自己關心的世界時勢或地區議題。戰事吃緊逐漸反應在山谷居民對立的態度上。最後，討論會只得叫停，娛樂活動成了主軸。

初期山谷社區事務開始發展的時候，有人建議應該興建一個社區中心。有人嘗試申請一個屬於賈麥加校方的社區校舍，但並未成功。諾曼・威廉斯面對當時的情境，只得買下一個鄰近四十英畝的廢棄木材場，果然不負眾望，將它整建為社區中心。經過一番清理和修建，成為休閒活動和社交集會的場所。

當諾曼初到山谷，就是平等主義的代言人。起初當地人對社區活動的冷漠令他相當灰心。諾曼相信，除非有整個社區的共同參與，否則一個「真正的社區」只是空談。為了達到這個目的，他主張舉辦一些每個人都樂於參加的活動是必要的。換句話說，活動的層次得降低到大家都能接受的水平。

事實已經證明佛蒙特州當地人不願意參與討論會，因此得朝向其他包容性更強的社區活動發展。諾曼相信，野餐、宴會和舞會將可獲得大家的青睞。改裝後的社區中心就用來舉辦這類活動。透過手風琴、留聲機演奏的音樂，配上業餘水準的輔助，方形舞①和土風舞得到相當大的迴響，山谷裡的舞團甚至還受邀到鄰近的城鎮演出。方形舞的時間是星期六夜晚。這個活動大受歡迎，有人遠從幾英里外來參加。然而，這畢竟還不是全社區參與的活動。

社區中心啟用時，舞會上供應的，都是不含酒精的飲料。當舞會的人數增加，一些好杯中之物的人也參雜其中。有人開始將酒類帶進屋內的舞會上，一次終於發生了嚴重的爭吵。三位社區中心的理事因此豎立了一個告示牌，禁止在中心內飲用酒類。此舉將這個爭議整個搬上了檯面，社區因此開了一個會。三位理事當場辭職，隨後即選舉產生新任三位理事，他們全都贊成可以在社區中心的舞會上飲用酒類。去職的三位理事年紀較長，新任理事則屬於較年輕的族群，甚至不到中年。

飲酒問題簡直撼動了社區的根本。是否該允許在會場內飲酒，經過一番徹底的辯論。結果立見分曉，大部分的社區居民對飲酒自由沒什麼異議。但一日酒令未禁，反酒精飲料的小部分居民就拒絕參加社區中心的活動。

關於操守和道德的議題紛紛被提出來討論，雖然沒有引發嚴重的衝突，但居民彼此間卻已產生嫌隙。飲酒問題把原來的社區一分為二，兩造南轅北轍，結果整個社區中心原先的計畫全因此停頓。居民曾經一度提起重建社區中心，囊括手工藝中心、學校設施或擴大的娛樂場所。但飲酒問題又被舊事重提，把整個案子一下全打入冷宮，再無人聞問。

這段經驗證明了一項通則：要建立成功的互助團體，先決條件是意識形態上的認同。目標和技術上的一致並不足夠，在我們的山谷裡也非顯而易見。社區的生存發展必須建立在全體居民認同的意識形態上。社區中心也許曾是山谷生活調和一致的因素之一。然而，也許是某種錯誤使然，它也突顯了某種不協調的元素，伴隨著個人主義與許多社交團體，導致了一場災難。

在所有建立山谷互助團體的努力中，每一個家庭仍維持獨立的經濟與社會個體，但也有些特例使得某些家庭之間得互相遷就。當整個周期結束，社區中心被荒置，山谷又回到十年前的樣子。偶爾還是有娛樂性質的聚會，然而彼此間的互動並非泛山谷的合作關係，仇恨、家族恩怨和意識形態的對立仍充斥在整個社區生活當中。

戰爭期間的壓力和政治觀點的歧異常常會在討論會上引起摩擦。這種情況驅使我們嘗試另一種可以統合社區的活動——每星期天上午的音樂會。天氣好的日子，音樂會會在社區中心的後庭舉行；天氣壞的日子，就移師到我們家起居室的壁爐前。

音樂會的形式不拘一格。早上十點半，只要有人到場，就陸續開始。節目內容端視在場人士的興趣和音樂造詣而定。山谷居民的宗教和反宗教情結差異極大，曲目的安排不能強調也不能刻意排除宗教音樂。除了少數幾次，我們處理這個問題還能輕騎過關。輪唱歌(round)和民謠是曲目上的常客。我們極端需要能夠擔剛主調合唱歌(part-song)的歌者，但這樣的歌者，卻不是每次都會出現。

一般而言，音樂會粗分成兩個時段——業餘時段（由山谷中的居民負責）和專業時段（由留聲機負責）。如果剛好有專業的歌唱家或演奏家來到我們山谷裡來的話，又另作別論。若在場人士有專業的演出，或展現出獨特的音樂品味，音樂會的內容隨即調整。有一回，一位優秀的小提琴家路過，以風琴伴奏，為我們演出；我們也曾有幸聆聽一位吉他手的指尖流洩出巴哈的音樂；還有一次一位金嗓子的女士經過，以低沈渾厚的歌聲迷醉眾人。我們歡迎任何的才藝之士。一個難忘的星期天，有位職業橫笛手與兩位豎笛手不知打哪裡來，很快組成了五重奏的陣容，讓我們足足欣賞了四個鐘頭優美的樂音。幾乎沒有人離座吃東西。這些音樂家碰巧經過這裡，我們從此未再謀面。

音樂會在社區裡獲得很大的迴響。參加音樂會的民眾，要比參加公共議題討論會的多。當音樂會結束，鄰居們就一起在附近散步，看看我們的房子、菜圃，最後抱著滿懷或滿袋的蔬果回家。就我們判斷，山谷中的居民，在音樂會的收獲，要比在討論會多。在音樂會中，對立和緊張的氣氛當然也是不存在的。

山谷裡的居民雖然對公共事務漠不關心，但確曾有過一件公共事務，把整個山谷的居民團結在一起過一次。事情發生在一九四五年，當時戰事正緊，汽油都有配額限制。冬天降下了大雪。山谷裡有汽車的人家很少，加上會開車的年輕人幾乎都到了海外作戰，讓老人們上城更是難上加難。能讓山谷裡的老人保持與外界的連繫，就靠郵差華利斯・克隆寧席爾先生。他一星期會來山谷裡收發信件三次，偶爾還會幫一些老人帶點生活必需品進來。想不到就在這麼窘困的時刻，華府的郵政總署竟然突然宣布，山谷的郵遞服務要在一星期後取消，理由是這條郵路入不敷支。

山谷裡的居民聽到這個消息都大吃一驚，不多時，對這個決策的忿怒情緒就一整個爆發出來了。街頭巷議很快具體化為行動。一個自願委員會首先向當地學校借了一個場地，召集所有仰賴郵路的人們開會，討論該採取什麼行動。開會的時間是二月的一個風雪夜，山谷居民在雪堆中蹣跚而行。有幾個團體從鄰近的賈麥加和邦德維爾趕來。開會時間到的時候，教室裡已擠滿超過四十位的男女老少。暖爐的火熱烘烘地燒著，學校的兩盞油燈和幾支燈籠微弱的光線照著在場的每個人的臉龐，不管是當地人或外來者。我們住在山谷這麼多年，從沒看過有那麼多居民聚在一起的聚會——甚至在喪禮也沒有看到那麼多人過。沒想到華府取消郵路的決定，竟能霎時間把整個山谷裡的居民團結了起來。

會議中，大家決定成立「皮克斯瀑布公民委員會」，並推選了查爾斯•麥考迪為主席，海倫為祕書，賴福、雷蒙•史迪爾和史考特為顧問。我們逐步討論採行的策略、如何結合各種可能的協助和同情，促使這個取消令易轍。我們的策略很簡單，首先，所有在場人士都將寫一封信給郵政總署署長，抗議他決策的不公，然後將目標轉向參議員和眾議員，讓他們知道我們的處境和忿怒不平，並且請求他們的協助。我們也要寫信給正在前線打仗的子弟，知會他們加入抗議的行列。

我們準備將信件寫好寄給當地的報紙，但信還沒寫完，我們就被《布拉特伯羅改革者報》重重打了一記。它的社論說，皮克斯瀑布是春、夏兩季釣魚野宴的好去處，但政府為區區十四戶人家提供一條郵路，實在說不過去。文章刊出後，激起這座小山谷居民的怒吼，抗議的信函如雪片般往該報飛。隨後，《布拉特伯羅改革者報》的立場有了一百八十度的轉變，改口說，政府應該將現行每週二、四、六的郵遞服務提升為一週七日，另外也該增設電車和電燈等公共設施。從此以後，《布拉特伯羅改革者報》就加入了我們的抗議行列，先後刊載過二十則以上反對廢除皮克斯瀑布郵路的廣告、信函和文章。

另一家鄰近的報紙《班尼頓旗幟報》卻開始在社論中嘲笑我們這群住在山谷裡的鄉村野民。編輯寫到：看，這些鄉下佬比他們百年前祖先的處境好得太多；他們的問題是，他們被寵壞了，以為只要打開水龍頭，所有的願望都會從水龍頭吐出來。這說法實在是太過分了。布拉特伯羅和班尼頓都有自來水供應，對我們這群必須自己到水井或水泉挑水的人來說，水龍頭的比喻簡直是侮辱。我們這裡的居民經常前往這兩個城鎮購物，而他們竟然嘲笑為他們帶來商機的鄰居。我們決意寫下我們對這件事的看法。

當時我們恰好看到一則《紐約時報》的剪報，立刻引起眾人的注意。一九四五年二月二十二日的剪報上說，郵政總署「期望在下個會計年度將有兩億六千五百二十一萬四千兩百八十元的盈餘」。我們的郵路每年支出不到八百元。遠在華盛頓的大人物們竟想從升斗小民的身上多攢幾分錢下來，而眾小民的子弟正遠在戰爭前線為民主而戰。

這種情境令人不堪。一群偏遠山野之民——他們的年輕子弟正在前線為國效力——竟被捲入一場與美利堅合眾國政府的戰爭之中。我們知道，我們對郵政總署的抗爭，猶如兒童與巨人之戰，也猶如老鼠與大象之戰，勝算不大。不過，《聖經》裡的大衛不也打敗了巨人哥利亞，而有時老鼠也可以嚇跑一群大象嗎？我們決定放手一搏。

我們向賈麥加鎮租借鎮會堂安排一場大會。整個會議的發言非常踴躍，在場民眾老老少少輪番上台發表意見，絕無冷場。這是多年來社區裡少見的同仇敵愾的情境。我們把大會的決議分別寄給郵政總署署長、州長以及我們選出來的參議員和眾議員。

我們開會的結果很快獲得了迴響。《拉特蘭報》和《伯靈頓報》專文支持我們的行動。它們的頭條寫著：「皮克斯瀑布要求參議員展開質詢」、「群眾大會要求恢復郵路」。佛蒙特州的眾議員普蘭里於二月二十一日在眾議院針對政府對全國鄉村的便民服務發表演說。他義正辭嚴地指出，郵政總署的座右銘應該是「服務」而非「利潤」。「郵政總署在還有大量盈餘的狀況下，竟然凍結、中止、廢除了皮克斯瀑布的免費郵遞服務，只為節省一些蠅頭小利。當納稅人焦急地等待他們在遠方作戰的子弟傳回的音訊時，信件卻被原封不動地扣留在郵政總署裡。」普蘭里眾議員顯然看過了我們選民寄給他的信。

郵路中斷的第一個星期，《波士頓地球報》把我們這個大衛對抗巨人歌利亞的故事告訴了整個新英格蘭，標題是：「佛蒙特小村因農村免費郵遞服務中止而群情激憤」。一星期後，這個故事上了《紐約時報》，標題是：「為鄉村郵路而戰：十六個佛蒙特州家庭，四輛以配額汽油行駛的汽車，向華府要求正義」。在這場戰役中，我們還獲得了《新英格蘭莊稼漢報》、《農村紐約客》及其他鄉村報紙的支持。到了第三星期，正值我們的戰鬥意志高昂的時候，郵政總署突然宣布恢復對山谷地區的郵遞服務。

郵政總署在我們還沒有發動最後猛攻前就自行投降，讓我們贏得不夠過癮，但我們畢竟是贏了，值得大肆慶祝一番。我們邀請佛蒙特州長來參加慶功大會，他答應了。當鎮民知道州長要來，都瞠目結舌地問：「什麼？你們要請州長來賈麥加？」「為什麼不行？」委員會回答說：「他既然是佛蒙特其他地方的州長，自然也是賈麥加的州長。」

慶功大會大獲成功。大會堂經過一番布置，會場上供應點心，州長偕夫人光臨，賓主盡歡。一位鎮民有感而發地說：「抗議是值得的。」另一位則狡黠地說：「吱吱叫愈大聲的輪子愈先得到潤滑油。」

慶功會上的主題是重建鄉村地區合作性的重要性。「今晚在這間房子裡的精神，」州長致詞時說：「就是佛蒙特子弟的精神。你們展現了佛蒙特子弟的勇氣、耐力和決心。當你們向華府陳情時，華府所聽到的，是佛蒙特精神的怒吼，是從佛蒙特所發出的滾滾雷鳴。」

在我們定居佛蒙特的二十年間，這是第一次，也是唯一的一次，整個山谷不分先來後到、不分本地人外地人，真正同心協力團結一致。磨擦和敵意一時煙消雲散。這次事件是一個絕佳的證明，如果人們決心共同完成一件大事，社區合作並非不可能的任務。

**註釋**

①一種四對男女對跳的舞蹈。

啊，世界還有比他更快樂的人嗎？
他遠離了人群的擾嚷激越，
深居於山谷中，作出少有人會撤回的抉擇，
吮飲鄉村生活清純的愉悅。

——湯姆遜（James Thomson），《四季》（*The Seasons*），1730

總的來說，鄉居者都是很快樂的一群。他們可以從自己的田裡獲得很多生活的必需品，至於無法從田裡獲得的那些，則可以透過販售盈餘的農產品來換取。他們自得和自在的神情令人動容，他們擁有所有的生活必需品，但奢侈品卻寥寥無幾。

——無名氏，《美國的農作》（*American Husbandry*），1775

何其快樂的日子啊，當農事
告一段落之後！

何其幸福的冬夜啊，當大客廳裡
壁爐的火焰在歡舞，
一家人享受著融融的家庭之樂……
有時，在節日前夕
鄰居會推開他的大門，不邀而至；
大家就著小吃，把酒言歡，在社交的快樂中渾然忘我，
並順著談話的迷宮，尋索出
可以娛樂或提升心靈的話題。

——阿姆斯壯，《保持健康的藝術》，1838

# 佛蒙特生活實驗的總結算

我們不是在逃避，而是在盡社會義務——共同體的可能性——經濟上的成功——絡繹不絕的訪客——山谷中的人際關係——各人自掃門前雪的生活方式——人人只為自己——橋頭堡

一再有人問我們：「為什麼你們不勇於留在吵鬧、骯髒、混亂的城市裡，分擔同胞的不幸，而逃避到鄉村地區裡來呢？」我們了解到這個問題的切要性，它是那個更大的問題的縮影：那些對西方文化不滿的人，是不是有權出走，另建一種新的文化模式呢?這個問題已超出社會學的範疇，而涉及到倫理學的範疇。但就像很多社會學或倫理學的基本問題一樣，這個問題，並不是三言兩語可以作答的，也不是可以用全稱

性的語句來作答的。任何全稱性的回答都會犧牲掉例外。

住在佛蒙特州的鄉村地區，是不是要比住在大都市更好呢？這端視你認為什麼是「好」而定。不過對我們夫妻倆來說，住在這裡，肯定要比住在城市來得好，因為它讓我們可以經常接觸到大自然，學習到更多的技能，生活節奏也不需要那麼急促。我們的工作，就在家園四周，用不著在上下班時間去跟別人擠地鐵或電車。在佛蒙特，「上班」和「下班」對我們所意味的，只是在相隔兩百碼的廚房與煉楓工場之間走過去和走回來罷了。如果積雪深的話，我們就會穿上雪鞋或雪靴，不過這也有好處，因為它可以給我們磨鍊另一項技能的機會。

當然，我們知道這個答案並沒有充分回答最初的問題：「為什麼你們獨善其身，而不願意與城市裡的同胞分擔苦難？」如果你一定要我們用全稱性的語句回答的話，那我們就會說：在任何情況下，人都有義務過他所能選擇最好的生活。如果人有選擇，就應該選擇對他好的選擇而不是對他壞的選擇。

生活是每個人都要參與的。每一天，我們都有一些非做不可的事，例如呼吸。不過，另外一些事，卻是我們可以選擇去做它或不去做它的，例如，你既可以選擇留在家裡烤蛋糕，也可以選擇出外找朋友。**生活就是由一連串的選擇所構成的。**

一個演員或音樂家對居住地點的選擇相對來說是很有限的，因為他必須住在他工作的劇院或音樂廳的附近。但換成是詩人或畫家，選擇居住地點的自由就要大很多。試問，他們有什麼義務要選擇住在人口稠密、交通壅塞的都市地區呢？

其實，詩人或畫家非但沒有義務要選擇住在城市，他們甚至有義務不要住在城市。這是因為，擁擠是一個對社會不利的因素，所以任何人，都有義務避免製造擁擠。而如果畫家或詩人住到城市，只會使城市的擁擠問題比原來更甚。所以說，選擇城市以外的居住地點，是他們的義務。

我們還可以換一種方式來講。每個人都有自己的信念，而每個人在行動的時候，都有兩種可能選擇：按照自己的信念行事或不按照自己的信念行事。但如果一個人不按照自己的信念行事，他就是割裂了理論與實踐，也等於是割裂了自己的人格。而理論與實踐被割裂的生活，不可能是統一的生活。所以，任何想過和諧生活的人，都應該遵守自己的信念行事。

從這一點，又可以導出一個推論：**我們應該把每一瞬間、每一小時、每一星期、每一年，都視為一個機會，一個可以讓自己生活得更理想的機會**。就如一句老諺語所說的：「明天是新的一天」。又如墨西哥人打招呼時說的：「祝你愈來愈好。」

就因為這樣，我們非常不贊成一種論調：「不要介意我們現在生活得怎樣。我們現在所處身的，確是一個人吃人的社會。但到了未來，社會將會變得更美好、更人性，也更理性。」這種說法是沒有意義的。**因為我們的未來，就是由我們的現在所塑造的。**

在經濟的層面來看，我們的佛蒙特生活實驗非常成功。最重要的是，是我們證明了，要落實自給自足的理念，相當容易。每一年，我們加起來只要從事幾個月的辛勤勞動，就足以換來足夠一年份的食物。除此以外，我們要幹的活，不過是幾星期為家裡的木柴預作準備，另幾個星期用於維修或更新我們的房子、工具和設備。房子的更新（把老舊的木造房子換成石造房子）是一件龐大的工程，需要投入相當可觀的時間、精力、毅力、材料與資金。不過，石頭宅子一旦落成，維修的費用就幾乎降至零。

透過食用菜圃裡自種的蔬果，我們獲得了難以置信的好身體（好身體是經營自給自足生活的人所不可或缺的）。我們幾乎從來沒有生過病，只有偶而幾次，寒流逼近時，因為溫度太低而略感不適。這些時候，我們就會採取鄰居貓狗生病時的對策：什麼都不吃，直到身體完全恢復過來為止。身體的健康與否，關係著幾乎任何長程計畫的成敗。

在我們被問到的眾多問題中，也許最關鍵的一個就是：「如果讓時光回到一九三二年，你們會願意把做過的事重做一遍嗎？」我們的回答是：「絕對會！」我們覺得，我們投入在佛蒙特的時間與精力，是完全值得的。我們不知道，在一九三二至五二年這一段時間內的美國，還有什麼事情，什麼地方，是值得我們把時間和精力花費在上面的。對我們而言，佛蒙特州的二十年，是刺激、啟蒙和有所獲益的二十年。在這裡，我們和鄰居，還有無數來叩門的親人、朋友與陌生人分享了寶貴的生活經驗。

我們在山谷裡生活的早期，來訪的客人並不多。一來是社會大眾還不認識我們，二來是我們連門牌地址都沒有。稍後，社會大眾開始對我們產生興趣，紛紛登門造訪，而我們也一概以歡迎的態度去加以接待。艾樂儂的農舍不是為呼朋引伴而設計的，容不下多少人，為了解決訪客住的問題，我們租用了附近一家棄置的校舍，並在裡面置放了一些最起碼的生活必需品。

後來，我們在蓋石頭農宅的時候，有鑑於接待訪客的需要，特別在農宅的附近蓋了間客屋。這間客屋，連同從學校租用的房舍，足以讓我們接待一整個夏天川流不息的訪客。我們的客屋就像是有魔術般的吸引力，不管任何時候都一概住滿訪客，其中既有獨身的流浪者，也有帶著狗、帶著貓的一家人。客屋的門從來不上鎖。我們歡迎任何人進住，而且從來不收分文。就像一些朋友戲稱的，我們的客屋簡直成了一家「免費旅館」。很多時候，一整家人會在早餐時突然出現在我們的廚房，對我們說：「早安，昨晚我們在你們的客屋裡過夜。」接著就老實不客氣的坐下來，準備享用早餐。

啊哈，他們的考驗時刻來了。對於我們提供的早餐，大部分人都會嚇一跳。沒有咖啡、沒有麥片、沒有培根、沒有蛋、沒有烤土司、沒有薄烤餅、沒有楓糖漿。只有蘋果、葵花子和一杯黑色的廢糖蜜水。這樣的早餐讓不少訪客在很短時間之內打道回府。

在他那本實至名歸的暢銷書《五畝地與獨立自足》中，M·G·肯恩介紹了他應付絡繹不絕的訪客的心得：「在投入務農生活以後，一對城市夫婦會發現，自從他們搬到鄉村之後，竟成了大受歡迎的人物。對於這種新經驗，他們（特別是那位太太）會經歷一系列的心路歷程：從開始時的高興、歡欣，慢慢轉為驚訝、困擾、再慢慢轉為惱怒、厭惡。（八度音階都齊全了！）會在美好的星期天來訪的，不止是他們的親友，慢慢的，也會包括一些剛好路過的遊人。他們一車一車的來，而全部的人，不但會打算留下來吃午餐，甚會打算留下來吃晚餐！……如果你們也碰到有類似的煩惱，我教你們一個辦法：給他們星期天的晚餐吃鹹牛肉和甘藍菜！祝你們好運！」來探訪我們的人，可不是只有星期天才出現，而是一週七天，而我們招待客人的午餐，也不是什麼鹹牛肉和甘藍菜，而是更「等而下之」的花椰菜子和水煮小麥！不過，也有一些與我們氣質相近的訪客表示，他們在我們這裡吃到的，是生平最美味的餐點。

會讓我們的訪客感到掃興的還有另一件事情。正如俗語所說的：「忙人少閒客，沸水不招蠅。」我們每天都有工作要做，而不管誰來，我們都盡可能去完成既定的工作。我們會忙自己的事情，任由客人自己想辦法打發時間。如果他們樂意幫忙工作，我們就會讓他們幫忙，但從來不會為他們供應冰紅茶。有些訪客可能會覺得受到怠慢，但畢竟我們定居到山谷裡來的目的，並不是招待客人。

我們的訪客分為幾類人。第一類是抱著度假或找樂子心態到此一遊的人。這類人從不會久留，因為我們這裡既沒有彈簧床墊可睡，也沒有麥斯威爾咖啡可喝。另一類是有心幫忙、卻手無縛雞之力的客人。我們喜歡他們，但卻無法幫得上他們的忙，而這一類人，除非是其中意志堅強的少數，否則也不會待久。只有少部分的人——很少部分的人——能夠真正堅持下去，完全融入我們的生活中。但他們通常都還有別的事要忙，所以不能一直待下去。不過，他們總是找機會一來再來。

對所有的訪客，我們一律要求他們對我們夫妻倆和其他訪客有起碼程度的體貼，這包括維持居住環境的整潔。我們不敢奢望他們會在生計勞動上幫什麼忙，畢竟，要求一個抱著度假念頭來此的城市人幫忙工作，未免太不近人情了。我們也慢慢了解到，應該事先給那些想來看看的人一些警告，以免他們有不實的期望。為此，我們設計了一種格式化的信函，回覆那些寫信來要求到我們這裡盤桓幾天、一星期或一個月的人。其大致內容如下：

我們是一戶小人家。我們的房舍也是為這種目的而設計的，所以你們在這裡所看到的，不會是一家旅館或渡假中心。我們每天要幹最少四小時的活，外加一段短時間，用於準備一日三餐的簡單素菜餐。這裡所有人都遵守這種作息規則，所以希望偶然來訪的人，也會樂於配合。這裡禁肉、禁煙、禁酒。我們的生活簡單儉樸，在某些人看起來，會是刻苦而不舒適。如果你們路過，歡迎你們的造訪。我們總樂於接待想了解我們生活和思想的訪客，並與他們分享我們的一切和思想感受。

我們數以百計的訪客中，在離開的時候，十有八九都會對我們說類似以下的話（要不然就是在心裡說）：「你們過的生活，對過得來的人來說，真是很美好的生活。但我自己可過不來這樣的生活。」他們承認，我們比他們吃得健康、便宜，承認我們的健康遠比他們好，生活環境比他們漂亮，也承認我們比他們有更多的餘暇。儘管如此，他們卻不認為自己能過那麼律己的生活，也不認為自己能割捨得掉城市生活的刺激、聲光與便利。不過，即使他們願意留下，也必須要面對怎樣去適應一種不是用金錢來交換必需品的生活方式。

經營自給自足生活，還有一個事項，是必須事先考慮的(對年輕的夫妻來說尤然)。我們的自給自足生活計畫並沒有考慮過小孩的因素，也沒有考慮過，如果有小孩的話，要怎樣供應他們接受高等教育的費用。雖然我們相信，我們的生活部署無須作出太多的更動，就能容納小孩子的存在，不過，只要一對夫婦一旦投入自給自足生活的經營，就難望有這個財力，可以把小孩送入昂貴的私人學校就讀，或負擔他們唸醫學院之類的學費。這種事是超出自給自足家戶的財力負擔之外的，除非他們的子弟能獲得獎學金，又或有半工讀的機會，否則接受高等教育的機會微乎其微。

如果從健康與經濟兩方面來衡量的話，我們在佛蒙特的生活實驗可說是極端成功。不過，如果從鄰里合作的層面來衡量，則有待加強的地方還有很多。我們的核心伙伴從不超過四五個人，其餘的，都是驚鴻一瞥、來去匆匆的訪客。工作夥伴太少，有很多缺點。例如，人太少，在計畫一件事情的時候，考慮事情的角度就會不夠周延，而且不見得每次都剛好有有經驗的人可以提供意見；人太少，執行計畫時，就會缺乏由良性競爭心態所帶來的工作衝勁；而且，人太少，進行大型的工作時（例如建築或伐木），進度就要延長。一件工作，由一個有工作默契而訓練有素的團隊來執行，效率肯定比由寥寥幾個業餘漢來執行要增加幾倍。

人手少，也讓專業分工的制度難以建立，以至於每個工作者，都要身兼數職。如果一個人要同時執行兩三件或以上的工作的話，難免會感到壓力和易於分心。如果我們的工作團隊裡能有十二到二十名能幹的成年人，彼此目標一致，又能按照商量好的方式分工，那在生計勞動這件事情上，我們將可節省不少的時間和精力，也因此有更多的時間和精力從事自己有興趣的研究或活動。

其實，我們在佛蒙特所碰到的困難，是一個泛見於全美國農村地區的現象。美國的農村地區，現在都因為分離主義和個人主義的高張，導致社區意識的沒落。缺乏有效的社區合作，不止——如方才所說的——無法建立一個有效率的經濟體以外，也會對生活的其他層面帶來影響。

即使我們有辦法把十五到二十個家庭組織起來，那也不會是一個面面俱到的共同體，只有一個由一整個社區的人組成的共同體，才有望做到這一點。例如，單憑十五二十個家庭，根本湊不出足夠的歌唱人才，去組成一個合唱團、也湊不出夠多夠格的戲劇人才，去搞一個戲劇社。十五二十個家庭不可能有夠多的幼兒，讓你可以去成立一間托嬰中心或幼稚園，也不會有夠多的少年人，讓你去組織一個少年的團體。

如果要以十五二十個家庭為基礎，勉強成立一個戲劇社或一間幼稚園，那就非得引入一些與共同體志趣不相投的外人，否則不足以成事。只不過，一旦引入了外人，那共同體內聚力的渙散，將只是早晚的事。誠如史堅納在《湖濱散記續篇》所正確指出的，要建立一個有效的互助共同體，有兩個最起碼要求：一、要有夠多的成員，可以提供不同的人才和形成分工；二、要能對流進與流出的成員有效的控制，以確保成員對共同體的認同與共同體目標的一貫。但在我們那個佛蒙特南部的山谷地區，乃至幾乎所有的美國農村地區，這種條件都並不存在。

說起來，要在佛蒙特的鄉村地區建立社區共同體，比在大部分其他美國農村地區還要難。理由包括：一、佛蒙特人都是強烈的個人主義者；二、這地區的房屋和農田的自有率很高；三、人口稀少而分散。山谷裡的家家戶戶，都自成一個「主權獨立」的王國。

佛蒙特的生活是很「自由的」，而這個自由所指的是你愛幹什麼就幹什麼。州政府就像是不存在似的。我們在佛蒙特整整生活了二十年，卻從未見過一名穿制服的警察，走上土路，來敲我們的門。每年一次，鎮稅務官都會來我們的農莊作資產評估，不過他的拜訪都簡短而形式化。天復一天，年復一年，我們愛幹些什麼就幹些什麼。

當然，鄰里之間也會形成一些無形的規範。不過，除此以外，只要我們繳稅和遵守交通規則，就不會有人來找我們的麻煩。我們唯一需要遵守的紀律，都是自己為自己設定的紀律。「自律」在山谷裡是一個很不中聽的字眼，只要你在別人面前提到它，就會引來激烈反彈。

除少數例外，山谷中每戶人家都有自己的土地、房子和工具。每戶人家在某個意義上都是經濟自足的，都自成一個王國。只有稅務官、溜班的公務員或新上任的警官，可以在未被邀請的情況下進入這些王國的疆界。警察、縣治安官或漁獵法執法官當然也可以破門而入，不過，那都是當事人受到指控或涉有罪嫌的情況下才會發生。有這種需要時，執法人員都會三五成群和攜帶武器，因為幾乎每個佛蒙特農人都擁有槍械彈藥。

在佛蒙特州的農村地區乃至整個美國的農村地區，都不存在一種積極性的力量，可以把整個社區統合在一起，帶動大家群策群力，追求共同的福祉。教會、家長與教師協會、農會、合作社和農業改進協會都各忙各的，無暇管這碼子事。

有人也許會認為，根據美國憲法，跟公共福祉有關的事務，只能是政府的職責。在某個程度上，這是事實，而新英格蘭城鎮會議所扮演的，正是這種角色。問題是，在新英格蘭地區之外，或在新英格蘭的若干邊界州中，這樣的會議並不存在。而即使真有舉行這種會議的城鎮，會議的功能往往也會因為會議次數的稀疏、內容形式化和各家戶的主權高張而大大被削弱。每一戶人家都準備好為防禦自己的個人主義而戰，至死方休。

看到美國農村地區這種的凝聚力全面瓦解的趨勢，我們毅然在佛蒙特州的皮克斯瀑布建立一個力挽狂瀾的橋頭堡。而我們的成功機會，大概不會比一個在雪崩時企圖力挽狂瀾的登山者來得高。

我們說這番話，用意並不在自我辯解或自我合理化，而是為了說明，我們山谷及其四周的居民，對任何整合社區的企圖，抵制到何種程度。基本上，我們的社區實驗在誕生的同一刻就已被宣布了夭折的命運。

我們在遷入佛蒙特州的鄉村地區以前，知不知道這些事實呢？當然知道。我們對美國的社會史有所了解，而且聽過有關這方面的討論不下一百次。但直到我們實際在佛蒙特進行社區整合的努力之後，才了解到事情的細節。只不過，即便我們對細節早有所知，也不會就此打退堂鼓，因為該不該做一件事，和它困不困難、有沒有成功的希望無關。**會讓人生變得豐盛的，不在有所獲得，而在有努力過。**即使要我們重來一遍，我們仍然會甘之如飴。

現在你且暫停下來，回顧一年的勞動所得。……無可言喻的歡樂與纍纍的碩果。

——馬卡姆（Gervase Markham），《新果園》（*A New Orchard*），1648

當大地封凍起來，農人不得不稍歇的時候，也正是他們回顧過去、展望未來的時候。

——古爾加斯（J. M. Gourgas），載於《新英格蘭農人》（*The New England Farmer*），1828 1月號

我住到森林去，是因為我希望有心的過生活，只去面對生活的必要部分。看看我是否能學取它所教導的，而不要在我死的時候發現我沒有活過。我不想去過那不是生活的生活，因為生活是這樣可貴；非萬不得已，我不想做任何捨棄。我要求過得深，吮盡生命之汁，過得那樣的踏實，那樣的斯巴達，以至於凡不是生活的部分統統掃盡，把生活逼入角落，把它化減為最簡單的元素，如果它卑微，就得盡它的低卑，要完全，要真切，並將它的低卑公諸於世；如果它莊嚴，就以實際經驗體會它的莊嚴，並在我下一次的遠足中做真實的報導。

——梭羅，《湖濱散記》，1854

挖一口井，築一個噴泉，植一排路樹，開拓一個果園，蓋一間耐久的房子，改造了一片沼澤地，甚或只是單單在路旁豎一張石椅子——這些雖然都是帶不走的財富，但卻可以澤披後人。

——愛默生(Ralph Waldo Emerson)，《社會與孤獨》(*Society and Solitude*)，1870

我不認為任何文明可以稱得上是完整的，除非它能從世故邁向天真，並自覺地回歸到簡單素樸的思考與生活方式。

——林語堂，《生活的藝術》，1938

當人類有朝一日厭倦於追名逐利，當掌權勢者有朝一日厭倦於逼害弱者，當心懷妒意的弱者有朝一日厭倦於扯強者的後腿，也許，我們的生活方式就終會回歸於真的境界、善的境界。而各個地方的人們也會訝異地覺悟到，他們竟然遺忘了單純的智慧那麼長的一段時間。

——露薏斯．里奇（Louise Dickinson Rich），《我所居住的森林地帶》（*My Neck of the Woods*），1950

下 篇

# 真善美生活的延續

## Continuing the Good Life

〈下篇・前言〉

# 自給自足生活的召喚

我們過了近半世紀簡單純樸的生活，以最少的金錢和力氣，換得最大的健康與快樂。

在一九五四年所出版的《經營真善美的生活》(*Living the Good Life*)一書中，我們記錄了在佛蒙特州賈麥加所過的自給自足生活的種種。這個森林居位於皮克斯瀑布後方七英里，中經一條土路。自一九五二年起，我們移居緬因州的哈柏塞德(Harborside)，另起爐灶，打造一個新家園。以下，就是我們在哈柏塞德的生活實驗報告。

不管是在佛蒙特州的賈麥加還是哈柏塞德，我們最初接手的，都是一個奄奄一息、死氣沈沈的農場。它們同樣偏僻，同樣遠離城市，對外道路同樣碎石滿佈。

在佛蒙特州和緬因州經營自給自足生活，讓我們學會了很多跟生活有關的事，又特別是跟自給自足生活有關的事。它們同樣體現了我們的一種努力：在一個逐漸步向解體的無根社會裡，維持一種獨立自足的家戶經濟。

在賈麥加和哈柏塞德，我們把瘠田還原為沃土，讓它們可以提供維持生活最起碼的食物、燃料和建材。在定居佛蒙特州之初，由於我們是農耕生活的新手，所以剛開始一段日子，吃了不少苦頭。但等到移居緬因州，我們已是老練的農人，憑著豐富經驗，一切很快進入軌道。

每逢農閒（嚴冬和嚴冬逼近之時），我們就埋首房子的建設和修繕。在我們的努力和朋友的幫忙下，經過年復一年的經營，我們的窩益發牢固而安適。與此同時，我們夫妻倆並沒有荒廢原有的專業興趣（海倫的興趣在音樂，史考特的興趣在社會科學）。除此以外，我們還進行了廣泛的旅遊。我們把大量時間花在閱讀和鑽研上，偶而（機會來的時候）也會教教書。我們兩人的興趣都非常廣泛，過去如此、現在如此，未來也會維持如此。一句老諺說過，**轉換工作的效果可以媲美休息**，但我們卻認為，**轉換工作的效果比休息尤勝一籌，因為它既可讓人獲得鬆弛抒解，又不會感到單調無聊**。

一個城裡的來客曾經問我們：「你們餘暇都做些什麼？」「我們沒有餘暇，我們只覺得每一天都很短，時間不夠用。」但我們的客人並不死心，繼續追問：「你們以甚麼事情自娛？」「每件我們所做的事情都讓我們感到快樂。如果有一件事是我們不喜歡做的話，我們就會改做別的事情或換個方式來做。」

我們繼續向他解釋：「我們的主要工作包括生產和儲存食物、砍柴、園藝、蓋房子、植林、閱讀、教學、彈奏樂器、寫作，還有旅行。它們各有各的趣味和使人獲益之處。當我們盡全力把一件工作做到一個段落以後，就會問自己，接下來有什麼是我們值得花一天、一週或一季去做的事情。」

我們每天的生活絕不是單調的重覆或無聊的例行公事。每個新的計畫或新的一天對我們都是一個新鮮的挑戰和有啟發性的經驗。即使我們在工作時出了錯，只要我們找出錯在那裡，把它改善過來，懂得了怎樣才不會讓錯誤重演，一樣會感到滿足和愉快。

聽了這番話，你會不會覺得那是我們畫地為牢、固步自封的遁辭呢？我們並不認為是如此。如果你勉強自己挑起一件超出你能力與經驗之外的大工作，那到頭來你只會覺得筋疲力竭和興趣缺缺。但**如果你每次只做一件小事，而且盡心盡力把它做得透徹，你成功的機會反而更大。**

**現代人都在引頸企盼在複雜的生活迷宮中找出一條捷徑，但更明智之舉可能是深思熟慮和放慢步伐。**如果你參加的是一場接力賽，那你跨出的第一步是大是小，並無關乎勝負。應該恰當分配你的精力，**每次只踏出一步，然後再仔細規劃下一步**。長遠下來，你的獲得反而會更多。

我們這樣說是不是要推翻「大躍進」的原理呢？完全不是。在一個革命的情境下，大躍進有可能是個合情合理的選擇。但如果在不適當的時機或準備不足的情況下猛跨一大步，又或跨向錯誤的方向，那不管是個人或國家，都有可能不進反退。當一個人力量和經驗不足時，步步為營、循序漸進才是上策。

我們過去幾十年的實驗生活，基本上就是由一連串的挑戰所構成——不同階段和不同層次的挑戰。有些涉及我們選擇過田園生活的基本假設，有些則涉及實行上的細部問題。每個挑戰都各有趣味，而成功地把它們一一解決，則為我們帶來不同程度的快樂。每一次成功克服挑戰，都為我們的未來打開一個有趣的遠景。

即使到了現在這把年紀（遠超過一般人的退休年齡），我們也還沒有從生活引退的打算。正相反，我們仍然熱切於投入生活之中。我們過去的生活充滿令人興奮的經驗，現在的生活則為未來開啟了令人雀躍的遠景。對我們來說，生活是充滿獎賞的——即使是生活中的細節與偶然事件也莫不如此。我們深信，隨著我們年齡愈大、智慧愈長和駕馭事情的能力愈強，生活將帶給我們更大的快樂。

自我專注於土地的開墾以後，我發現自己不再有任何恐懼，不再為別人的成功而忌妒，不再需要為逢迎買我東西的人哈腰鞠躬。土地供應了我全部生活所需，我不必再為一日三餐憂慮。

——西勒特（John Sillett），《耙鋤農耕一個實用的新系統》（*A New Practical System of Fork and Spade Husbandry*），1850

這本手冊所預設的讀者，是那些對農事一竅不通的人。以下的書頁將會詳盡而簡潔地為他們提供如何應付田畝中各種狀況的資訊。它希望，讀者會覺得它是一本有用的小農場農耕手冊。

——多伊爾（Martin Doyle），《小農場》（*Small Farms*），1859

如果一個人性好安逸、易於氣餒、畏艱怕難、體格積弱，那麼，這樣的生活將不適合他過；如果他太太是個缺乏韌性、無法承受生活試煉的弱女子的話，那麼，把她置於這樣的生活環境，將是一大酷刑。

——特雷爾（C.P.Traill），《加拿大移民者指南》（*The Canadian Settler's Guide*），1860

# 收拾行囊，另築家園

我們在佛蒙特州建立了美好的生活。我們改善了土質，擴大了菜圃，用混凝土和石頭改建了原來的木頭屋舍，重修了道路——簡言之，就是把一個原來無精打采的農場變得生氣勃勃。好些朋友和路過的訪客早早就表示：「你們這裡很有特色。什麼時候你們考慮賣掉，先知會我們一聲。」

我們感謝他們的恭維和好意，但卻自信滿滿表示，我們對這個森林居投入了相當心力、時間和精力，絕不會考慮把它賣掉。

說這話時，我們忽略了一個會在人類身後亦步亦趨的力量：變遷。我們太年輕和太天真了，以為自己真的會在佛蒙特州的皮克斯瀑布終老。我們錯了。**不管何時何地，命運的主宰權都是操在「變遷」的手上而不是你我手上**。

我們佛蒙特州的農莊坐落在斯特拉頓山山腳。起初，斯特拉頓山就像其他佛蒙特的山脈一樣，從山峰以至山腳，全覆蓋在由常綠樹木和落葉樹木組成的森林中。斯特拉頓山有兩千四百英畝的土地屬紙業集團擁有，他們買下這些土地，是為了以後伐木造紙之用。斯特拉頓村一度是個人口興旺的農業社區，但在紙業集團買下大片土地以後，家戶就變得寥落了。對外道路逐漸荒弛，而原來的良田，也被蔓生了半世紀的森林所湮沒。我們鄰居戲稱這一帶為「曠野」。

我們定居佛蒙特州的第十五個年頭，紙業集團開始砍伐樹木，並把砍伐後的土地交給開發商開發。我們北面、東面和西面坡地的樹木無一倖免。對外道路被重新整修，鋪上了柏油。幾乎一夜之間，斯特拉頓的曠野就消失不見了。砍伐後的森林被開闢成一個滑雪場——美國西岸最大和宣傳最多的其中一個滑雪場。

隨著滑雪場的生意愈來愈興旺，我們的森林居也愈來愈不怡人。一九三〇年代早期，整個皮克斯瀑布被一種滑雪小鎮式的生活所吞沒。

整個山谷的節奏步調都改變了。我們原來偏僻的農莊，現在對紐約和波士頓人來說已不是什麼天涯海角。無數的人會路過我們農莊，新遷入的人也不在少數。這些新鄰居和我們的舊鄰居不同。他們來這裡，不是為了過儉樸和刻苦的日子，而是為了「享受人生」。他們內心深處壓根兒不認為自己是個工作者，而認為自己是個度假者。外面世界對我們的侵逼日甚一日，我們的遺世獨立已一去不返。

但讓我們萌生去意的還有一些內在性的原因。當我們在一九三二年初乍到的時候，居住在我們四周的，都是一些定居了好幾代、務農為生的家庭。雖然鄰居之間偶爾也會互幫一些忙，但大家基本上都是各過各的，不相聞問。

戰爭改變了這種冷漠。第二次世界大戰爆發後，一些老一點的居民到了兵工廠去工作，年輕一點的則被徵召入伍。另有一些反戰的人搬到我們的山谷裡來。這些新居民表現出對美好生活的嚮往，表現出對藝術、對勞動生活的熱愛，也表現出對社區事務的莫大關心。他們的出現，讓我們望見在山谷裡建立一個憂戚相關、互助合作的社區共同體的遠景。我們各盡本分，為實現這個目標而努力。

詎料，自戰爭在一九四六年結束以後，大家的心態就改變了，在回歸正常生活的同時，理想也不見了。大家終日游談無根，卻絕口不提社區共同體這回事。人人自掃門前雪，不存在真正的合作。人們渴望獲得各個層次的自由：不用工作的自由，不用自律的自由，不用為社區事務負責任的自由。

山谷中唯一的社區事務——一如戰前——就是一起唱歌跳舞和喝啤酒。不再有關於社區經濟和社會事務的嚴肅議論。大家避談過去了的戰爭和逼近中的戰爭。鄰居對我們說的，盡是以下這一類的話：「我們不想談政治。我們只想和你們像鄰居那樣相處。有空來跳跳舞吧。」「有空來我們家坐坐，讓我們來談些輕鬆的。」「啤酒可以增進鄰里情誼。」

幾乎每個新遷入的家庭都陶醉在歌舞與宴飲的聚會中。但這樣的聚會有什麼意義可言呢？對我們來說，生活是一個學習和服務的機會，一個可以讓我們把真、善、美帶到世界來的機會。如果生活不能給我們這些的話，我們不反對縱酒和跳舞，因為如果生活不能帶給我們真善美，它將是空虛無聊的，而我們就有權用喝酒和跳舞去逃避它。

但在我們看來，生活卻是充實而緊湊的，有太多事情等著去完成。我們盼望與一群有志一同、願意為社區事務盡力的人為伍，而不樂於與一群不務正業、無所事事的人作伴。

最後一根壓垮駱駝的稻草來自一群為數十七人，不請自來的陌生訪客。有一天早上，正當我們在廚房裡忙著把楓樹汁煮成楓糖的時候，他們突如其來出現在面前。他們不是什麼惡客，只不過是一些為逃避城市生活的緊張步調，利用假日到荒山野嶺來透透氣的尋幽獵奇者。

見到我們，他們先是發出驚嘆：「好可愛的房子！都是你們一手一腳蓋的？真不可思議！」接下來是一連串的問題和要求：「你們就是用這個辦法來煉楓糖的嗎？」「我們想看看楓林。」「請告訴我們一些你們生活的故事。」「你們是怎樣找到這個地方的？」

我們有很多事情要做，很多既定的計畫要趕著完成。我們把他們打發到二樓，自行從陽台眺望四周的景致。他們都走了以後，史考特對海倫大發牢騷：「真是讓人忍無可忍。如果每隔二十分鐘就出現一群參觀者，我們哪來的時間工作？我們非搬家不可！」

一向以來，招待不速之客的擔子都是扛在海倫肩上。她會負責和訪客聊天，而史考特這些時候則躲在屋後那間建築在大岩石上的書房裡。但久而久之，海倫對這種接待工作也感到不耐了。為求脫身，每次海倫跟訪客小聊片刻，就會說：「史考特正在後頭大岩石上的書房裡工作。你們何不拾級而上，看看他在幹些什麼？」對海倫這種把戲，史考特會有什麼反應可想而知。於是，我們開始認真考慮搬家的問題。

如果每隔一段長時間才會有一兩批不速之客闖入，我們自然也會樂於擱下手邊的工作，和他們聊東道西。這種聊天雖然有時候很散漫無聊，但有時也不無裨益。問題是，不速之客出現的頻率愈來愈高：從一月一兩次升高為一周一兩次，再升高為無日無之。整個夏天，我們的訪客絡繹不絕。終於，我們作出了結論：皮克斯瀑布不再是一個可以讓人工作的地方。

該什麼時候搬呢？搬到哪裡？要在哪裡才可以找到一個和我們佛蒙特州森林居一樣偏僻、一樣多產、一樣美麗的家園呢？

我們對新居有幾個起碼的要求：地點要偏僻得足以讓城市或市郊地區的居民卻步；土壤要肥沃得足以生產生活需要最起碼的農產品；要有豐沛的水源；要有可以提供木柴的林地。另外，我們與山林已經作伴了十九年，現在，在擘畫未來二十年的生活遠景時，何不考慮換換環境，與水為鄰？我們夫妻倆固然愛山，但同樣嚮往漫漫的水世界。

我們旅行過的地方之多，幾乎敢說這個世界沒有哪裡是我們沒有到過的。那我們應搬到那兒去呢？我們一致同意南北兩極不列入考慮，熱帶和亞熱帶也一樣。那剩下來就只有溫帶了。但溫帶的哪一個地點、那一個大洲呢？歐洲是一個可以考慮的去處。海倫深愛她媽媽的祖國荷蘭，而奧地利的提羅爾（Tirol）也給過我倆美好的回憶。問題是歐洲太擠了，而且對我們有語言上的隔閡。衡量過所有利弊得失以後，我們決定還是留在美國（我們的出生地），在新英格蘭這一帶另覓一個合乎我們要求的農莊，度未來的二十年。

我們會選擇新英格蘭，一個很重要的因素是負擔得起。在新英格蘭，又特別是在偏遠的地區，土地的售價仍然在合理範圍之內。

新英格蘭的另一個好處是它的氣候。我們喜歡新英格蘭的四季分明，各有各的特色。新英格蘭的四季中，我們最欣賞秋天。新英格蘭的秋天天氣微冷，葉色變深，而且不會有蟲蟻。而新英格蘭凜冽的冬天則正好可以讓我們放下田裡的工作，躲在屋內進行自己有興趣的鑽研。

我們決定仿效亨利・格魯斯（Henry Gross）（他是緬因州一位家喻戶曉的人物），利用一根占卜杖①找出我們理想新居的所在。不少民間傳說和歷史書都記載，有人能透過第六感找到地下水源。這些人不但可以說出地下水的位置，甚至可以說出地下水源離地面有多遠和蘊藏量有多少。海倫就是這類人中的一個。當初我們打算來佛蒙特州定居，要在兩個相中的農莊之間作出取捨時，就是海倫感應到那個農莊有地下水的。

我們是在一個偶然的機會讀到羅伯特所寫的《亨利‧格魯斯與他的占卜杖》的。透過這本書，我們得知格魯斯不但有本領為他緬因州的朋友鄰居找出地下水源，甚至有本領單憑一張百慕達地圖，就找到千里之外的百慕達一些從不為人知的地下水源所在。我們決定用同一方法來尋覓新居。

海倫先是在一張緬因州的詳細地圖旁邊踱來踱去，集中心思想像我們理想中新居的模樣，然後坐下來，拿著一個鐘擺物，懸在地圖上頭擺盪。只見鐘擺物始終指向同一個地方：佩諾布斯科特灣(Penobscot Bay)的灣口。

一星期後，我們出發了，直奔三百五十英里外的佩諾布斯科特灣。我們先去造訪住在離鐘擺物所指示的地點不遠的一對朋友夫妻。

我們受到了熱情接待。但當我們說明來意，並請教他們附近有沒有合乎我們要求的農莊時，他們卻在苦思後搖頭。我們在朋友家用過晚餐，住了一夜，第二天一早就沿著緬因州朝加拿大方向迂迴曲折的海岸線，展開我們的尋覓。我們在沿途造訪了好幾家房地產公司，有一次甚至租了一艘船，到一個海島上察看一塊土地。

我們白忙了五天，沒有獲得任何具體的結果。第六天，我們決定掉頭，折返佛蒙特。回程途中，行經朋友的農莊，由於天色已晚，便決定到他們家再打擾一夜。他們問我們運氣如何，我們說運氣很背，沒找到愜意的農場，只能空手返回佛蒙特。

不料他們卻說：「你們走了以後，我們又想了想附近有沒有土壤夠肥沃、地點夠偏僻而又近水邊的農莊，終於給我們想到了一個。只不知道現在賣掉了沒有。」我們立刻跟賣主史特加侯斯女士聯絡，得到的消息是農莊尚未賣出。這位女士會想把房產賣掉，是因為她覺得一個人住在羅西爾角太寂寞。我們打電話給她的時候，她桌子抽屜裡還放著一份登在《波士頓地球報》上的農莊出售廣告。

我們沒有浪費任何時間，第二天一早，就沿一條狹窄而塵土飛揚的道路，開車到幾英里開外的羅西爾角。那農莊野草叢生，顯然乏人照顧已久。房子其中一邊田地以黏土為主，另一邊則以砂土為主。有一條沿著樹林邊緣蜿蜒的小溪恰恰在廚房的前面彎過。這真是一大驚喜。海倫走入屋內東張西望了幾分鐘，對它的採光和寬敞表示滿意。

這個農莊的偏僻是毫無疑問的，它位於一條道路的盡頭，附近看不見任何人家。它有屬於自己一個小巧可愛、面向西邊的小水灣。只要經過翻種，田畝就可以恢復肥美。水源也很充沛。前後不過十五分鐘，我們就決定要把這裡買下來。

這事是在一九五一年的秋天。在此以前，我們已經答應一個住在康乃迪克州哈特福德(Hartford)的五金銷售員，把佛蒙特州的農場賣給他。他對這宗買賣表現得很熱切，因為他希望以煉製楓糖作為生財之道。我們約好他和他太太在一九五二年的煉糖季節時來我們家，教他們煉糖的方法。

在一九五一年冬末和一九五二年春初之間，我們利用我們的小貨車和從一位朋友借來的大貨車，把家當分批運到了緬因州。

一九五二年春天，煉成最後一批楓糖後，我們就帶著依依不捨的心情，告別這件最為我們喜愛的工作。對於我們那牢固而漂亮的石頭農宅、四周的山巒和少數志同道合的朋友，我們也同感不捨。

緬因州最後一場積雪會在晚春融化，種植季節隨即展開，我們已準備就緒，迎接另一個四分之一世紀莊稼生活的到來。

## 註釋

①所謂的占卜杖，是一種據稱可以用來探得水源或礦脈的叉形杖。

滂湃巨浪濺打在猙獰嶙峋的海岸，
而樹叢，在風雲緊急的天空下，扭擺著巨枝……
海藉著巨浪的呼嘯，如鷹隼般凌空奮起，
林間搖擺的松樹咆哮著說：歡迎他們來到新家！

——赫門茲（Felicia Hemans），《登岸的朝聖神父們》（*The Landing of the Pilgrim Fathers*），1830

鬧騰騰，亂哄哄，把路清出來，他在搬家，我們在搬家，他們今天在搬家；
有人在推，有人在拉，父親在喊，母親在罵，小孩在哭，
鍋碗瓢盤響叮噹，
床架在翻滾，床單在飛揚，破椅子、空罐子
散滿一整街——今天是搬家日。

鬧騰騰，亂哄哄。一些人搬進來，一些人搬出去；
有些人聯群結隊搬，有些人隻手空拳搬。

房東在催，房客在拖；有人笑，有人哭，有人跳舞，有人歎氣——
蜘蛛垂死，毛羽翻飛，床毯抖動，跳蚤遭殃；
老鼠亂竄，貓兒咪咪，狗兒汪汪，豬兒咕嚕。
到底怎麼回事？今天是搬家日啊！

——帕利（Peter Parley），《曆書》（Almanac）一八三六年篇

移動，永不要停息。啊，拓荒者們，拓荒者們！

——惠特曼（Walt Whitman），《草業集》（*Leaves of Grass*），1865

啊，幸運的一天，啊，愉快的一天，
當一個新家戶誕生
並展開它諧和的未來
於世界的千家萬戶之間。

——朗費羅（Henry Wadsworth Longfellow）

# 春夏兩季的農藝

詩人認為，春天是屬於雨和花的季節。**「雨不是為我而下，而是為紫羅蘭而下。」**佛蒙特州的春天是一個可以讓我們享受到煉糖之樂的季節，不過，搬到緬因州以後，我們就得重新去適應一個不同的春天了。

在緬因州，春天隨著積雪的消失而降臨，而這通常都要等到四月才會發生。在這之前，大地常常接連幾星期乃至幾個月，冰封在零度或零下的低溫中。不過，隨著太陽北移，日照時間會愈來愈長，溫度也會逐漸爬升。

我們的第一個緬因州春天暖得異乎尋常，霜與雪都消失了。去年秋天，我們已經預先用犁田機把田犁過（這是我們在緬因州第一次也是最後一次在田裡使用機器），並在翻過的土上鋪上一層厚厚的乾草，作為覆蓋物，等待春天來臨。

積雪融化後，泥土一乾，我們就開始施肥。接連不斷都是大晴天，看來是個種東西再適合不過的好天氣。我們最先下種的是洋蔥球莖、小蘿蔔、芥菜、萵苣、甜菜和胡蘿蔔。在施肥時，我們加入了一些我們自己發明的高蛋白質祕方：大豆屑、棉花籽屑、篩過的木炭灰、泥碳蘚，還有磷鹽岩和花崗岩磨成的粉末。

天氣一直很晴朗。我們接著又種了豌豆。但奇怪的是，豌豆種子在第二天就全露出了土外。我們把它們一一捅回土裡去。日子一天一天過去，泥土愈來愈乾，但沒有再看到什麼從土裡跑出來。然後有一天，洋蔥球莖跑了出來。埋它們的時候，我們明明埋在土表下面一英寸，所以它們不可能是自己跑出來的。事情明白不過了，它們是被挖起來的。但就我們所知，沒有動物是吃洋蔥球莖的，那又是誰幹的好事呢？很顯然，罪魁是雀鳥。牠們要挖的不是洋蔥球莖，而是大豆屑，不過，牠們在找細碎的大豆屑時，連帶把洋蔥球莖和其他種子翻了出來。由於泥土乾燥得幾近粉末狀，所以即使很小的小鳥，要把土翻起來也不是什麼難事。

在第一場春雨來得及把泥土潤濕、讓蔬菜種子成長以前，我們細心埋成一列一列的種子已經面目全非了。抽了芽的種子東一顆、西一顆，裸露散落在田間各處。鳥族的翻土熱把我們精心佈置的田畝化作廢墟。我們別無選擇，只有重新施肥（這次不加大豆屑）和重新播種。

經過這次教訓，此後每次看到土壤開始乾燥，我們就會加倍小心。幸好，天氣連續晴朗得足以把土壤烤乾的情形，並不多見。

如果你是個新手的話，在你準備開墾一片新田畝的時候，有幾件事情是應當謹記。你必須把田裡的野草除光，把積水排乾，把土翻過，並加以適當施肥，務使泥土中的氮、磷酸鹽、碳酸鉀和其他十幾種養份的比例能處於均衡狀態。

在播種一塊新田以前，最好是能先去找縣農業顧問談談，看看他的土壤圖和把你田裡的土壤樣本拿給他化驗。化驗土壤的花費並不多，有時甚至是免錢的。

接下來，你就必須進行析土的工作了。所謂析土，是指把結塊的泥土用篩析細，以便農作物的支根能充分接觸到每一顆泥土，從而獲得最大的養份。如果土壤的化學成分和肌理恰當，如果日照和濕度夠充分，又如果溫度的波動在合宜範圍內的話，你種的東西就可望發芽、開花和結實。作物的健康與活力部分來自種子的品種，但最重要還是土壤中的各種養份是不是均衡。

有人說過，除繳稅和死亡以外，人生沒有說得準的事情①。不過，我們倒是樂於指出另幾件說得準的事情：㈠甜菜種子只會長出甜菜，而洋蔥種子只會長出洋蔥。㈡如果溫度和濕度配合得宜，種子就會發芽。㈢如果土壤中的各種養份的比例得宜，作物就一定會成長、開花和結實。

我們施肥用的肥料，主要是我們自己製造的堆肥。在作物的生長季節，我們隨時會備著十來個堆肥堆備用，它們總重量有好幾噸。在〈肥美的土壤〉一文中已介紹過我們製造堆肥的過程。

**森林懂得為自己製造肥料**。樹葉、樹枝，乃至一整棵的樹，都有可能會因為風霜雨雪的力量而拗折，掉落地上，層層疊疊（其間還會夾雜著動物的排泄物），年深日久，就會轉化成腐殖質。這是一個很簡單的過程，森林幾乎一天二十四小時都在進行——日復一日，年復一年，一世紀復一世紀。

**農人也必須做同樣的事**。靠著手邊找得到的材料，加上按部就班的步驟，一個農人就可以製造出堆肥。每一造作物，每一天，每一個生長季，都是農人可以厚積和加肥其土壤的機會。只需要幾星期，農人就可以做到森林需要好幾個世紀才能做到的事情。

新英格蘭地區的春季很長，從二月延續到五月初，長達十至十二星期。充沛的日照讓綠色植物可以勇敢地往上生長，不用擔心霜害。在佛蒙特州，有可能會殺死作物的降霜最晚出現在六月中，但在緬因州，至遲在五月底，霜害的威脅就完全解除。緬因州的六月不可能出現降霜。所以，五月底以後，我們就可以開始整土施肥，動手栽種夏季的作物，如玉蜀黍、豆子、南瓜、黃瓜和番茄等。

為保持地力，菜圃裡最好是留一些固定角落，用來種蘆筍、大黃、草莓和一些四季性的香草。不然的話，就該採取系統性的輪耕制度，務使同一種作物最少不會連續兩季種在同一個位置。

一般來說，應該把矮的作物（如菠菜、萵苣、胡蘿葡和洋葱等）和矮的作物安排在一起，高的作物（如架菜豆、甜玉米等）和高的作物安排在一起。田畝裡的列或畦應作南北走向而非東西走向，因為這樣子，作物才會獲得最大量的直接日曬。

春夏兩季的農事是毫無運氣可講的。有鑑於此，我們用一本活頁簿，記下發生在田裡每一列、每一畦、每一段的種種。記錄的事項包括種植的日期、種植的作物品種、收成狀況等等。每一年的記錄都會歸檔，以便追查在田畝的某個部位，我們栽種過和收成過些什麼。

每一列和每一畦都應該編號，以便於輪耕制度的確實執行。為了方便記錄，可在每一列或每一畦的田畝插上註明編號的標示竿。我們的標示竿都是用雪松木來做的，每根長十六英寸，下面以斧頭削尖，上面以藍色或黑色筆寫上編號。

對一個家庭規模的菜圃來說，需要動用到的農具並不太多。任何一片大小在四分之一英畝（一百平方英尺）以內的菜圃，所需的農具不過就是一個鐵鏟、一把鋤頭、一把耙子、一批標椿、一把斧頭和一個噴壺，如此而已。我們最喜歡的農具是小行星牌的一種手耘鋤。我們不知道這種牌子的手耘鋤現在還買不買得到，但市面上總該有某種類似的手耘鋤賣才對。

春夏兩季種東西的一個小祕訣是在每顆種子的泥土上方再堆上一撮土（最少要有四分之一英寸高），讓剛發芽中的種子可以始終被保護在土中。一旦種子的葉或莖穿土而出，它自然就會穩定而迅速地生長（這時不應該再有任何東西礙著它）。

用不著說，如果其他變數相同，那土壤愈肥沃或施肥愈多的作物就會長得愈快愈大。當然，肥料的效果也有一個上限，超過這個上限，那就算你施再多的肥也不會增加絲毫效果。我們曾經把土壤樣本送給緬因州州立大學的專家分析，得到的回答是：

你們的土太肥了，應該減少施肥。

很多種子坊都會在它們出售的種子包上印上該類作物的正常成長時間。以橡葉萵苣或辛普遜萵苣為例，它們從下種到成熟，需要四十五天的時間。如果你加入額外肥料的話，這個時間有可能會縮短，但也有可能不會。到底某一片菜圃裡的某一種作物，對於額外施肥會不會有反應，必須經過試驗才會知道。但一般來說，如果負擔得起的話，增加施肥是可以增加作物的量和質的。

菜圃裡的作物，你可以把它們種成一列列或一畦畦，甚至是種成擴散狀。我們的偏好是種成列，只有在特殊情況才會種成畦。那些會攀緣的作物，如架菜豆(pole bean)，需要種在竿子或格子棚架上。在這個匆匆忙忙的時代，農人因為嫌豎竿子或搭棚架麻煩，所以一般都不喜歡種攀緣性的作物。我們算是少數民族。

對矮菜豆來說，列與列之間的適當距離是三十英寸。至於架菜豆，我們起初採用的是三英尺列距，後來也試過五十二英寸的列距，而現在則偏好五英尺的列距。我們用來纏架菜豆的竿子每根高八英尺，竿與竿的距離是五英尺。

如果天氣夠好的話，架菜豆在生長季的季初就可以爬到一根八英尺高竿子的頂端，接下來抽蔓、開花，結出更多的豆子。我們曾經很好奇，如果改用十二英尺高的竿子，會是什麼光景。經過實驗證明，在正常的天氣下，架菜豆一般都可以爬上十二英尺高竿子的頂端。目前，我們正在試驗更高的竿子，希望可以獲得更大的單位產量。

今天的農人都偏好種矮種的鷹嘴豆。但我們經過比較，卻發現無論是風味還是單位產量，高種的鷹嘴豆都要比矮種的鷹嘴豆勝一籌。另外，高種鷹嘴豆的可採摘期也比較長。一根還沒有枯萎的鷹嘴豆豆蔓，只要它還是開著花，就一定還結著可食用的豆子。

栽種高種鷹嘴豆的農人一般喜歡讓它們攀在鍍鋅的鐵絲網上。但鐵絲的缺點是它的溫度會在太陽的照曬下昇高，而纖細的鷹嘴豆蔓偏偏又是愛涼而怕熱。有鑑於此，我們用來供鷹嘴豆攀緣的東西，不是鐵絲網而是從樹林裡砍伐來的枝椏。

每當修剪或砍伐樹木時，我們都會留意被修剪下來的枝椏的形狀。如果它們是平坦而呈扇型的話，我們就會另放一邊，堆成一堆。我們定期會到這個枝椏堆來，挑選最適用於充當鷹嘴豆支架的枝椏，用斧頭把下方削尖，然後收存到一個掛架上備用。當鷹嘴豆長到四或六英寸高，我們就會動手在它們旁邊架設支架。

在鷹嘴豆的生長季結束後，我們會把做為支架的枝椏一根根拔出。完好的枝椏我們會擱在一個掛架上，留待明年使用。至於走了樣的枝椏，我們則找一個乾燥炎熱的天氣，把它們鋸成十六英寸長一節，再以硬紙盒收藏在柴棚中。它們是很棒的柴薪。

從務農的早期我們就了解到，野草對於田裡的作物有害無益。野草由於生長迅速，往往會擋掉農作物的太陽或搶去它們的生長空間。如果你放任野草不管，那麼你菜圃的未來就會岌岌可危。現在有一個很流行的理論，主張野草不會對田裡的作物造成危害，所以不妨讓野草與作物並生並長，共存共榮。但我們從來不信這一套。

有三種方法可以對付野草。第一種是預防性的：在田裡鋪一張瀝青紙，只在有作物生長的位置開孔（但這方法我們從未試過）。第二種方法是仔細檢查，把每一棵看得到的野草都用手拔除。第三種方法是我們使用的一種，則是在每次田土濕潤以後（雨後或灌溉後），用鬆土器輕輕把土鬆一遍。如果鬆土的工作做得夠仔細，那發芽的野草種子就會在泥土翻開的同時被拔除。這是一種趁小剷除的做法。可以週期性地檢查每一列田畝，拔除向作物種子所在位置蔓生過去的野草。

對農作物同樣有益，但卻不需像除草一樣常做的事情則是「側施肥」(side-dressing)和「加覆」(mulching)。「側施肥」是指在快要成熟的農作物的基部四周施以肥料。例如，對於快要成熟的萵苣，如果你能在灌溉或鬆土以前先在它們基部四周攙入一薄層的堆肥，將可形成刺激作用，讓它們出落得更是不同凡響。「側施肥」並不是非做不可的工作，即使你不進行這個步驟，作物一樣可以生長得很好，只是，有「側施肥」的話，作物就有可能好上加好。

至於所謂的「加覆」，則是指為一片田畝加上一層覆蓋物，其作用包括可以阻緩野草的生長、減少水分蒸發、熱天保持土壤清涼和冷天保持土壤溫暖。任何質輕而鬆散的材料都可以用作覆蓋物。被我們用作覆蓋物的東西包括樹枝、海草、乾草、麥稈、落葉和其他雜物。覆蓋物在乾旱天可以防止水分蒸發，在寒冷天可以防止作物結冰。對大部分作物來說，陽光和清新的空氣都是不可或缺的要素。第三個不可或缺的要素則是水。植物就像動物一樣，身體的大部分都是由水構成。年輕的作物和新近移種過的作物特別需要足夠灌溉。如果一片菜圃是使用自動灌溉的話，就應該常常注意自動灌溉系統是否運作正常。不管灌溉太多或灌溉太少，都會對作物造成傷害。

新英格蘭的降雨和降雪都很豐沛，以致年降水量可高達四十五英寸之譜。幸而，這個降水量在一年中各月份的分布尚稱平均。當然，新英格蘭也不是沒有乾季濕季或旱年濕年之分，只是，我們在新英格蘭居住了超過四十年，都從未碰過因為雨水太多或雨水太少而導致的失收。

**註釋**

①語出富蘭克林。

---

夏天，歡迎你來，用你溫柔的陽光，把令人簌簌發抖的冬天驅走。

——喬叟（Chaucer），《眾禽的議會》（*The Parliament of Fowls*），1380

除了一個菜圃，還有什麼足以娛你耳目，飽你口腹？

——勞森（William Lawsen），《一個新的果菜園》（*A New Orchard and Garden*），1618

春天是一年中最忙碌而匆忙的季節。

——迪內，《新英格蘭農人》，1790

三月是冬天離去的日子。但冬天有時就像一尾狡猾的鱷魚。它來你家拜訪，耗了一段長時間，好不容易答應要走，而且已經把頭和身子伸出了門外，卻硬是把尾巴留在門裡面，款擺揮舞。冬天也是如此。三月間，冬天會把尾巴留著，用風雨雪雹來苦惱你。在由冬入春的時節，春和冬彷彿是兩個正在爭吵的人，輪流各佔一陣上風。然而，再過一下子，冬天就會發現自己的冰柱正在慢慢融化。為免化為一條小水溪，它緩緩往後撤，最初是撤到新英格蘭，在青山間徘徊，之後，受到盛開花卉的驅趕，它會再往後撤，越過哈德遜灣，躲到格陵蘭的丘陵後方，俟來年時機成熟，東山再起。

——帕利，《曆書》一八三六年篇

冬天走了，工作的時光與鳥兒的歌唱又回來了。……我需要忙進忙出、施肥插秧的季節又要開始了。……所有城裡來的訪客在讚歎我菜圃裡的作物茂盛的同時，也對看不到半根野草感到驚異。他們有所不知，如果野草不除，作物就難望健康生長。但我們的鄰居卻不如是想。他們偶而會到我們這裡走走，而要是他們看到我們家婦女在田裡除野草的話，就會大搖其頭。他們說，野草是沒有害的，而且，野草就像蚊蠅一樣，是除之不盡的。他們說他們是在野草中間長大的，對野草了解得一清二楚，想根絕野草純屬徒勞。

——無名氏，《十畝就夠》(*Ten Acres Enough*) - 1864

溫暖的夏陽，友善地照耀此地；
溫暖的西風，仁慈地吹過此地。

——李察遜(Richard Richardson)，〈致安妮特〉("*To Annette*") - 1890

# 秋天的菜圃

在新英格蘭我們所住那一帶，一般農家都習慣在陣亡將士紀念日那一天開耕，換言之，是在五月底開耕①。最先種的會是一些硬朗的作物，幾星期後再輪到較為柔弱的作物。除收割外，每年的農事結束於八月中。而一旦收割完成，農地就會休耕，一任野草叢生。在第二年春天來臨以前，不會再有任何人下田。

但我們的習慣卻相當不同。我們的做法類似日本人。日本由於地狹人稠，所以把土地利用到最大極限。比方說當他們從田裡收成了一棵蘿蔔，就會回種一顆萵苣或其他什麼作物的種子。我們也一樣，每當收成一樣作物，就會立刻植入另一種作物，只有到十一月才會完全休耕。我們春季耕作，夏季耕作，秋季也耕作。在收割了夏初所栽種的作物後，我們立刻在田裡回補某種會在輕寒來臨以前或在輕寒期間成熟的作物。

緬因州的秋天冷爽而陽光普照，和早春的天氣很類似。所以，我們夏末秋初所栽種的作物，也和春天相同：蘿蔔、萵苣、莙達菜(chard)、芥菜、寬葉羽衣甘藍和甘藍。這些作物都很耐寒，大部分都耐得住零下六七度的夜間溫度。當然，我們秋天所下種的種子，有些會發不出芽，有些則會在發芽後冷死，不過，能成長茁壯的仍不在少數。當你看到秋耕所獲得的纍纍碩果時，就會覺得你所花的時間和精力完全不虛。

換言之，在十月和十一月，當緬因州大部分菜圃都是空蕩蕩或野草叢生的當兒，我們的田園卻是一片綠油油。我們的菜圃在秋季所展現的的綠，幾乎完全不輸春夏兩季。這是那些只在陣亡將士紀念日與勞動節之間工作的園藝者所無法想像的。在秋天來訪的客人，常常會對我們菜圃的茂盛嘖嘖稱奇。有一年十月尾，一批本地園藝俱樂部的成員來我們家參觀。當他們發現我們的菜圃幾乎沒有一寸空著的時候，驚歎地問：「現在都幾乎要十一月了，但你們的菜圃卻蔥綠得像六月。你們是怎樣辦到的？」我們的回答很簡單：不要把工作停下來。

在夏初，當第一棵芥菜轉綠，或第一棵萵苣、波菜或洋葱被摘下來，送入廚房的時候，我們就開始忙於用根類作物——如大頭菜和甜菜——來取代它們的位置。稍後，這些根類作物又會讓位於秋天的葉菜類作物。在我們於早秋把耐冷的葉菜類作物種子植入地裡的同時，也會把苗箱裡的菊苣、大白菜、芹菜移種到田土裡去。用這種方式，我們就獲得了多幾個月的綠色蔬菜供應。

只需要一點點嗅覺和幾個季節的經驗，一個農人就會曉得什麼時候該讓一種作物退場，什麼時候又該讓一種作物上場。

例如，在七月初，雖然田裡的鷹嘴豆仍然欣欣向榮，但我們還是決定把它們換下來。因為我們知道，如果把鷹嘴豆所占據的土地換上秋天作物的話，我們的收獲會更豐富。

我們並沒有像一般的做法那樣，把一莢莢的鷹嘴豆摘下來，而是把整株鷹嘴豆拔掉，然後把鷹嘴豆一顆顆剝下來，分放到三個容器中：一個放太熟的鷹嘴豆，一個放熟得剛剛好的鷹嘴豆，一個放還不夠熟的鷹嘴豆。對於太熟的鷹嘴豆，我們會拿來曬乾，存儲備用；對於熟得剛剛好的鷹嘴豆，我們會拿來煮湯；至於還不夠熟的鷹嘴豆，我們則會放在沙拉中生吃。

揀選鷹嘴豆的程序結束後，我們其中一個人會在鷹嘴豆生長過的地裡鬆土和挖除野草。另一個則跟在後面，拿著耙把地面上的鷹嘴豆蔓和拔除的野草叉起，放在一台獨輪車，送到堆肥區，再帶回來一車夠在鷹嘴豆生長過的地裡鋪成一英寸厚的堆肥。我們用手耘鋤把堆肥埋入土裡，又撒下了一些氮粉。

下一步，我們會在鷹嘴豆原來的位置挖一條溝，再撒入一些菠菜（或其他生長期短的耐寒蔬菜）種子。

這個工作很輕鬆，而且花不了多少時間，才一個早上（少於四小時），我們的菜圃就換了季。

秋天的農事涵蓋部分的七月和一整個八月，收成則開始於早秋，然後延續兩到三個月，直至夜霜凜冽得足以阻緩或扼殺作物的生長為止。

芹菜、歐芹和波菜可以在中度的寒冷中存活。而花莖甘藍、花椰菜、大白菜和甘藍的耐寒能力則更勝一籌。吃它們以前，應先等白天氣溫回升，它們自行解凍後再行收割，否則，它們的葉子煮出來就會是軟趴趴的。要是甘藍或大白菜外面一層葉子已經凍傷，可以剝掉丟棄。即使在零度的低溫過了一夜，這些菜疏都完全鮮嫩可吃。唯一要緊記一點的是：收割前要先等它們解凍。

在特別冷的秋夜，為作物披上一層由乾草、麥稈、樹葉樹枝構成的覆蓋物，將可大大加強它們的抗寒本錢。我們隨時都備著一堆堆的樺樹葉、山毛櫸葉或其他乾燥的小樹葉。在一個霜夜來臨以前，如果能早早為田裡的綠色蔬菜鋪上樹葉，它們就承受得起零下十幾度的寒霜。

稍後，隨著時序逐漸邁入十二月，菜圃就會慢慢碧衰翠減。不過，你愈能延後這種現象發生的時間，你能獲得新鮮綠色蔬菜供應的底線就愈往後挪。在秋冬菜圃的後半階段，能幹的農夫還可以在田裡摘得到花椰菜、大白菜，甚至菠菜、萵苣和蘿蔔——它們尚未放棄利用每天上午至下午幾小時日光向上長的努力。

即使是深冬，有實驗精神的農人也不愁沒有新鮮蔬菜可吃。在我們緬因州的冬天菜圃裡，就排列著一行行的萵苣、菠菜、歐芹和花莖甘藍。它們可以挨過冬天，等雪融後再昂首挺胸。另外，如果有一層覆蓋物保護的話，那湯菜(brussels sprout)、羽衣甘藍、油菜(rape)、小麥和裸麥幾乎肯定可以熬過新英格蘭的冬天。

酷寒的冬夜不利於作物生長，是人盡皆知的事情，但我們卻不理會這一點。當大家都把攝氏零度視為可以回家掛起鋤頭的溫度時，我們仍然孜孜矻矻地在田裡進行各種實驗。雖然也有過挫敗，但我們仍然取得了實質的進展。實驗告訴了我們，有哪些作物硬朗得足以撐過冬天。

例如，一些新品種的萵苣就可以在零下的低溫中存活。在冬天把大地完全封凍起來以前（包括陽光普照的正午），紅蘿蔔最少有五〇%的存活機會。而歐洲防風、婆羅門參、菊苣、芹菜、大白菜和湯菜則能在紅蘿蔔放棄求生意志以後，繼續存活一段長時間。只要碰上泥土解凍的日子，你就可以把它們挖出來，送入庖廚。

每在緬因州多住一年，我們休耕的時間就愈往後移一點點。我們不可能事先知道哪一種作物能在秋冬的寒風中存活，只有不斷的實驗可以透露答案。每當我們餐桌上擺著一盤來自秋冬菜圃的新鮮沙拉時，我們就知道，我們的實驗又成功了一次。

**註釋**

① 陣亡將士紀念日為每年五月最後一個星期一。

沒有東西比一個開墾得井井有條的農莊更有用和更美。

——西塞羅，《論老年》，45B. C.

那些透過辛勤勞動把一大片荒蕪土地還原為良田的人，值得我們大大讚頌，因為他不只利益了自己，也利益了大眾。

——韋斯頓爵士，載於《新英格蘭雜誌》（*New England Magazine*）一七五九年三月號

即使在我們目前這麼不完善的環境下，仁慈的上蒼也並沒獨厚具有高度智慧的農人，把成功獨獨劃歸給他們。上蒼所制定的律法是那麼的仁厚，以至於即使是未經訓練的雙手，只要願意苦幹，也有望得到一定的收成；但是，如果想要獲得最大的成功，那就只有透過在最高智慧指導下的互助合作，才會可能。

——亞倫（R. L. Allen），《美國農場手冊》（*The American Farm Book*），1849

啊，六月的天空和太陽和雲朵
加上七月的花兒
都不足以匹敵
十月藍燦燦的天候

——傑克遜（Helen Hunt Jackson），《詩歌集》（*Verses*），1884

這些園圃可不是農人叉起兩手坐在樹蔭底下高歌「啊，多美啊！」所成就出來的。

——吉卜林（Rudyard Kipling），《花園的榮光》（*The Glory of the Garden*），1911

一個園圃是以大自然的質料所雕琢出來的藝術品。

——無名氏

樹葉今秋落得很早，在風中。成雙成對的蝴蝶與八月一起蛻變為黃色。

——龐德（Ezra Pound）的一封信

# 冬天的園藝

在緬因州，每年肯定無霜雪的日子不會多於一百五十天，換言之，一年裡最少有兩百六十天，農作物都處於霜雪的可能威脅之下。如果想減少霜雪對作物的威脅，一個最簡單的辦法就是為它們加上一個裝有玻璃的上蓋。玻璃上蓋既不會減低陽光的照射量，又可以防止日落後的氣溫驟降。

冷床和溫室都是這一類為保護農作物而發明的玻璃裝置（溫室只是冷床的擴大化罷了）。任何人，只要有空閒時間和二手材料，要蓋一張冷床或一間溫室都不是什麼難事。如果溫室蓋的位置得當，那麼它就能充分把陽光所散發的溫暖積聚起來。像我們緬因州家的溫室，在冬天中午至下午一段時間，就往往暖和得足以供人進行日光浴。

讓我們來談談我們的溫室是怎樣蓋的。我們選擇了石頭作為溫室的建材，在新英格蘭地區，大塊的卵石可說是俯拾皆是。我們緬因州的溫室蓋在一個混凝土石頭地基上，這個地基有十六英寸深，足以抵禦凍脹。溫室面南而立，北面和東面的牆從基部以至頂部都由混凝土和石頭砌成，南面和西面的牆則以一個個的雙重窗構成。溫室的棚頂寬九英尺、長四十英尺，由托在雪松椽木上的玻璃疊成。

一間施工和通風良好的溫室可以讓一戶新英格蘭人家一年有多幾個月的綠色蔬菜可吃。在十一月至三月間，想要直接從菜圃裡獲得新鮮蔬菜的供給，幾乎是不可能的，而溫室裡保存的蔬菜正好填補這個空檔。

一般人都喜歡把溫室裡的作物以盆或罐種在齊腰的長凳上，這樣做的好處，是工作時不用彎腰駝背。如果你種的主要是些盆栽或花卉的話，那這種做法當然合情合理，但由於我們希望在溫室裡多種些修長的蔬菜，所以決定把作物直接種在地上，以便充分利用溫室的高度。

溫室與地平面的距離可有三種選擇：低於地平面、高於地平面或與地平面齊高。低於地平面的溫室稱為坑式溫室，高於地平面的溫室稱為架高式溫室。至於我們選擇的，則是與地平面齊高的一種。

坑式溫室由於四面環土，所以比較溫暖，溫差較小，日落後溫度下降比較慢，第二天白天溫度回升比較快。

但坑式溫室的缺點則是潮濕，甚至有積水之虞。坑式溫室想要避免積水，就得慎選位置和設有優良的排水系統。但即使如此，潮濕始終是坑式溫室一個難以解決的問題。有鑑於坑式溫室和架高式溫室的優點並不突出，而且建築起來比較麻煩，所以我們還是決定蓋一間與地平面齊高的溫室。

當初我們在佛蒙特州起意蓋一間溫室，目的是要提供幼苗一個理想的發育環境。我們緬因州的溫室也擔負著同樣的功能，除此以外，它還可以在夏季供應我們番茄、甜椒和茄子，在秋冬和春季供應我們綠色蔬菜。

如果氣候允許，我們在三月間也會在溫室種些東西。我們種的都是些快生快長的作物，如芥菜、小蘿蔔和甘藍。它們雖然不會長得很大，但仍然可以用來做沙拉。至於洋蔥、韭蔥(leek)和歐芹，如果它們在溫室裡發育得不錯，我們就會把它們轉移到菜圃的苗箱裡去，放上幾星期，等它們長得夠大，再直接移種在田裡。

萵苣是我們冬末春初的主要蔬菜來源。應該在十或十一月間就先把最耐寒的萵苣品種的種子種在苗箱裡，等到嚴冬來臨之前，再把它們移置到溫室之內。一旦適應了變冷的氣候，它們就會恢復生長。

我們的溫室在冬天除了會收容幼苗外，還會收容一些已經長高長大的作物。如果移種得法，這些作物在遷入溫室以後，樣子和顏色不會和留在田裡的同類作物有兩樣（唯一分別是移種後的作物會幾乎停止繼續生長）。

去年三月，我們在溫室裡種了一床韭蔥，稍後把它們移種到田裡，等到十一月又移回溫室，而它們現在——一九七八年的春天——則成了我們的盤中飧。這批韭蔥一九七七年在田裡生長了一個夏季，經受了九、十月間的早霜，而當我們在十一月的第一星期決定把它們移回溫室去的時候，它們正值最佳狀態。

我們為韭蔥選擇的搬家天是一個潮濕的陰天。我們選擇陰天，是因為附著在韭蔥根部四周的泥土在陰天會比較濕潤，不易剝落。我們先在溫室裡挖了一條八英寸寬、六英寸深的溝，然後到田裡去，用鏟子把一棵韭蔥連土鏟起。我們盡量小心，避免傷害它的根部。把帶著土的韭蔥帶到溫室，放入新挖的溝中，埋上土，再用腳跟把土踩實。

遷移工作結束後，在韭蔥上頭澆下適量的水。接下來幾天，我們發現它們和田裡的韭蔥完全一模一樣。直到一九七八年的四月，溫室裡的韭蔥仍舊翠綠而堅挺。

我們也移植過成熟的歐芹，存活率是百分之百。至於遷移成熟的萵苣菜，成功率則較低，只有大概五〇%可以存活。

存活率更低的是芹菜。它們似乎是不能移動的。在一九七五年的夏天，我們在田裡種了好幾列的綠葉芹菜(Pascal)。它們長得很好，幾乎有三英尺高，有些甚至重達五磅。我們在同年十一月初把它們挖起來，移置到溫室去。但它們的適應相當不好，始終無法恢復長在田裡時的那種朝氣。它們活到二月，就因為不勝零下的低溫而通通冷死（不過在這之前，它們的葉和葉柄都還堪食用）。

只有透過試驗，你才會知道，在你的田裡，哪一些作物可以在寒冷的天氣中存活，而哪一些又不可以。我們從實驗得知，在我們的田裡，成熟的莙達菜可以挺大約六十個寒冬天，而大白菜則又比莙達菜多挺一個月。如果有溫室保護的話，歐芹和羽衣甘藍都可以挨過寒冷的冬天，等第二年春天來臨，便可以恢復生機。

如果能不斷進行實驗和揀選，那秋冬二季能夠在溫室裡的作物品種和耐寒度就可望不斷增加。

如果負擔得起，採用有暖氣的溫室當然要省事得多。但我們卻選擇了使用自然光加熱的溫室，因為我們是那類寧與大自然為伍，不願與電氣設備為伍的人。

在這一帶，春天常常姍姍來遲，而夏天的熱度又相當保守……。至於冬天，我們不能說霜雪來得很少，或離開得很快。

——卡魯(Richard Carew)，《康沃爾考察》(*The Survey of Cornwall*)，1602

我主張，應該以皇家田園法令之名規定，園圃一年四季播種。

——培根爵士(Sir Francis Bacon)，《物質之林》(*Sylva Sylvarum*)，1605

冬天的降雪對土地是有裨益的，因為它可以防止土地封凍太深。它可以減低突然的霜降和勁烈的乾風對穀物和蔬菜的傷害。積雪在春天融化得愈晚，青草和其他作物的受益就愈多。一片田畝中，有積雪的地方會比沒積雪的地方，更快長出青草，更快變綠。

——迪內，《新英格蘭農人》，1790

我不能設想一塊只有春天、沒有冬天的土地。我滿懷高興迎接冬天的到來，因為有了冬天，我對春天的領受才會明敏而鮮活。

——怪農婦（筆名），《老農宅》（*The Old Farmhouse*），1913

據說，溫室的產能，是露天田地的五十倍。溫室毫無疑問是解決冬天新鮮蔬菜難得的一個辦法。靠著溫室……我們就可以把秋季萵苣的供應時間延長至聖誕節以後。

——提羅（Henry Tetlow），《我們為尋樂而下田並使它成為有償的娛樂》（*We Farm for a Hobby and Make It Pay*），1938

溫室是一服最好的鎮靜劑。在一個充滿緊張與挫折的世界，你只要走入溫室，關上門，就可以把所有惱人的問題置諸腦後。

——亞伯拉罕夫婦（George and Katy Abraham）《溫室下的有機園藝》（*Organic Gardening Under Glass*），1975

# 冬藏

在我們所居住那一帶的緬因州，霜雪的威力是不容小覷的。一年有超過一半的時間，農作物都處於霜雪的威脅之下，所以，是不是善於儲存或保護農作物，事關要緊。幾乎可以說，一戶農家的一年過得好是不好，和能不能把易壞的農作物從長成階段保護到食用階段大有關係。

上一章已經介紹過用溫室保護作物的方法。但要保存那些最耐寒的蔬果，卻有一個更簡單的方法：把它們留在田裡。以歐洲防風和菊芋(Jerusalem artichoke)為例，想要在冬天保存它們，沒有比把它們留在田裡更聰明的方法。碰到冬雪融化、泥土解凍的日子，就可以把它們從土裡挖起來食用。當然，你也大可趁冬天剛來、它們還沒有結冰以前把它們挖起來吃掉，但這時候的歐洲防風和菊芋，都會比較不甜。沒有結過冰的歐洲防風，吃起來就跟一般的大頭菜一樣乏味，菊芋也是如此。

一年之中，最適合食用歐洲防風和菊芋的時間，介於春天積雪開始融化，到這兩種作物的主根開始長出鬚根之前，為期約一個月。歐洲防風和菊芋一旦長出鬚根，就會因為纖維質增加而變得不甜。但在緬因州的冬天，最好是土壤的表土一解凍就立刻把歐洲防風和菊芋挖出來吃掉，因為如果等融雪再來動手，它們就有可能會被嚙齒動物吃掉。在極嚴寒的冬天，歐洲防風和菊芋也有可能會被凍死。

婆羅門參也可以留在土裡過冬。就像菊芋一樣，婆羅門參也是以冬天一過到長出長鬚根以前一段時間食用最為適宜。

幾乎所有的根類作物（馬鈴薯除外）都可以在中度的寒流中存活，有些還會因為結過冰而變得更美味。但它們大部分都經不起一連串強烈寒流的襲擊（除非是加上覆蓋物）。

緬因州的農民想要直接從田裡取用食物，最晚晚不過秋天，最早早不過春天。即使是在最理想的情況下，田地無法供應新鮮蔬果的時間也最少會持續三個月。在這段封凍期間，農民必須採取某種儲存手段，才能確保食物的供應無虞。

大部分新英格蘭地區的農家都設有地窖。不過，如果一個地窖是設有火爐或某種熱源的話，那麼，它就會因為太暖而不適合用來儲存易壞的食物。即使熱源與地窖中的其他部分有著混凝土牆作為分隔，也同樣不宜用作儲存食物之用。

裝有空調設備的地窖是最理想的。有空調設備的地窖應該讓室溫保持在恆溫狀態，換言之，就是不管冬天還是夏天，都維持同樣溫度。不過空調設備就像其他機器一樣，需要人細心呵護保養，每隔一段時間就需要修理和更換，相當費事。

我們哈柏塞德的家是有一個小地窖，但並沒有中央暖氣系統。地窖的四壁是堅厚的石牆，地板則是混凝土砌成。這個地窖的溫度很少低於冰點，也很少高於攝氏七八度。我們會把十月十一月間收成的蔬果儲存在這裡，直至來年的七月為止。一旦離土以後，只有上好的蔬果可以長久保存。不過，在很偶然的情況下，地窖保存食物的能力有時也會強得讓人嘖嘖稱奇。例如，我們在一九七五年夏季收成後存放在地窖裡的蔬果，竟然擺到第二年夏季收成的時候還可以食用。

毋庸說，新鮮的根類作物要比儲存了一整個冬天的根類作物來得味美多汁。儲存中的根類作物都是活的，所以老化或敗壞在所難免。即使在最嚴格的儲存環境下（始終保持恆溫的環境下），你都應該預期地窖中有一定比例的蔬果會出現腐敗或萎縮的情形。我們每月或每六星期都會把地窖中儲藏食物的箱子打開來檢查一遍。看到有爛掉的作物，就予以丟棄；看到有變壞跡象的，則趕緊取出食用。

在緬因州（在佛蒙特州也一樣），我們儲存項目中最有價值的其中一項就是蘋果。每次收成蘋果以後，我們會仔細揀選，把它們分為兩大類：一類是完美無瑕和耐放的，一類是有黑斑或瘀傷，因而不耐放的。耐放的我們留著，部分自己吃掉，部分送人。不耐放的則把它們壓成果汁或做成蘋果罐頭。

我們有一個做蘋果罐頭的簡單方法。首先把蘋果洗淨，然後切塊。大個的切成八塊，小個的切成四塊（把果心和腐爛了的部分去掉）。隨即放入一個茶壺中，加很少量的水，煮開，至蘋果軟化為止。取出後不再加工，立刻封罐，放入地窖中儲存。我們不會在罐子裡放糖或防腐劑。喜歡吃甜的人在食用這些蘋果的時候，可以加入少量的蜂蜜或楓糖漿。

用這個簡單得不能再簡單的方法炮製出來的蘋果罐頭，不容易變壞。只有很偶然，每五十罐這樣的蘋果罐頭才會有一罐出現發霉或發酵現象。通常，這都是蓋子移位或蓋子的橡皮硬化所造成的。即使收藏達兩年之久，最少都有九十五%的蘋果罐頭可保持在最佳狀態。

當番茄的收成很豐富，我們就會把其中一些拿來和剁碎的芹菜、歐芹和洋葱，一起煮爛（不加任何水）。這幾種都是柔弱的作物，絕對抵受不了第一場強烈寒流的襲擊。當芹菜被煮到柔軟以後，我們就會把整鍋東西用篩子過濾。濾出的汁液會再加以煮沸，然後封罐。至於那些通不過篩子的殘渣，我們會放回爐子上，加極少許的水，煮至滾燙，然後封存在一個加了少許海鹽的一夸脫罐子裡，留待日後用作高湯。

另外還會被我們用封罐方法保存的蔬果還有藍莓、覆盆子和薔薇果（但製造量不如上述的蔬果多）。方法如下：首先是把容量一夸脫的罐子消毒殺菌，注入一或兩杯滾燙的開水，再加入一大匙蜜，攪至融化，然後倒入一或兩杯上述漿果的其中一種，再注熱水至滿，隨即封蓋收藏。

有人送了我們一台電冰箱，我們發現它非常適合用來儲存剩菜或菜圃裡摘來的東西。我們用保鮮袋把大量的藍莓儲存在這台電冰箱內。我們也用它來放多出來的蘆筍。在冬天吃蘆筍的時候，我們喜歡直接把凍結的蘆筍放在滾水稍微燙過後立刻食用（凍結的蘆筍煮太久會變得鬆垮垮且滋味較差）。即使家裡沒有電燈，我想我們也會一樣過得快快樂樂，但我們發現電冰箱對於保存食物確有相當幫助。

如果家裡沒有溫度濕度適中的地窖或冰箱的話，有一個經濟的替代方法就是挖一個室外地窖。室外地窖的選址必須是地勢較高和夠乾夠陰涼的地點。就像其他的儲藏室一樣，室外地窖必須要能做到杜絕螞蟻等昆蟲或老鼠、松鼠、浣熊、臭鼬鼠等囓齒動物的入侵。

建造室外地窖一個較原始的方法是在地下挖一個坑，四周和地上鋪上乾草秣（麥稈），以木板和鬆土把乾草秣（麥稈）固定位，再在上蓋留下一些通風口。如果這些坑是挖在不會積水的小丘之上的話，那它就相當能抵禦寒流。在溫暖的日子，應定期把這些坑打開，把看起來應該立刻食用的蔬果取出，再把坑封閉。

另一個建造室外地窖的方法是到農莊附近的一處山坡挖一個洞，然後裝上門和通風設備。要慎選洞址，避開有可能會積水的地方。地窖突出於山坡的部分應該裝上夾層木板或用其他的方法阻止春天、夏天或秋天的暖空氣入侵。這種山坡式地窖的一個弱點是不易防止囓齒動物侵入。

有一件發生在我們地窖中的事讓我們永生難忘。有一年冬天，我們把十二箱蘋果儲存在那個我們自以為固若金湯的室外地窖中。關起地窖的門以後，我們就動身展開一場越洲的講學之旅。

四個月後，我們回來了，卻發現整個地窖的地板佈滿一英寸厚的渣滓。在我們所儲存的幾百個蘋果中——都是北方紅玉①中的上品——只有一個完好無缺。我們始終沒有找出罪魁（大概是一隻老鼠或松鼠），也始終弄不懂牠是怎樣偷溜進來的。我們不在的時候，牠把一箱一箱蘋果弄開，大快朵頤，嚼過的果渣則吐滿一地。如果我們的蘋果沒有被偷吃掉，那會是多麼稱心如意的一個冬天！

我們的鄰居艾略特・科爾曼建造了一個很成功的室外地窖。這個地窖共分兩室，擁有良好的排水設施與隔絕設施，還裝有雙重門。四壁都是由雙層木板構成，地板則由混凝土砌成，外面還砌有擋土牆。就我們所知，這個地窖從沒有被不速之客闖入過。

上述介紹的都是把新鮮蔬果原樣保存起來的辦法。保存蔬果的另一方法是把它們風乾。好些水果——如蘋果、梨子、李子、櫻桃和各種漿果——都適合曬乾後儲存起來，留待冬天食用。但我們並沒有製造太多的水果乾，那是因為我們喜歡吃時鮮的水果，吃不完的，則會以罐子封存。

不過，我們倒是儲存了很多風乾的香草，以便調味、保存食物、泡茶或藥療之用。我們的菜圃裡長滿各色各樣的香草：薄荷、百里香、細香葱、蜜蜂花、洛維紀草(lovage)、龍蒿、夏季和冬季香薄荷、蒔蘿、牛至、春黃菊(camomile)、芫荽。我們會趁它們成熟前把它們從枝子上摘下來，掛在廚房的椽子上風乾，拿它們在早上泡茶喝或加入湯或沙拉中食用。

我們當然希望所有食物都是現種現吃，但在緬因州的氣候條件下，這是不可能的。因為這個緣故，我們才會開發出上述各種保存食物的方法。

**註釋**

①北方紅玉(Northern Spy)：美國一種烹調用的優質蘋果。

---

在一個豐盛之家，一頓晚餐很快就可以做好。

——塞萬提斯(Miguel de Cervantes)，《唐吉訶德》(*Don Quixote*)，1605

在月圓之夜採摘蘋果。把它們放在稻草上甜熟十天，再以糖水醃漬。

——無名氏，《西城草藥》(*West Country Herbal*)，1631

毫無疑問，採購生活必需品最經濟的方式就是一次買一星期或一個月的份，而不是像時下流行的做法那樣，一天採購好幾次。

——能讓你心想事成的人（筆名）

《獨身者與已婚者的經濟學》（*Economy for the Single and Married*）- 1845

# 厚植地力

緬因州農人所生活的新英格蘭的這一帶郊區，直到沒多少年前，都還覆蓋在連綿廣大的針葉林和闊葉林之中。這些森林為這片土地孕育出夠肥厚的表土和底土，足以讓來這裡開墾的農人不虞匱乏。

然而，隨著人口的增加和大企業的短視近利，人們開始大片砍伐森林、剷除植被，再加上過度放牧和種植，終於導致水土大量流失。水土流失現象今日泛見於緬因州各處。

所以，現在緬因州的開墾者已不可能像早期加州的開墾者或後來的阿拉斯加開墾者那樣，可以指望「瞬間致富」。他們只能胼手胝足，靠著持續不斷耕耘來維持最起碼的生活。不過，這種困境不是不能改變的。有一個可以讓他們邁向富足的不二法門：不斷培養自己田畝的地力。

開墾者一般都是沒有經驗和沒有耐心的。他們總是渴望快速回報，而不願意透過長期的經營去累積成果。其實，他們只要具備一點點勇氣、一個健康的身體，加上培植地力的耐心，那成功就是必然的。我們從自己身上，從鄰居身上，都看到了這一點。

每一年，如果你對田畝的照料得當，那土壤表土的厚度就會隨著堆肥的施用而增加。每一年，你都必須維護土壤鹼度的平衡；每一年，你都必須利用堆肥、沙子、鋸屑、落葉、木炭灰和泥炭蘚，把土壤中的黏土塊析細。每一年，你都必須在土壤中加入更多的氮、磷酸鹽、碳酸鉀，以補充去年因栽種和侵蝕而流失的養份。能夠做到這些，土地的產能就必然會加強。

堆肥是腐敗的有機物質，是根、莖、枝、葉、花、果的理想食糧。製造堆肥一個值得推薦的通則是：盡量不要浪費你手邊的每一樣有機廢物，不要把它們丟棄或燒燬，盡量把它們全部派上用場。

有一年，我們在荷蘭北部參觀一個有機農場，我們問女主人的第一個問題就是：

「你們的堆肥放在那裡？」她指了指給我們看。看得出來，裡面富含廚餘和柔軟的野草，還有大量的卷耳(chickweed)和馬齒莧(purslane)。

我們問她，是不是他們農場的所有有機廢物已全集中在堆肥堆裡？我們會有此一問，是因為眼前的堆肥堆與農場的規模比較起來，顯得有點小。女主人的回答是：「當然不是！我們把菜圃裡的野草和廢物分為兩類：柔軟而適合做堆肥的一類和堅硬而不適合做堆肥的一類。」

我們問她怎麼處理那些不能做堆肥的有機廢物。「我們把它們丟棄在園子邊緣的一個低矮角落。」我們去到她所說的角落，看到一個長長的、隆起的廢物堆，最少有十二英尺長，寬和高則各數英尺。

廢物堆上爬滿荊棘和藤蔓，其間長著一些五六英尺高的蕁麻。這些蕁麻雖然還在發育階段，但卻大棵得像幼樹。我們拔去廢物堆表面一些粗礪的野草，用鏟子把裡面的土鏟出來察看。它們黑得有如諺語裡那頂帽子①。被農場女主人稱之為「堅硬而不適合做堆肥」的堅硬野草，在堆積了十年以後，已經腐敗成約莫四十噸你所能想像最好的堆肥。

類似的事例也發生在我們佛蒙特州的農場。我們楓樹林裡叢生著很多野樹，其中又以常綠的野樹（雲杉、樅樹和鐵杉）為多。每年度的農事結束後，我們就動手砍伐野樹，把砍下來的枝葉堆在一個低矮的地點。三年以後，這些枝葉已經堆積成一座小丘，上面還佈滿層層的落葉。有一次，我們把這堆東西掀開來一看，發現裡面竟藏著從四周楓樹延伸過來的鬚根。同樣的事情你可以在任一個森林裡看到。**大自然懂得怎樣為楓樹製造堆肥**。

我們用於製造堆肥的主要材料包括：每年一次割草時所割下來的草屑；菜圃裡的廢物，像野草、不要的葉子和根莖；海草；來自鹽土草地②的草；鋸屑（只用少量，約佔整個堆肥堆的五%或以下）；還有廚餘。我們把這些東西集中在堆肥區的附近，以便就近取用。

應該把堆肥堆安排在就手的地方，以便需要施肥的時候可以輕鬆取用。應該把它們設在地勢較高的地方，以免它們有被浸泡在積水中之虞。可能的話，避免讓堆肥堆受到太陽的直接照曬。如果天氣太熱和太乾，應該在堆肥堆上澆些水並加上蓋子。

目前，我們把堆肥堆維持在六個左右。這些堆肥堆每個都是六英尺見方，排成一列，每個相隔十八英寸。在每個堆肥堆的四邊，我們圍以直徑兩三英寸、剛好六英尺長的木頭竿子。在砍伐木柴的時候，如果碰到一根直挺而長度又在七十二英寸以上的枝莖，我們就會把它鋸下來，留待以後使用。

當我們累積的堆肥材料到達一定數量，而堆肥區內又有地方騰空的話，我們就會著手建造一個新的堆肥堆。如果地面上有長草的話，應該先把草除掉，以便蚯蚓可以直接從地底鑽入堆肥堆內。

在建築堆肥堆的首先，我們會用四根六英尺長的竿子圍成一個正方形（兩根疊在兩根上面）。在正方形的近中央，我們會再擺上四五根直徑一英寸的竿子（可以是隨意散布，也可以是捆在一起）。它們的作用猶如堆肥堆的水平通氣管。然後，我們會在正方形的正中央插上四至五根同樣大小、綁在一起的竿子，用作垂直通氣管。

接下來就可以進行砌堆肥堆的工作了。最先鋪入的是四五英寸厚的粗糙物料，如野草、草葉、乾草、麥稈和穀稈等。愈粗糙愈好，好讓堆肥堆上層的空氣和水分可以積集到底層裡來。在這上面，我們會鋪上一層一英寸厚的表土或已經爛熟的堆肥（生活在表土或爛熟堆肥裡的昆蟲和細菌可以分解堆肥堆裡的纖維素）。這層表土或堆肥該鋪多厚，言人人殊，不過我們的偏好是一英寸。

如果想製造的是一個鹼性的堆肥堆，我們就會在土壤上頭灑上一層薄薄的石灰石粉末或木炭灰；而如果想製造的是一個酸性的堆肥堆，我們就會灑上磨碎的磷鹽岩。

堆肥堆的第一層次現在完工了。之後，我們鋪上三四英寸厚的海草，再鋪上一層一英寸厚的表土。然後是石灰石粉末或磷鹽岩，再來是一英寸厚的鋸屑。至此，第二層次也大功告成。

如果家裡有菜圃廢物或廚餘的話，就可以拿它們來當堆肥堆的第三層。就這樣，一個堆肥堆可以像一塊蛋糕那樣，一層疊一層（每兩層之間要鋪一層一英寸厚的表土），愈變愈高。我們把每個堆肥堆疊得盡可能高，但以不超過我們方便工作的高度為限。

在溫暖或炎熱的天氣下，藉著發酵的作用，一個五英尺半高的堆肥堆三星期之內就可以達到攝氏六十五、六度。這個溫度可以加速堆肥的分解。在第三星期的最後一天，我們會為堆肥堆鋪上四五英寸厚的乾草，把它「煮」上約莫一個月。

一個月後，我們把乾草掀開，用叉子或鏟子把堆肥移到旁邊的空地。原來位於堆肥堆角落或邊緣的物料，現在會被我們安排在中央位置，其餘的物料則一層一層均勻疊上。

之後，我們會再用麥稈或乾草把堆肥堆蓋上，讓它繼續分解，直至輕易可以用鏟子搗爛為止。這個狀態下的堆肥，已隨時可供施肥之用。過去幾十年來，我們一直沿用這種自製的肥料，而沒有用商店裡買得到的袋裝肥料。我們也從來不使用動物的糞便或遺物（如骨頭或血）來當製造堆肥的原料。我們是素食主義者，不希望我們的作物沾有動物的成分。

我們製造堆肥的方法，改良自一個普遍為美國與歐洲的有機農場所使用的方法。我們把這種自製肥料用於我們緬因州的菜圃，迄今已有二十五年。當初，我們田裡那些黃色的黏土，每逢下雨，就會又黏又硬，但現在，它們已可以入於高級砂質壤土之列。如今，即使我們在雨後立刻工作，也不用擔心農具會被土壤黏住。

還記得接手這菜圃的當初，我們請鄰居雷德曼為我們犁田時（那是我們在緬因州唯一一次使用機器犁田），他曾經預言：「你們不可能把這片瘦田開墾成一個菜圃。」但現在，每年夏天他來訪的時候，都會從菜園的牆後發出讚歎、羨慕的聲音。

我們的成就來自於不斷的灌溉：用堆肥、用沙子、用鋸屑、用岩石粉末。我們的菜圃活生生證明了，就算是一片看來不堪造就的瘠田，也可以經由有機肥料的使用而獲得改善。當然，我們之所以能化腐朽為神奇，時間——二十五年的耐心耕耘——也是一個重要因素。

## 註釋

①美諺中有「像你的帽子一樣黑」(as black as your hat)一語，意為黑漆漆的一團。

②常遭海水淹沒的草地。

---

把廢料堆成堆，它們就會為你帶來收益。

——圖塞爾，《農藝五百要點》，1557

很值得你去試試看，把落葉集中起來，跟白堊和糞便混合，會不會醞釀成很好的堆肥；因為除樹葉以外，你沒有什麼好損失的。

——培根，《物質之林》，1605

把你的物料堆成一個大堆，放置在取用便利之處。堆放的方法如下：先鋪上一層新鮮的天然土壤，再鋪上一層厚厚的糞便，再來另一層土壤，接著，每十層糞便就鋪入一層石灰。這樣就能做出一個令人豔羨的堆肥堆。把它放在有遮陰的地方，以免太陽把它蒸發太多，暴雨把它稀釋太多。

——羅斯（John Rose），《為英國的葡萄園辯護》（*The English Vineyard Vindicated*），1675

收成落葉是農人一項很重要的工作。只要一兩個無風天，他就可以收集到高高一堆落葉。……園藝家非常推許成分中包含著落葉的堆肥。收成落葉是農人一年裡最後一項收成，應該找適當時間全神貫注去做它。

——無名氏，《十畝就夠》，1864

植物就像人和動物一樣，需要比例均衡的礦物質，才能健康成長。養份過多或過少的植物，都易於成為疾病的受害者。

——卡奎（Otto Carque），《關於食物的重要事實》（*Vital Facts about Food*），1940

# 水

人們說「我想買一片田地」這句話的時候，所想到的往往是土地而不是水。但沒有水源的土地不啻廢物。所以，在買一塊田的時候，你不管是為自己、家人、家畜還是作物考慮，都必須把水源列為基本要求。一戶打算自給自足的農家選地的兩大要件是：土地的面積夠不夠用和有沒有未經污染的水源。

我們第一次去看緬因州的農莊時，就向賣主史特加侯斯女士提出水的問題。她很得意地指給我們看那條打從廚房外面彎過的小溪。流動的水，清冷的水，恆常的水。我們還有什麼好不滿足的？

不過，如果除一條小溪以外，我們還可以擁有一個池塘，那就美上加美了。池塘不但便於灌溉，而且可以供人夏天游泳、冬天溜冰。我們有可能擁有一個池塘嗎？據我們觀察，在農莊所座落那片面西山坡地上，好些地方都長著春草或水草，那表示，它們下面應該有地下水。這片山坡還有著一片沼澤地。

要怎樣才能把大約一英畝的沼澤地闢成一個池塘呢？典型美國式做法是把工作委託給包商，花不了幾天功夫，他就可以用推土機幫你把池塘開好（同時留下一山丘高表土、底土、石塊和草根混在一起、難看已極的廢土）。但我們卻另有打算。我們計畫親力親為，使用手工具去完成這件工作。

我們相中的池塘地點乏人聞問已經至少一個世代，白樺、膠樅、雲杉和沼澤類作物長得密密麻麻。一部推土機可以輕鬆把這個年輕叢林給打發掉，但我們卻不此之圖。

池塘預定地的底土是黃色的黏土，大約有好幾英尺厚。樹木的樹根無法穿過黏土層，只能沿著黏土層的表面向四面八方伸張。對付小一點的樹，我們的做法是先把樹周邊的草皮扯掉，再用掘根鋤把樹的邊根砍斷。經過這個步驟，整棵的樹就可以用手拔除。拔下來小樹會砍成一節一節，供廚房生火用，它們是很好的木柴。

至於較大棵的樹，我們會先用鶴嘴鋤在樹的周邊挖一條溝，以掘根鋤把露出的樹根一一斲斷。然後，我們把樹幹從離地二英尺處砍斷，再以鐵棒用力把斷椿從黏土層撬起。大約每撬四個斷椿，我們都能成功撬起三個。

我們不會把這些大樹的斷椿殘枝用火焚化，而是把它們填入一個低矮的地點，堆至與四周的地面齊高。經過幾年時間，因著腐爛、地心引力和冬天積雪壓力的作用，這些樹木殘骸就會慢慢壓實。最後，我們用幾個獨輪車的黏土或其他種類的底土把它們填平。這樣子，透過廢物利用，我們把沼澤的低地填高。

在把叢林清除後，我們往下挖最少兩到三英尺的土壤。當這個工作完成後，原來那些我們撬不動的斷椿，不費多大氣力就可以用鶴嘴鋤或鐵鏟移除。

我們用來運土的，是那種包商使用的專業獨輪車，也就是有著直徑十六英寸輪子、包著充氣橡膠輪胎的獨輪車。當黏土層濕滑時，我們會在上面鋪上木板，供獨輪車行走；當黏土層乾燥時，我們就讓獨輪車直接走在土表上。

挖掘池塘的幾年間，我們一共挖出了為數約一萬六千台獨輪車的土。完成後的池塘，有一條溢洪道和一條緊急溢流管與我們的菜圃連接，這樣，池塘既可供我們灌溉之用，又可充當乾季時的消防水源。

挖築池塘的過程中，有不少人抽空幫忙。最多的時候，和我們一起工作的不下十二人。年齡、性別和種族互異，政治立場和宗教信仰也各不相同。他們願意幫忙，只有一個原因：他們有興趣幫我們的忙。除極少數的例外，這些人都是不領酬的。如果他們待到中午，就會和我們一起享用簡單而豐富的蔬菜午餐。

我們的池塘並不是完美無瑕的，而最惱人的問題就是裂縫。三不五時，池塘會出現嚴重的裂縫，讓水慢慢漏光。這些裂縫，有時會出現在圓周四十英尺長的混凝土池塘壁，有時則會出現在承托著溢洪道的混凝土基座。

為什麼我們花了那麼大力氣去把池塘加固，但裂縫還是會一再出現呢？可能的理由包羅萬象：有可能是一隻老鼠或麝鼠在混凝土裡打了洞，有可能是降在混凝土縫中的霜凝結膨脹，也有可能是混凝土的冷縮熱脹率與四周的土有所不同。即使是蚯蚓那麼小的生物在混凝土裡鑽出來的洞，都有可能給予池塘水衝決網羅的可趁之隙。

有經驗的工程師安慰我們說，這世界根本不存在沒有裂縫的堤壩這回事。這可能是事實。我們研究過海狸所築的水壩，也參觀過一些大名鼎鼎的水利工程（如美國西部的胡佛水壩和埃及的阿斯旺水壩），而得到的印象都是一樣的：沒有一座堤壩可以像它們設計者當初所預期的那麼完美。如果你把水圍起來，即便你所築的圍堵物再固若金湯，假以時日，水都總有辦法在這裡或那裡找到漏洞，洩瀉而出。

當我們的池塘還是一片沼澤地的時候，它就已經是牛蛙和雨蛙的家園。每年春雪開始融解，牛蛙和雨蛙就會用它們的嘓嘓和哞哞，為四周帶來一片勃勃生機。蛙族並沒有隨著池塘的築成而噤聲，現在每年春天，牠們仍然會引吭唱和。停滯的水是最適合蛙族產卵和蝌蚪生長的地方。淺水和泥濘是蛙族的最愛。我們池塘大部分水深都不及兩英尺，真可以說是蛙族的天堂。每年一次，我們把池塘的水排乾，清除積累在池底的淤泥（這時蛙族會暫時他遷）。等鏟上來的淤泥稍微乾一點，我們就會把它們移到表土保留區，讓它們慢慢腐化，再用於農作。

中國人要為池塘排水清土前，會先為魚兒準備一個臨時棲身之所。當池塘裡的淤泥清乾，池塘閘就會放下，重新灌水。中國人會把淤泥和其他可用的廢物和到田裡或放入堆肥堆裡。

我們在北美洲一個小小農場裡做著的事，是一整個中國的農人都在做的事。而中國人在一整個國家裡做著的事，則是蘇聯人在一整個大洲做著的事。透過改變河道的工程，蘇聯人讓一些向北流了數以萬年計的歐亞大河轉而向南，流入中亞地區的沙漠。二十年前，這還只是工程學上的一個夢想，但如今，它已變為現實。今日，有數百萬英畝計的沙漠土地因為獲得灌溉而成為可開墾的農田。再過二十年，很可能世界有很大一部分人口，都會仰賴原來貧瘠的中亞地區來餵養。

和蘇聯人的水利計畫相比，我們池塘的規模就好比一方郵票。儘管如此，它仍然讓我們受惠匪淺：它提供我們灌溉和消防用水、游泳與溜冰的場地，也提供了我們施肥整土的材料。我們挖掘池塘的工作始於一九五三年，距今已有二十五年。但時至今日，我們挖寬和挖深池塘的工作，從未中輟過。

> 任何想蓋一棟宅子的人，都應該把宅址選在河川和森林附近。河川和森林所提供的開闊空間，對身體健康有莫大裨益。少了河川和森林兩者的任一，都會帶來極大不便。少了河川，就沒有水可供洗滌；少了森林，就沒有木材可供煮食。兩者之中，又以缺水比缺木材更不便。
>
> ——布爾得（Andrew Boorde），《健康飲食指南》（*A Dyetary of Health*），1542

關於一個菜圃的坐落，最有益的地點（正如普林尼所說的）是微陡的山坡，有幾條相隔一段距離的小水溪，流過菜圃。……水是作物極重要的滋潤者。一個菜圃必須常常灌溉，因為（正如普林尼所說的）常常灌溉，播下的種子才會長得高、長得快、長得大。

——海爾（Thomas Hyll），《第一本園藝書》（*First Garden Book*），1563

春季灌溉應在早上，夏季灌溉應在傍晚，冬季則不宜灌溉。灌溉時要輕柔，不宜太用力，因為太用力，水就會讓地面變硬，無法滲透到土裡去；所以，灌溉應該仿傚天降小雨的模樣。

——伊夫林，《園藝者指引》（*Directions for the Gardiner*），1687

農莊旁邊有水池或有小河經過的人是幸福的，因為他們灌溉時不必花什麼氣力。

——迪內，《新英格蘭農人》，1790

有流水在你家附近是很棒的事，它可以供人浮游，又可以供人灌溉。

——梭羅，《湖濱散記》，1854

# 我們的現金來源：藍莓

在美國，即便有能力維持自給自足生活的小農戶，也必須種至少一種經濟作物，以換取現金。生活在以金錢作為交換手段的現代社會裡，沒有一點金錢是寸步難行的。不說別的，單是購買郵票就不能沒有現金。

我們所消耗的食物與燃料（汽油除外），八五%都是自己生產，另十五%則透過金錢購買。除此以外，我們買工具、替換品、備用零件的時候需要錢，每年付稅款的時候也需要錢。我們所穿的衣服，有些是自己縫的，有些則買自廉價舊貨店或清倉大拍賣（只有少數衣服是買新的）。我們從不購買酒、咖啡或香菸等刺激品。我們所讀的書籍、刊物、所用的郵票和文具，全由我們所隸屬的社會科學機構提供（我們所有的版稅與講學費用也全歸這個機構所有）。至於旅行的花費，則由邀請我們演講的單位支付。

由於我們被一個金錢經濟體所四面包圍，所以每年總需要一個起碼數量的金錢。為免成為信用卡和利息的奴隸，我們恪守現金購物的原則。

定居佛蒙特州之初，我們原預期現金收入會來自林場①的產物：如鋸材原木、木柴、竿子、可供裝飾用的樹葉等。不過，一年後我們發現，種植楓樹和製造楓糖才是最簡易的生財之道。

搬來緬因州以後，我們賣了幾年萵苣、波菜、蘆筍、鷹嘴豆與其他蔬菜，以換取現金。最後我們認定，藍莓才是經濟作物中的首選。

佛蒙特州過去曾是野藍莓與野黑果(huckleberry)遍佈的地方。住在佛蒙特州的時候，我們常常與鄰居談論種植藍莓的可行性，最後並決定著手試種。一開始，我們試種了不到一百棵兩歲大的混種藍莓，揀選試驗它們的耐寒度。雖然等了三、四年，才有第一棵藍莓結出果子，但到一九五二年我們搬家他去時，我們的努力已得到實質的回饋。這個實驗讓我們知道，即使在冬天零下華氏四十五度的低溫，耐寒品種的藍莓都有可能存活和結出可觀的果實。

韓考克郡(Hancock County)——我們農莊所在的郡——是緬因州的一個「藍莓郡」。每年，郡農業顧問都會對種植野藍莓的農家發出一系列信函，提醒他們各種事項。我們曾經造訪郡農業顧問，請教他種植混種藍莓的種種。他的忠告簡短而權威：「不要花太多錢和時間在它們上面；它們絕對熬不過緬因州的冬天。」但我們卻有所存疑。佛蒙特州要比緬因州冷，而既然藍莓在佛蒙特州活得過冬天，在緬因州就沒有理由活不過。我們選擇位於池塘預定地東面、一片面南和面西的山坡砂土地，作為藍莓的種植場。這塊土地乏人聞問已久，野草野樹蔚然成林，其中有些白樺和雲杉，直徑粗達一英尺。

我們在這個年輕的茂密森林裡開闢出一片約一百平方英尺的空地。在砍伐樹木的時候，我們盡可能把它們齊地面砍斷。我們把砍下的樹枝樹葉填入鄰近一條小水溪旁的一個凹洞裡，至於樹幹，則砍成一段段，用作柴薪。到了秋天，我們在整片種植場撒上一層雲杉鋸屑，再鋪上盡可能多的腐壞乾草。我們並不進行翻土或耙掘的工作，也沒有把斷樁殘根給挖掉，只打算把藍莓的植株種在它們周遭。(這些斷樁殘根會隨歲月而腐爛，增加土壤的肥沃度。所以，雖然最初種植場裡斷樁遍佈，但大概十二年後，整片種植場已再也看不見一根斷樁。）

第二年春天，我們用木樁在種植場內標出六×六英尺的一格一格，在每格各挖一個大洞，再把二百二十八棵藍莓植株埋入洞中。埋好後，我們往每一個洞鏟入土，用腳踩實。我們並不施肥。

有名字的混種藍莓，約在五十種以上，它們有些早熟些，有些晚熟些；有些果子大些，些有果子小些；有些耐寒些，有些纖弱些。我們從五十種混種藍莓挑了二十種來種。透過這種雜種的方法，我們就能把從七月末開始的採收季延長至寒冷的九月末或十月初。

我們每年收成多少藍莓？一九五七年是五・五夸脫，一九五八年是六〇夸脫，一九六〇年是一二〇夸脫，一九七〇年是一〇三四夸脫，一九七一年是一二九六夸脫。一九七一年是最豐收的一年，自此以後，收成量都維持在八〇〇夸脫上下。

我們的藍莓樹叢備受寵溺。它們被修剪得好好的，也被施肥得好好的。最初，我們為每一叢藍莓所預留的空間，是六×六英尺。稍後，當我們透過經驗得知它們能長到多大以後，便把空間擴大為七×七英尺。不過，如果你是要種藍莓，我們建議你留八×八英尺的空間，因為我們發現，有些較大叢的藍莓有可能長得超過七×七英尺，讓我們在修剪這件事情上花相當大的氣力。

像大多數果樹一樣，混種藍莓一旦種下，就能活最少二十至二十五年。在第二年以後，一株藍莓的產量就會下降。你可以把它挖出來換掉。不過，如果你換上的是一棵新的兩歲植株的話，它們至少需要四到五年才會結出果子。

為防果樹在採收季節被飛鳥啄食，我們用鐵絲網和二手尼龍魚網在種植場架起一個保護網。用來支撐保護網的雪松木每根高七英尺，所以，我們把每一叢藍莓的高度修剪在七英尺以內。

我們盡量讓每一叢藍莓的主幹維持在六到七根。這六、七根主幹中，有一、兩根應該是新幹，有三、四根應該是老一點的幹。這個方法可以讓種植場裡的藍莓每三年就完全換新一次（兩歲的藍莓植株是最質高量豐的）。

有一種稱為女巫掃把的寄生蟲，常常會侵害藍莓，有時出現在藍莓的根部，有時出現在上方的枝葉中。不管牠們出現在那裡，我們都一律把牠們所寄生的嫩枝給剪掉。

種植藍莓初期，我們習慣一年施兩次肥，一次在春季剪枝之後，一次在生長季將要結束。不過後來我們發現，在生長季結束時施肥，會刺激藍莓的生長，反而會讓它們在冬天冷死，自此以後，我們改為只在春天施肥。剪枝的工作我們會在晚冬的天晴日子或春天花蕾還沒有開放以前進行。為求獲得最多和最好的收成，我們對剪枝和施肥這兩件工作投入相當大的心力，而我們的付出也獲得了合理的回報。

春天的施肥緊接在剪枝之後。對每一叢藍莓，我們會用約一磅的大豆屑施肥。如果大豆屑稀少或價錢太高的話，我們就會用棉籽屑、亞麻籽屑，萬不得已的時候則用玉米粉來代替。在大豆屑之上，我們會施以一層堆肥（大約是每叢藍莓八到十五磅，視乎一叢藍莓的大小與外觀而定）。在堆肥上面，我們會撒上鋸屑，然後在叢與叢之間的地上鋪上乾草或麥稈。如果一片乾草在除草或採收時被我們踩塌，我們就會換上一片新的。

藍莓喜歡酸度有點高的砂土或礫土，所以，我們施肥時並不使用石灰和木炭灰，以保持土壤的酸度。每次施肥，我們都會加入大量的泥碳蘚。在密西根，我們甚至看到過有把一整片種植場設在泥碳沼裡的（密西根是個泥碳沼很多的地方）。那些藍莓樹齡大約已經有十年，看起來仍然狀況良好。

誰負責採藍莓？一般來說都是我們夫妻倆，因為我們有經驗，分得出哪一顆果子已經成熟，哪一顆還沒有（如果你在果子成熟以前摘它，味道就會帶點酸）。有時候，我們也會有一些義工分勞，他們的採收總量大概佔全部收成的四分之三。不過，有幫手也有有幫手的麻煩。通常，採摘的新手都喜歡挑果子大顆的藍莓樹叢來摘，而把果子小顆的樹叢擱著不管。他們還會吃掉為數不少的果子。有一次，一位來買藍莓的女士問我們：「如果由我自己來摘，價錢可不可以算便宜一點？」「不行，」海倫回答說：「妳自己摘的話，價錢反而要高一點，因為妳採摘的時候肯定會把它們吃掉不少。」

採摘藍莓的工作輕鬆而愉快。在小鳥嘰啾、蛙鳴嘓嘓、清風徐來、陽光普照的日子，採摘藍莓可說是一大樂事。如果採摘環境夠好，手腳快的人一小時就可以採收到十至十二夸脫的藍莓（所謂採摘環境夠好，是指藍莓都成熟而產量豐，兼且沒有人一直纏著你聊天）。

藍莓成熟以後，如果你不把它們從枝頭上摘下來，它們會一直保持新鮮（草莓則相反，它們一旦成熟，就必須盡快採摘）。放在冰涼的地窖裡，藍莓幾天甚至幾星期內都不會出現明顯的軟化或走味。這一點，草莓和覆盆子就辦不到的。

沒有不愛吃藍莓的人。起先，有一些鄰居揶揄我們的藍莓「比不上野生的藍莓，淡而無味。」但嚐過幾次我們相贈的藍莓以後，他們開始主動向我們購買。動物也喜愛藍莓，尤以鹿隻和浣熊為然；很多種鳥類也是藍莓的嗜食者，其中包括胃口奇大的海鷗。

自從我們種的藍莓第一次結果子以後，就從未有過失收的記錄。藍莓的果子量，會隨每一年氣候狀況的差異而有起伏。不過，即便是產量相對較少的那些年份，收成量仍屬相當可觀。

**註釋**

①林場指附屬於農場的林地。

---

有些人是不思進取的。除非你向他們許諾金山銀山，否則他們不會有興趣嘗試新的計畫，不會提得起勁做任何額外的工作。

——艾略特(Jared Eliot)，《新英格蘭農耕飼養業論文集》(*Essays upon Field-Husbandry in New England*)，1760

懂得如何運用管理一筆小錢，更勝擁有一筆大錢。但萬萬不能連一點點錢都沒有。人真正需要的不是一筆大錢，而是一份固定收入像小溪一般源源不斷的。

——庫柏（William Cooper），《原野生活指南》（*A Guide in the Wilderness*），1810

園藝不但有益身體，而且可以創造利潤。但這個利潤不是以所創造的金錢來衡量，而是以所儲蓄的金錢來衡量。

——費森登（Thomas G. Fessenden），《新美國園藝者》（*The New American Gardener*），1828

擁有一定量的金錢，在現今的社會秩序下，對任何人都是必要之舉，但超過這個必要之量，金錢就是一種奢侈，一種你可以選擇沈迷或不沈迷於其中的奢侈。但有好些奢侈是你我有權去擁有的，像感恩的心、鄉居生活和情投意合的女性。

——史蒂文生，《人與書》，1888

不要因為你收入微薄，必須過捉襟見肘的生活而絕望。節制慾望、儲蓄和省吃儉用可以讓你擺脫困境。

——阿貝爾（Mary Hinman Abel），《收入中庸或微薄者的衛生與經濟飲食之道》（*Practical Sanitary &Economic Cooking Adapted to Persons of Moderate & Small Means*），1890

過你收入許可範圍內的生活，把收入用在你最真正的需要上。……應該把生活標準定得略低於收入——這裡的「收入」是指你肯定會有的收入而非你猜測會有的收入。

——理查茲（Ellen H. Richards），《遮風蔽雨窩的代價》（*The Cost of Shelter*），1905

# 樹木

兩極之間的每一個氣候帶都各有與其相適應的樹種，緬因州亦不例外。整個緬因州都遍生著野蘋果樹。起初，緬因州的蘋果樹，結的都是酸蘋果，食用價值很低。拜阿卜西得(Johnny Appleseed)①和他同代人把歐洲種的蘋果樹引入新英格蘭，今日緬因州的鄉郊地區得以被各式各樣的蘋果樹所點綴。

我們緬因州的農莊坐落在一個非常適合種植果樹的地點。一百年前，這個農莊有很大面積都是蘋果園。一九五一年我們接手這座農莊的時候，看到一些老蘋果樹還都結著果子（它們有一些肯定有百歲以上的高齡）。

每年疏伐②林場期間，如果我們發現具潛力的蘋果樹，就會把它四周的土地清出來，供其生長擴張。據我們觀察，蘋果樹就像森林類型的樹木一樣，成長過程中會與四周的樹木爭地爭太陽。

在藍莓種植場附近，就長著一棵為爭取太陽而拼命往上長的蘋果樹。它的花和果子都開在頂部，樹頂離地有四十英尺高，近基部的樹幹粗約八英寸。這棵樹看起來很有生命力，所以我們就把它四周的地清出來。它結的是中顆的青蘋果（全結在樹頂），每顆都受到黑星病的感染。

我們有沒有可能把這棵野蘋果樹馴化，讓它結出讓人垂涎欲滴的果子呢？我們決心一試。

我們爬到蘋果樹離地面約十五英尺的高度，然後把樹幹五英寸粗以上的部分鋸了下來。換言之，我們把蘋果樹一切為二。我們把剩下的半棵蘋果樹修剪得猶如一棵果園裡的果樹。接下來的三四年，它開的花和結的果都很少。但現在，這棵青蘋果樹的模樣，已長得和在果園裡土生土長的蘋果樹一般無異，而結出來的蘋果，也是又多又好。

接手緬因州農場之初，我們在菜圃附近也發現了兩棵長得很貼近的野生蘋果樹。

它們離一條溝道離得很近，以致部分根部被溪水所漫過。其中一棵蘋果樹以二十度角微微傾斜。兩棵樹都是自生自長的，結的都是科特蘭(Cortland)品種的蘋果，但就我們觀察，並沒有接枝過的痕跡。傾斜的那棵蘋果樹比不傾斜的一棵看起來更有生命力，結的果也較多。它們所結的蘋果，榨成汁或製成果醬後，都相當美味。

為了好好培植這兩棵蘋果樹，我們先把打它們旁邊經過的溝道移開。經過大力灌溉和加覆，它們的果子產量和品質俱見提升。兩棵樹原來都染有黑星病，如今病情已顯著減輕（我們並沒有噴灑殺蟲劑）。我們對它們的修剪不遺餘力，只要看到有斑點或被蟲蛀的蘋果，都會摘下來。在豐收的年份，兩棵果樹的產量都很可觀。像一九七五年，我們就摘得共二十五蒲式耳(bushels)的蘋果。它們不但個兒大，品質也很上乘。我們把它們收藏在室外地窖，一直可以保存至來年的初春。

我們一直談果樹，也許會讓讀者誤以為，我們農場裡樹木的最主要產品就是果子。這當然不是事實。從古至今，樹木對人類的最大獻禮，莫過於木頭：當燃料用的木頭、建築用的木頭、製家具用的木頭，還有造紙的木頭。

離現在沒有太久以前，美洲、亞洲和非洲都是有大面積處女森林的地區。但隨著世界人口的膨脹和對木材需求量的激增，這些地區的處女森林正承受著空前未有的壓力。

論適應能力，樹木要比其他種類的作物來得強。不管是陡峭的山坡、狹窄的山谷、稀薄的土壤或惡劣的氣候，舉凡不適合農耕或園藝的地區（新英格蘭大部分地區都屬於這個範疇），種植樹木都是不二的選擇。新英格蘭曾經是上好木材重要產地，如今已盛況不再。我們有理由相信，如果人類能遷出新英格蘭一或兩個世紀，那這裡的森林，就能恢復往昔的茂盛。

善耕的中國人和阿爾巴尼亞人對土地利用的問題經過全盤思考以後，歸納出一條公式：山區或林木線③以下的陡坡應該種樹；較平緩的山坡，該闢成果園或葡萄園；平坦的地區則應該種植莊稼。按這個公式，那緬因州就有很大部分面積應該闢成林場。

在新英格蘭，任何看重林場收益的農家，都會把疏伐林場的工作列為重點項目。我們為林場進行疏伐時，遵循一個簡單的原則：先判斷某一區（沼澤、岩石地或坡地）最適合哪些樹種生長，再決定應該讓樹與樹之間保持多大距離。後者的答案端視一片樹林的年齡和樹種而定。例如，可以當作聖誕樹賣給商人的膠樅，就應該留一個六×六英尺的空間供它生長。當它們生長到六×六英尺大的時候，我們就會在每兩棵中抽走一棵。不應該讓樹木互相碰擠，但可以讓它們密湊到陽光照不到地面的程度。

我們林場的主要產品包括取暖和烹飪用的木柴，以及賣給製紙工廠的圓木。如果可能，用於取暖的木柴應該包括硬木在內。但在我們所居住的那一帶海岸區，硬木相當稀少。生火生得最旺的硬木是橡樹和山毛櫸（我們這一帶完全沒有），其次是黑櫻桃和白蠟樹，再其次的是雲杉、鐵杉和膠樅。

如果有利斧或利鋸在手，那想砍倒一棵樹，並不是什麼難事。要砍一棵直徑八至十英寸粗的小樹，可謂輕而易舉，但想砍倒大一點的樹，特別是樹基粗壯的大樹，就要費事一點。要砍的如果是極大的大樹，則難免都會帶點危險性。熟練的伐木者事前就幾乎可以精確預知一棵樹會倒向何方。

樹木倒下以後，就應該把所有的枝條削去或鋸掉，再把樹幹鋸成一段一段。從事商業砍伐的伐木人只會在意那些能鋸成圓木和製漿木(pulpwood)的樹幹，對於細小的枝條，則不屑一顧。不過，對我們來說，避免浪費是一個重要原則。所以，我們也會把那些被專業伐木人棄如敝屣的小枝條收集起來，鋸成適合放入火爐的長短。就我們的經驗，小枝條風乾後的生火能力，決不亞於任何大枝條。它們容易切割，火也生得很旺。

我們的農莊有五分之四的面積是林場。每年，我們會對其中五分之一進行除草砍樹的工作，使之成為乾草場。乾草可以用作菜圃的覆蓋物或製作堆肥。

我們並沒有割草機。我們一年會用得著割草機的時間，大概是六到八小時。我們起初的構想是，有用得著除草機時，再雇請附近的鄰居，帶割草機來為我們割一兩小時的草。但後來我們發現，附近擁有割草機的人並不多，如此一來，割草的事，就只有靠我們用大鐮刀自行料理了。因此，一年總有兩個月，你會看到史考特每天大清早在林場裡揮舞大鐮刀，作為早餐前的運動。去年夏天，有八到十個鄰居，手揮大鐮刀，幫我們除了一整天的草。一群男女老小彎腰在草場裡幹活的情境，活脫脫是布勒哲爾(Breughel)油畫的畫面。

過去二十五年來，透過砍樹和除草，我們不知不覺間讓農莊裡的林間空地擴大了不少。如今回想起來，我們很後悔這種與大自然意志背道而馳的做法。

幾乎所有新英格蘭農家都會想多開闢一些林間空地。他們把樹木（不管是大的小的、一年生終年生的）統統砍斷，挖出樹根，任由泥土暴露，飽受風吹、雨打、日曬、火燒。你一定會想，在不斷的侵蝕下，假以時日，地表的泥土定必會流失無餘，僅剩下袒露的岩石。但這樣的情形實際上卻並未發生，相反的，新英格蘭的山坡和山谷在相當程度上依舊蓊鬱蒼翠。

大自然的自我再生過程是永不止息的。任何企圖保持其林間空地淨空的新英格蘭農民，都必須擁有海克力士(Hercules)④的力氣。你有可能阻緩樹林的生長，但卻不可能讓它終止。期盼樹林不再生長，等於是期盼水往上流。沒有持續不斷地除草砍樹，你根本不可能讓一片土地保持光禿禿。只要你擱著一片空地不管，那一段時間之後，它就會長出野草，繼而長出赤楊和樺樹，繼而長出桉樹和軟楓樹之類的半硬木；等土壤積得夠肥夠厚，黃樺樹和硬楓樹就會長出，而最後破土而出的，則會是雲杉、松樹和鐵杉。

在歐洲人來到北美洲之前，緬因州是個華麗參天大樹密布的地方。一度，緬因州是世界的木材之都，生產這個地球上最適合造船用、最上乘的木材。但現在，大樹已屬鳳毛麟角。那些曾經覆蓋緬因州大片面積的松樹和鐵杉，現在只能往故事和歌謠裡找。任何樹木生長到稍為大一點，就會馬上被砍下，匆匆忙忙送入製漿廠，製成新聞紙。這種急功近利的做法擾亂了森林自我再生的過程。現在，緬因州所需的第一流木料，全都仰賴從北美東南、西北、挪威、瑞士和蘇聯輸入。

如果緬因州的州民能暫時收起他們的斧和鋸，以緬因州的氣候和土壤，加上大自然的自我再生能力，那幾代以後，那種參天大樹林立的盛況將可望復見。

## 註釋

①阿卜西得：十八世紀美國的拓荒者與果園種植者。

②砍伐一片林場或修剪一棵樹木，使之稀疏化之謂。林場太茂密，反而不利樹木長得壯實，故有定期疏伐之必要。

③山區或高緯度地區樹木生長的上限線。

④海克力士：古希臘神話中的大力士。

---

我是你凜凜寒夜的溫暖之源，是你炎炎夏日的遮蔭之物。我的果與汁可滋潤你旅途上的渴。我是你屋宇的樑，你房舍的門，你躺臥的床，你造船的木料。我是你鋤頭的柄，你搖籃的木，你棺槨的四壁。

——馬德里一個公園裡樹上的一面牌子

---

樹：大地最華美盛麗的產品。

——吉卜林（William Giplin），《森林小語》（*Remarks on Forest Scenery*），1791

在美國，很少農場沒有一片或以上的林場，它們可以為農場主帶來便利和收益。只要利用餘暇在林場裡工作，農場主就可以獲得燃料；林場還可以提供他建築用的木材。……在大部分的林場，大自然都會選擇自己偏好的木種來繁殖；必須承認，大自然所選擇的木種，很少會和農場主的利益相悖。

——亞倫（R. L. Allen），《美國農場手冊》（*The American Farm Book*），1849

根據農人的一般估計，林場的產物所提供的收益，可以涵蓋他們地租的百分之六。林場並不需要照料，所以農人大可安心睡覺或旅行。除火以外，林場沒有任何敵人。

——愛默生（Ralph Waldo Emerson），〈鄉村生活〉（Country Life），載於《知性的自然史》（*Natural History of Intellect*）第十五期，1904

迄今我們都把談論集中在食物上。但這是理所當然的，因為食物是土地所能生產最重要的東西。不過，土地也會生產一系列不可吃的東西。以林場來說，專家就指出，樹木的收益比穀物的收益還要高。

——提羅，《我們為尋樂而下田並使它成為有償的娛樂》，1938

# 劈木砍柴

劈木砍柴所需要的，只是一些簡單的手工具，任何人稍加學習，都可以運用自如。與其呆坐在電視機前面，倒不如把時間用來劈柴要有益健康得多。上了年紀的人從事劈柴，不但可以活動活動筋骨，還可以為家庭帶來實質的貢獻。

上一次到英國旅行的時候，我們順道探望了一位家住倫敦近郊的朋友。互道問候之後，史考特就邀請主人把他帶到後院放置木頭堆的地方。前不久，我們這位朋友才從鄰居那裡帶回來一堆蓋房子用剩的木頭，堆放在後院，準備鋸成木柴的長度。

史考特謝過主人，就挽起袖子，利用兩把新磨過的鋸和一把利斧，自由自在地消磨一早上。過了幾天坐飛機、住旅館的生活，有機會劈上幾小時的柴，對史考特來說真是一大享受。

和史考特一樣酷愛砍柴的大有人在。《紐約論壇報》前主編格里利在其一八六八年所出版的《一段繁忙生活的回憶》一書中，就曾經這樣寫道：「**樹林是我的特別公館**。只要騰得出一個星期天來從事農作，我都會把相當時間消磨在樹林裡。斧頭是人類發明過最有益健康的工具，對作家和其他需要長時間伏案工作的人尤其如此。斧頭可以加闊他們的肩、擴大他們的胸和開張他們的肺。如果每一個十五至五十歲之間的人每天都能運斧砍柴兩小時，那消化不良將會從地球絕跡，而風濕也將會成為稀有疾病。我是個差勁的劈柴人，但**斧頭是我的醫生與歡樂**。我期盼，我們的所有的男孩都會愛上斧斤。」

我們取暖和煮食的燃料都是木頭。由於我們自己就擁有林場，所以對木頭的需要不假外求。我們算過，住在緬因州，我們每年的木柴消耗量，烹飪和取暖分別都是約四考得(cord)①。

一片十英畝的林場，如果照顧和疏伐得宜，就可以完全滿足我們的木柴需要量。我們的木柴供應源主要有兩個，一是我們那片大約十五英畝見方、新舊樹雜生的林場，二是打我們房子附近拐過的小河灣。每次漲潮或暴風雨過後，小河灣的灘岸上都會堆滿漂流木。偶而，甚至會有一整棵樹沖上岸來。

像去年，就有一棵五十一英尺長的樹被沖到河岸上來。它較粗那一頭徑長兩英尺，由於吸了水，變得相當重。從樹身上許多極大的結節看來，它應該是一棵鐵杉。我們在灘岸上把它鋸成十二塊，扛上小貨車，運到林場，插在土裡，像英國巨石陣②一樣排成一圈，予以風乾。之後，我們把它們劈成小塊，收藏起來。

我們用來生火的木頭中，大約有一半是漂流木。漂流木不能算上好的柴薪，因為它們在燃燒時會產生木餾油，導致煙囪阻塞。不過，我們還是喜歡用它們來生火，一來可以廢物利用，二來可以減少河灣岸邊的垃圾。

我們把從林場砍來或從河岸邊撿來的木頭鋸成三種規格：八或十二英尺長的圓木；三十八或四十八英寸長的木柴塊；至於其他性質的木頭，則鋸成可以放入火爐爐膛的長度。

新英格蘭的海岸地區多霧多雨，風勢凌厲，陰雲常駐，不是個有利於木材乾燥的地方。當你切割完木材後，固然可以先把它們放在露天的地方，稍事風乾或曬乾，但如果你始終不把它們放置在有遮蓋的地方，就難望它們會乾燥得徹底。

在露天風乾木柴的階段，我們會把樹枝和樹幹切割成五英寸粗、八英尺長的一根根，疊在一起，最下面放上兩根相距四英尺的木竿或小圓木，作為墊木。墊木的功用在於防止木材與地面接觸，吸入濕氣而腐爛。如果木頭堆裡圓木數量多的話，宜於每若干層圓木就插入一些木竿或木條，作為分隔，便利空氣流通。

從前在奧地利山區旅行的時候，我們還學來一個可以防止木材與地面接觸的好方法：把它們搭成帳篷式的結構。方法很簡單。先是把一根八至十英尺長木樁插在地裡，再把木頭一根根挨著它依同心圓狀排列即成。這樣排列的木頭，因為沒有整根平躺在地上，所以較不容易吸收濕氣。即使遇雨，也能迅速把雨水滑走。

有鑑於新英格蘭潮濕多雨的氣候，建造一間柴棚作為木柴的儲存之所，幾乎是必要之舉。

柴棚是最簡單的建築。柴棚四面應該採開放式，以便讓最大量的新鮮空氣和陽光流通。我們把柴棚蓋在一塊岩石露頭上。第一步要做的工作是建立四個柱墩。我們挑了四塊裸露的石頭（它們的距離是十二×十四英尺），在上面各架上一個彼此齊高的版模（離地十至十八英寸），然後灌入由六份礫石、兩份沙子與一份水泥攪拌而成的黏稠混凝土。

我們在柴棚的四邊各疊上四堆二英尺長的木頭堆。在它們的合圍下，只有最細的細雪可以借助強風之力捲進柴棚的內部來。這樣，即使是下雨天，我們也不愁沒有地方可以做鋸木柴的工作了。

在柴棚裡，我們除了放有一把老斧頭或一個木漿材搬鉤(pulp hook)以外，還放著一組供量度長度用的木條。有十六英寸長的，有十九英寸長的，也有二十四英寸長的。每條木條的長短，都以蠟筆在上面標明。我們在每條木條頂端穿孔，以便懸掛在柴棚的柱子上。

只要左手一根丈量用的木條，右手一把三十英寸的弓鋸，我們就有辦法把任何八九英寸粗的木頭切割成需要的長度。

在下雨天無事可做的時候，我們會到柴棚來做做鋸柴的工作。除了有三把三十英寸長的瑞典木漿材鋸(pulp saw)以外，我們還有兩把瑞典弓鋸，一把三十六英寸長，一把四十二英寸長，可用於鋸直徑八英寸以上的圓木。

對一般的農場來說（即便是小農場），能不能保持工具的清潔和井井有條事關要緊。農場每一季都有不同的工作，派上用場的工具也各有不同。有時，甚至每一天或每一小時所需用到的工具都會各不相同。如果工具每次用完都立刻歸好位，那下一回就不愁找不到。

我們的柴棚裡除備有斧頭與木漿材搬鉤外，還備有鋸、鏟子和叉子。我們經常把鋸磨利，每把鋸都有固定的位置，用完後立刻歸位。如果每件使用過的都能加以清潔和歸位，那下次有需要的時候，就唾手可得。保養得法的話，這些工具是可以用上一輩子的。例如，柴棚裡就放著史考特年輕時代（一九〇〇年前後）就開始使用的一把斧頭。那是一把雙刃斧，帶有一根三十英寸長的山核桃木把手。沒有錯，它的斧刃是已經有所蝕損，但把手卻依舊牢固，是一件很就手的工具。我們現在主要用它來做挖掘的工作。

每天早上或下午的工作告一段落，我們就會把用過的工具集中起來，用粗麻布條加以抹拭，然後歸回到柴棚裡固定的位置上。像混凝土攪拌器那樣的大型工具，如果想保持其性能良好，那麼每次用過以後（不管大用小用），就務必要加以清洗和刮削。

獨輪車是我們最喜愛的工具之一。我們擁有四輛車頭附有傾卸器的專業手推車，我們一般用它們來搬運量大或質重的東西。至於搬運混凝土的工作，我們過去一直都是使用獨輪車。幾年前，我們發現一種佛蒙特州生產的夾板手推車很好用，才改用它來搬運混凝土。它有兩個輪子，所以需要的走道比獨輪車來得寬，收藏起來也比較佔空間，不過，它的承載量比獨輪車要大。對於運載量多而質輕的物料（如乾草），這種兩輪車比獨輪車更為勝任。

如果你的住處是個船艙或只有船艙大小，那除了保持整潔外，你自是別無選擇，因為在空間有限的情況下，髒亂是不能容忍的。不過，如果你的住處換成是個一兩英畝大的農莊，那保持整潔的重要性就不會那麼顯而易見，而髒亂也就有了可乘之機。偶而把一部舊機器、一輛舊車、一把壞了的手耘鋤或乾草叉棄置在前院、後院或林場裡，看起來並沒有什麼大不了，只不過，久而久之，棄置物日積月累，你的農莊就會變成一個垃圾場。想過有品質的生活，保持林場、柴棚、工具棚、院子和房子的整潔井然是很必要的。

堆疊木材是件很講究技巧的事，如果不得其法，你堆的木材堆早晚都會垮下來。標準規格的木材堆（四英尺長）一般都不太容易垮，除非你把它堆得超過六英尺高。但短於四英尺的木材就另當別論了。我們柴棚裡的所有木材，長度都在四英尺之內。我們那些十六英寸長的木材，如果疊超過三或四英尺，經常會出現問題。假如你在的柴棚夠大，你大可以把十六英寸長的木頭隨便放，讓它們自然成堆。像史考特的祖父和外祖父，就都習慣這樣子。他們的柴棚都大得可以（大得超過需要），所以，他們就任由木柴隨便湊合成一堆堆，直達屋頂。

不過，我們兩夫妻卻喜歡看木頭堆疊得井井有條的模樣。四英尺長的木頭堆都不會成問題，但如果是十六英寸長的木頭堆，而你又把它們疊得超過四英尺高，那就要注意了。一疊三、四英尺高、十六英寸長的木頭堆，要是疊得夠技巧，看起來就有如一件藝術品。如果你要再講究，可以拿一塊六英寸寬、三四英尺長的木板，靠在木頭堆的一邊或平放在木頭堆的最頂，然後用一把輕斧頭，把每根木頭凸出於板外的部分削齊，這樣，木頭堆的邊邊看起來就會像牆壁一樣平整。

大部分新英格蘭農民在修剪或砍伐樹木以後，都會把那些直徑小於一英寸的枝條留在原地，不屑一顧。我們則不然，即使直徑小於一英寸的枝條，也會被我們拾起來，製成束薪使用。我們這樣做，一來是為了減低森林火災的危險，二來是為了彌補漸見一減少的林木供應量。

我們製造束薪的技術沿襲自歐洲的傳統。西歐大部分地區要找可燃物都相當不容易，所以當地的居民對木頭分外珍惜，即使是零枝碎木，都會被他們撿起來用作烹飪和取暖的燃料。為了有效利用這些零枝碎木，歐洲人把它們切割成相同長度，再用草或舊繩子捆成一紮一紮，是謂之束薪。

我們設計了一種簡便的容器，來存放柬薪，它由一塊底板，兩塊邊板所構成。底板最少要八英寸寬，兩邊各釘一塊垂直四英寸高的板條。另在兩塊邊板的上沿相隔若干距離各切兩個凹口。把收集來的細枝條放入容器中，再用兩根繩子把細枝條用活結綁緊（繩子套在邊板的凹口裡），即成方便收藏與取用的束薪。這樣一個容器可以放入十二根以上的細枝條。

我們不知道美國還有那個農人，會像我們夫妻那樣，費事去收集零枝碎木，做成束薪。不過我們覺得，這真是一個廢物利用的美妙方法。

有關柴薪的種種，就談到這裡為止吧。人對待任何工作，都可以有兩種不同的態度：一種是馬馬虎虎的態度，一種是認認認真真的態度。製作柴薪也是一樣，你既可以以無聊的苦差視之，也可以把它當成藝術來經營。但認真的態度絕對值回票價，因為它可以帶給工作者快樂與滿足感。

我們生活在一個瓦斯、天然氣、汽油、電力大行其道的時代，熱力和動力垂手可得。不過，這些化石燃料並不是無限的，隨著人口和能源消耗量的增加，它們的蘊藏量會日少於一日，而售價則會日高於一日。一九七〇年代的石油危機已讓人類預嚐了化石燃料短缺的苦味。

購買和使用化石燃料有違經營真善美生活應該信守的一句基本格言：「服務自己」。那些能夠從自己林場獲得足夠柴薪供給的人，等於擁有了一個無價的經濟保障。

**註釋**

①「考得」是木柴堆的計算單位，每一考得的大小為八×四×四英尺。

②英國巨石陣：由圓形巨石所構成的一組石柱體，位於英格蘭索爾茲伯里以北約十五公里處，為英國最有名的史前遺址。

---

在我們把木材運到家裡以前，我們已受了它最大的惠。……它會溫暖我們兩次，第一次是最全面和最堪回憶的，與之相比，第二次的溫暖只不過像是一堆焦炭。……想想看那個股票經紀是怎樣獲得他冬天的木柴的。……他拋開生活，匆匆忙忙坐車趕到波士頓，在股票市場從事股票買賣——靠這樣來賺

取買燃料的錢。我在一個偶然的機會和他認識，從他那裡獲知他所從事的那種迂迴的買賣的種種。我並不覺得他的工作有什麼美可言。那是一種和日落不相協調的職業。……如果我用購買來取得一件生活必需品，我就是在某種程度上自欺，在剝奪自己的歡樂——一種靠最簡單直接方法滿足自己需要而來的歡樂，一種非筆墨所能形容的歡樂。

——梭羅，《日記》（*Journal*），十月二十二日，1853

我發現在夏季的月份裡進行砍伐，相當吃力。我應該在秋天還沒有落葉以前對樹木進行修剪，再利用冬天的月份砍削大樹，至於較溫暖的日子，則用於進行切割木頭和焚燒枝葉的工作（這兩件事應該在九月以前完成）。由於缺乏經驗，我沒有那樣造，讓砍伐變成苦差一件。

——斯特里克蘭（Samuel Strickland），《加拿大西部的二十七年歲月》（*Twenty-seven Years in Canada West*），1853

一個人在雪地裡準備晚飯的時候，要去獵取——不，你可以說是偷取——燃料來煮，那會多麼更為有趣。他的麵包和肉嚐起來都會是甜的。現在我的屋外工作是收集樹林中的死樹，抱回來或扛回來，有時則在兩個胳膊下各夾一棵枯松回來。森林不用的舊籬笆是我的大收穫。

——梭羅，《湖濱散記》，1854

對那些在生活各部門都有節省必要的家庭而言，如果他們可以擁有任何奢侈的話，那就是冬日晚上一個明亮、愉快的火爐邊了。擁有這樣的火爐，那一月的生活之樂就不會亞於六月。

——黎曼夫婦（Joseph and Laura Lyman），《如何生活》（*How to live*），1882

一個木材森林和一個理想的農莊林場之間，存在著好些重大差異。後者要滿足的，是多種多樣的需要。所以，一個林場所包含的樹種，愈多愈好；它也應該包含各種大小與樹齡的樹木，以便可以生產出因應不同需要的產品。我們單一的最大需要是柴薪。雖然從初秋到晚冬，我們有四個火爐需要生，但我們很少會砍下一整棵大樹，用作燃料。我們所使用的柴薪中，有百分之九十來自野樹、倒樹和從樹頂砍下來的枝條。

——提羅，《我們為尋樂而下田並使它成為有償的娛樂》，1938

# 石牆與鐵絲圍籬

住在佛蒙特州的近二十年，我們和鄰居的關係相當友善，用不著豎立什麼圍籬物。基本上，我們對圍籬沒什麼好感，因為我們喜愛野生動物，而圍籬則會把牠們擋隔在外。我們定居緬因州之初所得到的驚喜之一，就是看見兩頭母鹿帶著一群小鹿，在屋子外頭的草地戲耍。那些小鹿有如特大號的幼犬一般，在綠茵地上你追我逐，活蹦亂跳，母鹿則站在一旁吃草和注視。好一幅溫馨和樂的家庭景象。

這樣的畫面，此後成為了我們窗戶前的常景。佛蒙特州也是多鹿之鄉，但鹿隻從來不會走近我們房子四周，因為我們的房子很接近路邊，缺乏廣闊的綠茵草地。緬因州農莊的坐落偏僻孤立，沒想到反為我們帶來了意外的驚喜。

除了短暫的夏天以外，我們買的這棟房子已經有好些年沒有人居住，因此成了野生動物流連的廢地。牠們大部分都不怕人。有一次，我們用一片麵包把一頭遊蕩到後門的浣熊誘入廚房。沒想到牠在廚房裡到處覓食，亂蹦亂竄，我們不得不趕緊用另一片麵包把牠引出屋外。

職是之故，定居緬因州之初，我們毫無豎立圍籬物的念頭，但稍後，不同的理由卻迫使我們改弦易轍。其中一個理由與我們所種的葡萄有關。住在佛蒙特州的時候，我們曾試種過葡萄，但沒有成功。佛蒙特州的冬天雖然凍不死葡萄樹，但它的夏天卻太短暫，無法讓葡萄樹成熟結果。搬到緬因州以後，我們決定再接再厲。在我們房子以北一百公尺，有一片面朝南的岩石露頭，看來很適合種植葡萄。我們決定在岩石邊緣的一片泥土上架設葡萄棚架，以供葡萄藤攀緣之用。這個地點既可以讓葡萄藤免受北風吹襲，又可獲得最大的日照。把葡萄種在岩石露頭上有一大好處：岩石會在日間吸熱，夜間釋熱。

我們選種的，都是經過細心揀選的葡萄藤。我們指望它們三年以後，會為我們帶來一造細緻的葡萄收成。葡萄藤沒讓我們失望，在第二年結束時，它們已長得很茁壯，看來，收成在望了。

第三個生長季終於來了。已經存活了兩個冬天的葡萄藤開始發芽，抽出嫩葉。在一個陽光燦爛的大清早，我們偶然往葡萄棚架望去，赫然看到兩頭不時把嘴巴湊到葡萄藤上的鹿隻。當我們從望遠鏡裡看到，原來兩頭鹿正在嚼食葡萄藤上的嫩葉，不禁懊惱萬分。等兩頭鹿用完早點，葡萄藤上的葉子和花苞業已蕩然無存。我們知道，要是不豎立一些圍籬物的話，種植葡萄的大業可以從此休矣。

另一個有保護必要的項目是玫瑰圃。有一年，我們在小河灣邊找到十二朵玫瑰，便把它們種在葡萄棚架與屋子之間的一片空地上。玫瑰叢最高可以長到五至七英尺，一旦落地生根，它們就會長成密密麻麻、鉤鉤刺刺的一片，是絕佳的樹籬。在春天，還沒有開花前，玫瑰叢是一片炫眼的綠色，等開花以後，主色調就會被花朵的玫瑰粉紅色或白色所取代。到八月中，這兩種顏色就會被黃裡帶紅的玫瑰果取而代之。最大的玫瑰果直徑可達兩英寸。成熟玫瑰果所含的維生素C，要比最好的柑橘還多。

當初我們所種的十二株玫瑰，現在已繁衍為三十五大叢。每一年，我們都會為它們大肆修剪和施肥。我們讓每兩叢玫瑰的距離保持在四至五英尺，多出來的新株（每一年都有不少），則予以挖掉。另外，我們每一年還會把三分之一的老株割去，讓每叢玫瑰維持在四到七株。

有一年夏天，鄰居艾略特・科爾曼向我們要了四十株幼玫瑰去種，其中有三十九株存活了下來，如今，他已坐擁一片很茂盛的玫瑰叢了。從科爾曼手中，又有不少玫瑰被送了出去。

種植玫瑰之初，我們壓根兒沒想到設立圍籬，但到了第三年，就是鹿隻大啖我們的葡萄葉的同一年，玫瑰叢也被牠們發現了。第二年，鹿隻就嚼起了玫瑰的嫩葉來。下一年，甚至嚼起了花苞來。這一年，我們一朵玫瑰也看不到。

第三個需要用圍籬加以保護的項目是菜圃裡的蔬菜水果。我們依照這個地區的慣例，也會種些甜玉米，通常是種八十到一百穴。雖然田裡的甜玉米每年多少都會被動物偷吃掉一些，但情況還不算嚴重，不料有一年，一百穴的甜玉米竟然顆粒無收：它們在成熟前就已被浣熊吃光。兔子、旱獺、松鼠和豪豬，都是菜圃的潛在入侵者。

我們決心要把入侵者阻絕在外。這意味著，我們要為菜圃和玫瑰叢架一道六英尺高的鐵絲圍籬，另外，也要為藍莓種植場加上由鐵絲網與魚網構成的保護網。

但鐵絲圍籬的壽命是有限的。頂多十二年，它們就會生銹或鬆動。當我們發現鐵絲圍籬開始脫落，便認真琢磨，是要換上新的鐵絲圍籬呢，還是換上更加堅固耐用的代替品。終於，一列總長四百二十英尺的石牆，代替了鐵絲圍籬，成為整個菜圃的捍衛者。

要對抗菜圃的入侵者，鐵絲網毫無疑問是最便宜的設施，但問題是鐵絲網所提供的保護並不全面。在我們房子的西面、菜圃的後方有一片小草坪。每逢夏初的早上，一大票鼻涕蟲和蝸牛，會趁草還濕的時候，聯群結隊，穿越鐵絲網，進入菜圃，大啖早點。而等我們人類用完早餐、準備要展開一天的工作以前，牠們早就酒足飯飽，打道回府去了。有一段時間，在菜圃裡捕捉鼻涕蟲，成了我們每天早餐前的例行公事。在鼻涕蟲入侵最嚴重的階段，我們曾經有一次抓到過五百隻的記錄。不過，自從鐵絲圍籬被五英尺高的石牆取代以後，這種威脅就完全消失了。看來，鼻涕蟲要不是爬不過石牆，就是懶得爬。

菜圃的另一個入侵者是終年生的野草，如馬利筋(milkweed)、薊和毛線稷(witch-grass)等。它們會穿過鐵絲網的網眼或從鐵絲網的地底溜入菜圃。只有石牆可以阻絕這種入侵。

石牆還有另外的好處：它比鐵絲網來得美觀、自然和較耐。但石牆也不是完全沒有弱點：築石牆太花時間，而且，如果雇用計算時薪的工人來做這件事，費用非常高，非一般農人負擔得起。

不過，撇開上述的考慮不談，我們最後會選擇石牆，背後有一個強烈的理由在支撐：我們夫妻倆都喜愛砌石的工作。佛蒙特州盛產石頭，形狀和大小都很適合用來當建材。緬因州這裡也一樣。

在佛蒙特州和緬因州，我們都在樹林邊緣設有一個用來分類和存放石頭的所在。不管到那裡，看到有一面或多面平坦的石頭，我們都會把它們帶回家。至於不規則的石頭，我們會歸成一堆，作為築路或鋪地基時的填充物。用石頭蓋東西時，我們很少會對它們進行切割，只專挑那些形狀和大小恰好適合的來用。

定居緬因州的前十二年，我們不斷搜集、累積石頭。我們累積的石頭堆日高於一日，也日多於一日。終於，到了一九六〇年代初，我們決定用它們來建造一列可以圍繞整個菜圃一周的石牆，以代替已經生銹裂開的鐵絲網。我們把築石牆視為一件業餘工作，一種類似於網球或高爾夫球之類的娛樂。我們並沒有為完工日期設定底線，完全隨興之所至，時做時停。有時候，我們一停就是一兩天、一星期，甚至一個月。

要築一列四百二十英尺長的石牆，就得挖一條同樣長度的地基溝。由於石牆沿線的土質不盡相同，所以整條地基溝的深度也不一致。如果泥土夠鬆軟，地基溝就會挖到四十八英寸深，如果泥土下面碰到石頭，就只會挖到三十英寸深。換言之，整條地基溝的深度都介於三十到四十八英寸之間。

地基溝挖好後，我們就填入石頭、混凝土，使之形成地基。等地基的混凝土凝固，我們在其上方架上版模，作為砌石牆時的模子。每片版模長短不一，寬度則一律是十八英寸。

砌牆的時候，我們在版模中先填入一層混凝土，然後沿版模四周砌上有一面平面的石頭。在石頭與石頭之間，我們會填入稠稠的混凝土，務使每一條縫隙都被混凝土充滿。石頭一層一層往上疊，每疊一層石頭，我們會填入最少一英寸厚的混凝土。等混凝土凝固，版模就可以拆去，再往上架，重覆砌石填土的步驟。整面石牆，就是以這樣的方法，一截一截往上砌出來的。

築石牆的時候，會用得著不同樣式的石頭。我們用有九十度角的石頭來砌牆角，用平整的石頭來砌牆底，用有一面平面的石頭來砌牆面，至於形狀不規則的石頭，則被我們拿來填充地基。

築石牆的工作持續了十四年，這期間，除偶而有些幫忙者以外，大部分工作都由我們夫妻倆單獨完成。石牆竟全功於一九七一年，當時，海倫是六十七歲，史考特是八十七歲。我們提及年齡，是為了強調，幾乎任何年紀的人都勝任築石牆的工作。

築石牆的總支出是四百五十美元，大部分用於購買水泥。如果這件工作是雇用專業泥水匠代勞的話，那花費將高達數千美元。再說，那樣子的話，我們也就無法獲得砌石牆的樂趣與經驗了。

**註釋**

①底比斯(Thebes)：上埃及古都，以建築宏偉著稱。

---

一片菜圃在播種以前，必須先用圍籬把它包圍緊密。

——海爾，《第一本園藝書》，1563

除非你能把果園圍得嚴嚴密密，否則，你的辛勤勞動將成為白工。因為，在你所擁有的東西中，沒有一樣比一個果園會引起更多敵人的覬覦。只有嚴密的圍籬，是你完全可以掌握自己的果園的保證。

——勞森，《一個新的果菜園》，1676

我站在窗前，帶著促狹的心情，觀看那個在自己領土裡忙個不停，建立圍籬的人。上帝要是看到他那些東一列西一排的渺小籬笆，一定會忍俊不禁。

——梭羅，《日記》，二月二十日，1842

當我們有石頭需要對付，就會借助於槓桿。在槓桿的幫助下，一塊半噸重的石頭可以輕輕被撬起。一般來說，大一點的石頭，我們會拖到田裡，充當石牆的基石，小一點的石頭，則用於建造排水溝。

——斯特里克蘭，《加拿大西部的二十七年歲月》，1853

誠實人的田裡圍著的一列石頭，遠比底比斯①一百道門的城牆更有意義，因為那城牆遠離了人生的真正目的。

——梭羅，《湖濱散記》，1854

# 興建石頭農宅

在佛蒙特州，石頭俯拾皆是，尤以花崗岩為多。我們現在所住那一帶的緬因州，石頭資源也相當豐富，而且整體來說，色澤要比佛蒙特州豐富。（不過緬因州的石頭比較小，而且花崗岩也很稀少）。

我們在佛蒙特州先後蓋了十二間石頭建築：一間三房的小石屋（這間石屋蓋在我們農莊外頭的道路下方，蓋它，是為了吸取經驗）；一棟連著柴棚的農宅；一間客屋兼工作室；一間柴棚；一間木材棚屋；一間車庫；一間溫室；一間蓋在一塊大礫石頂端的書房；兩間蓋在楓林裡的客舍（李察・蓋格在其中一間住了好些年）。

自一九五二年移居緬因州迄今，我們又完成了另外九件石頭建築工程。最早期的作品包括池塘的塘壁與水道，以及蓋在菜圃和藍莓種植場裡的好幾個儲水槽。另一件則是那環繞菜圃一周、總長四百二十英尺的石牆。在菜圃的西北角，我們用石頭蓋了一間溫室。在溫室的西邊、石牆的旁邊，我們蓋了一間石頭車庫。

最後，我們又在一個可以遠眺佩諾布斯科特灣的地點，蓋了一組三棟我們打算用作新居的建築。這件大工程的規劃工作開始於一九七二年。首先要做的事情是剷除新房子預定地上的一片叢林，這片叢林，看來在哥倫布還沒有發現美洲以前，就已經盤據在那裡。我們選中的建屋地點，從未被開墾過或建築過，因為它是介於兩片石頭露頭之間的一片低地。這兩片石頭露頭從鄰近的山坡延伸而下，直迄於佩諾布斯科特灣邊上的狹長沙灘。

經過多番討論和測試，幾乎每個參與建築計畫的人都一致認為，我們的選址太潮濕鬆軟，不是蓋房子的好地點。另一個可能選擇是一個位置較高的地點（這是史考特屬意的選址）。它雖然也眺望得到佩諾布斯科特灣，但卻是面北，而且，由於位於岩石露頭之上，所以除非是動用炸藥炸開石頭，否則新房子就無法修築地窖。另外，要把泉水或井水引上去也有相當困難。海倫屬意於原來的選址，因為從這個位置可以看得見日落。我們遂了她的心願。

這計畫完成的第一個項目是一間戶外廁所，時為一九七三年。城市人對於我們蓋房子的時候先蓋一間戶外廁所這一點，可能會大惑不解，但是，要在一個完全沒有衛生設備的地點進行大工程，先蓋一間戶外廁所實在再自然也不過。

這戶外廁所建在一個排水良好的邊坡上。如果每個人在如廁後都能撒入大量的鋸屑和泥土，那排泄物最終就會轉化為沒有臭味的堆肥。經驗告訴我們，要讓排泄物轉化為堆肥，鋸屑和木屑要比灰末來得更有效。

在第一次清理戶外廁所的排泄物前，我們先在新房子預定地的四周種上一圈的鬱金香和水仙花。我們把花苞放入坑中，覆上少許堆肥，然後把在戶外廁所裡累積了兩個夏天的排泄物（一共兩獨輪車的量）取出，覆蓋在每一顆花苞上。之後，再澆上更多的表土與堆肥。由於排泄物已經變得相當乾燥，所以獨輪車和鏟子的事後清理工作很輕鬆。

戶外廁所的地基部分由史考特和凱斯・海文（我們一位近鄰）負責，石工部分由海倫負責，木工部分由凱斯負責。這間戶外廁所蓋得很漂亮，有些人甚至譽之為「附近五郡中最美的戶外廁所」。

我們後來在新房子裡所蓋的廁所，也是一間土廁①。土廁的好處是可以廢物利用，把排泄物轉化為肥料。我們從土廁取得的肥料，主要是用作蘋果樹的覆蓋物，以刺激它們的生長。隨著環保觀念的日益普及和水資源的漸趨枯竭，我們相信，土廁將比水廁更受到人們的青睞。

在進行下一個建築項目以前，我們必須先修建一條道路，以利物料的運輸。通常，築路都需要先購買好幾貨車的礫石，但我們決定先看看附近有沒有現成的材料可資運用。

在我們新房子預定地的南面山坡高處，有一片陡峭、突出的岩石露頭，上面長滿各種典型的緬因州海岸植物：苔蘚、平鋪白珠樹(teaberry)、榿木、白樺、軟楓樹、桉樹、黑櫻桃樹，還有若干高大的雪松和雲杉。

經試挖後發現，這片岩石露頭的土質屬於柔軟的褐色砂土，裡面包含著從拳頭大小的岩石碎塊到極大塊的各種石頭。這片岩石露頭上還裹著一層很多農人夢寐以求的壤土。既有上等的土壤，又有可以蓋房子用的石頭，還有可供築路用的碎石(多達數以百萬計)，真是一個寶庫！

我們所築的路一般寬度在十到十二英尺之間。我們挖出層次，裝入排水管，再鋪入八到十五英寸深不等的碎石。在濕的地方，我們會先鋪上一些大石塊，再在大石塊之上鋪上椰子大小的石頭。之後鋪上一層碎石，最後則是一層被潮水沖上岸的礫石。

我們築路的方法，師法自古羅馬的工程師。約兩千年前，他們在歐洲、北非和近東地區築過總長達數千英里的路。有些羅馬人建築的道路和橋樑，至今尚堪使用。我們就像古羅馬人一樣，築路的時候完全不用反鏟挖土機(backhoe)、拖曳機或其他的重機具。

路築好以後，我們就著手興建一間面積二五×五〇英尺，兼具工作室和儲藏室功能的車庫。為什麼我們要先蓋一個車庫，而不是按一般的做法，先蓋主建築，再來蓋附屬性的建築？原因如下。

在一九七一至七二年間，緬因州很難買得到完全乾燥的木料。樹木星期一還長在樹林裡，等到星期五，它們就已經被送進鋸木廠，鋸成木料，再一個星期，木料就被送到市場上販售。為了讓木料有足夠的時間乾燥，我們把它們買回來之後，便先讓它們在一間通風的棚屋中待一段時間。這個空檔階段，我們便先來蓋車庫。

蓋車庫的第一步是挖一條一四四英尺見方的地基溝。其寬度為十六英寸，深度最少三十英寸（挖掘時碰到岩盤的話另作別論）。一般而言，地基溝的深度在三十至四十英寸之間。

地基溝挖好以後，我們在底部鋪入一層四、五英寸厚、拳頭大小的石塊，然後灌入混凝土，填滿石塊之間的每一條縫隙。接下來，我們再放入一排直徑十二英寸大小的卵石。在卵石與卵石間和卵石與溝壁間，我們都保留最少二英寸寬的距離。

每鋪一層卵石，我們就會填入最少一英寸厚的混凝土，如是者直到整段地基溝被填滿為止。我們挖掘和填鋪地基溝的工作採取分段式進行，每段的長度在十五至二十英尺之間。

我們讓地基的頂部保持粗糙，好讓車庫牆壁的混凝土有可資攀附的地方。接下來的工作就是使用版模來築牆。

在進行像蓋車庫這樣的大工程時，我們喜歡先築好四個屋角，再築屋角與屋角之間的牆壁。砌牆的時候，我們會小心翼翼測量，以保持牆面的垂直。在牆壁內，我們會加入金屬強化物（特別是在牆角的部位）。

牆砌到門檻的高度，就要著手架設門框。門框和窗框一樣，有三種可能的裝設位置：裝在門洞的靠外邊、靠裡邊或中正央。蓋車庫的時候，三種裝法我們都試過。

車庫的木工由凱斯一手包辦，他和我們一起工作到車庫蓋到架上托樑為止。架完托樑，接下來的工作就是架屋頂。這部分的工作，由弗德・戴爾和他的小組負責。

版模從牆上拆去後，就由海倫單獨負責勾縫的工作。所謂的勾縫，是指用黏稠的混凝土把牆面石頭間的縫隙填滿。這是得由單一人來負責的工作，因為如果由多個人來做的話，牆面就有可能會出現層次上的參差。不管是在佛蒙特州還是緬因州，蓋房子的時候，勾縫都是海倫的特權，她絕少會允許其他人（包括史考特在內）動她勾縫用的泥刀。

其他的石工又由誰來負責呢？就我們夫妻倆嗎？不是。我們是很享受那些沒有幫忙者、安安靜靜的工作天，但我們的訪客多得數不完，而他們不管看到我們在做些什麼，總會主動提出幫忙的要求。雖然大部分幫忙者都是建築的門外漢，但他們學習得很快，常常會成為有用的幫手。至於那些真的做不來的人，則會推說有別的事要忙，匆匆離開。

我們會把來幫忙的人分組：兩個人會負責攪拌獨輪車裡的混凝土，再把混凝土推到用得著的地方；另外一或兩個人則負責給總指揮（海倫）送石頭，由她親手砌上（海倫堅持砌牆的事要由她一手負責）。

當屋頂、門和窗戶都就裝好以後，一間牢固而乾燥的車庫就大功告成了。我們把準備用來建築新房子的木料、水泥和工具全放到了車庫裡面。很多人在進行工程以前，都喜歡把木料放置在露天的地點，那是因為他們假定，工作很快就會開動。但我們卻從相反的假定出發。每進行一件工程以前，我們都喜歡先把需要的重材料（如木料和水泥）備好，有條不紊地存放在有遮蔽的空間裡。當然，我們對於工具也絕對不會掉以輕心：我們會保持它們的清潔，抹上油，存放在有屋頂的空間。

車庫落成後，我們在一九七四年春天動手興建主屋。那是一棟兩層建築，二樓有兩間臥室，每間都有一個陽台。海倫負責房子的設計，務求做到讓它與四周的環境渾然一體。她理想中的房子是一棟阿爾卑斯式的宅子：有著三角形的寬闊屋頂，用木餾油處理過的厚實木樑，牆面上嵌著松木板，一個二〇×三〇英尺的起居室，裡面鑲有大玻璃窗，可以俯覽佩諾布斯科特灣。一位荷蘭籍的建築師朋友依照海倫的草圖為我們畫出建築藍圖。

蓋房子的第一步是在地上挖一個地窖，面積為計畫中的房子的一半。我們的朋友佛德・戴爾（他是本地一名建築包商）經過仔細考察後，認為我們的選址雖然偏低和潮濕，但如果排水設施做得夠周延，仍然適合住人。我們決定把地窖的施工委託給戴爾和他的人手執行。

蓋地窖的工作包括了挖土、抽水、釘版模和灌漿。委託別人給我們蓋地窖，對我們來說還是破題兒第一遭，前此我們的所有地窖，都是自己動手挖掘和興建的。不過，由於這一次要築的地窖比我們以前築過的任一個地窖都大得多和潮濕得多，所以我們還是樂於請戴爾代勞。在灌漿階段，戴爾允許我們幫上一點忙。完成後的地窖，有五十二英尺長，十二英尺寬，涵蓋廚房、走廊和浴室預定位置的下方。

老天爺派了一位第一流的細木工師傅來幫我們的忙，他的名字是布雷頓．布魯巴克。對上一年，布雷頓因為讀了我們所寫的《經營真善美的生活》，特地從俄亥俄州騎腳踏車來訪，想看看我們在緬因州的生活，是怎麼樣的光景。他在我們鄰居的一片露營地裡蓋了一間小木屋，住了一個冬天。然後，他接下了整修一艘縱帆船②的工作。我們參觀了帆船，看到他做的細木工非常細緻。所以，當我們需要為蓋新房子物色一位木工師傅的時候，布雷頓很自然成了首選，而他也欣然應聘。

在看過我們的建築計畫以後，布雷頓的第一個建議就是用厚實的木材來製作門框和窗框。住在佛蒙特州的時候，我們儲存的木材中，有不少是厚實的木材，但在緬因州這裡卻一根也沒有，必須用買的。

布雷頓從一則報紙廣告上看到，有一批從舊工廠拆卸下來的木料在徵求買主。他去看過後告訴我們，木材中有很多上乘橡木，最長的有二十四英尺，它們雖然釘子纍纍，但仍然結實完好。於是，我們就買了兩大貨車的橡木。布雷頓用一個自己發明的拔釘器，把橡木上的釘子一根根拔除，磨平表面，拿來用作新房子的門框及窗框。就像海倫一樣，布雷頓事必躬親，不願意讓別人分去他的工作之樂。

接下來的其他木工，也是由布雷頓獨力完成。他的工作表現證明，他是一位不知疲倦與極度細心的木匠，也是一位最吹毛求疵的完美主義者。

嚴格來說，我們的新房子是由兩個人蓋出來的，一個是海倫，一個是布雷頓。海倫堅持新房子每一部位（從牆壁到大煙囪）的每一塊石頭，都要由她親手來砌；而布雷頓則獨力完成所有木工和細木工。

雖然有其他人幫忙，但海倫是實際上的主事者。新房子的方位和格局由她決定，室內裝潢的樣式也是由她決定。每一塊石頭都由她親自選擇，親手放到她決定的位置上。史考特獲准做他最喜愛的工作：用鏟子攪拌獨輪車中的混凝土。其他的幫忙者則負責打打雜。

布雷頓的一位好友佛洛斯特・泰森為我們設計和鋪設了所有的電路設備。他是一位退休的電子工程師和電子學教授，曾在哈特福德大學講授電子工程方面的課程。能有一些那麼棒的朋友一起共事，真是一大樂事。

我們計畫在新房子裡的取暖和烹飪，一概使用木頭當燃料，所以為大煙囪接了四條煙道。在新房子的北面，開有一道門，連著一間柴棚。這柴棚三面通風，有三根柱子支撐，由屋頂的延伸部分遮蓋。它容得下八考得的柴薪。

序言中提過，有一位訪客曾經問我們，平日以什麼自娛。我們夫妻倆最喜歡做的事情不盡相同，但有一件卻是我們一致中意的：以石頭和混凝土來蓋東西。現在，我們已經遷入了新房子，享受它所提供的安適。但每當看到蓋房子時剩下的石頭和建材時，我們就會琢磨：「接下來該蓋些什麼？」另一列菜圃石牆嗎？另一間溫室嗎？還是一間芬蘭浴室？答案目前還不知道，但時間會告訴我們。

**註釋**

①土廁，以土覆蓋糞便的廁所。

②縱帆船(schooner)：兩桅或以上的帆船。

要建築房子、城鎮或堡壘，還有什麼比石頭更方便更好用的呢？

——史密斯（Captaine John Smith），《對新英格蘭或其他地區的農耕新手的忠告》（*Advertisement for the unexperienced Planters of New England or anywhere*），1631

石頭宅子的優點是經久耐用、鮮需修繕、防火、冬暖夏涼；……有很多人以為，建造石頭宅子是一件大工程，實則它沒有想像中花錢，也沒有想像中困難。沒有錯，公共建築或豪宅所使用的那種雕琢、打磨過的石頭，都昂貴異常，但如果你想要的只是一間舒適、優雅的房子，那你需要用的，只是很普通的石頭，例如用來建築田畝圍牆的那種。……石頭宅子的主人是最輕鬆愉快不過的，因為他不用整天跟油漆罐、木材堆置場和各種大小、刺人的釘子打交道。一間石頭宅子一旦落成，它就最少可以歷三百年而不壞，而且在最初的五十年，完全或幾乎用不著修繕。

——古爾加斯（J. M. Gourgas），載於《新英格蘭農人》（*The New England Farmer*），一八二八年一月號

如果我要再度在森林中過生活，除棚屋或豬欄外，我將不會蓋任何木造的建築。經驗告訴我，圓木房子是最骯髒、最不方便、最昂貴的。有計畫要蓋房子的移民者，都應該選擇蓋石頭房子，因為蓋石頭房子所需的材料是不費分文的。我說「不費分文」四個字的時候，意思是說石頭是用不著現金來購買的，只需要動員全家人去收集就可以獲得。

——斯特里克蘭，《加拿大西部的二十七年歲月》，1853

石頭宅子可以存諸永久，不大或完全不需要維修，所以把金錢用於建築石頭宅子，是一項很划得來的投資。石頭宅子不像磚造或木造房子那樣，品質會隨時間而下降。

——馬丁諾（Harriet Martineau），《我們的兩畝田園》（*Our Farm of Two Acres*），1865

# 翻新木造農宅？千萬不要！

我們原來所住那棟木造農宅的破敗情形，本不值得多談，我們在這裡談它，只是為了給那些有心翻修老舊木造房子的讀者一些心理準備。我們在這樣的房子裡住了不少年，忍受它的不便和缺失忍受了不少年，投入於東修西補的時間與精力更不在少數。

我們知道有很多人，因為對現在泛見於市郊那種俗麗的新式房子感到倒胃，所以對老房子心存嚮往。我們也對式樣俗麗的新式房子沒有好感，但這並不表示，那就值得你花功夫去翻新一棟老舊的房子。不管再怎麼翻新，老舊房子始終只能是老舊房子。

我們在佛蒙特州先後在兩棟木造農宅待過。它們的施工和用料都很隨便，一派隨手拼湊出來的樣子。兩棟農宅都有一個勉強可稱之為地窖的地洞，四周各有一間柴棚、一間戶外廁所、一間雞舍和一間芬蘭浴室環繞。

在這些建築物上，修補過的痕跡隨處可見，但大多數的修補工作，都是以木板湊合釘一釘，或用電線、繩索隨便纏一纏，完全談不上手藝二字。

當然，保持良好的老房子並不難找，像在我們四鄰的村莊和城鎮，這樣的老房子就不少。不過，那並不是我們要的東西。一來我們住不起，二來那不是我們嚮往的生活地點。我們理想中的家，是一個地處偏僻的農莊。

緬因州的農宅，在我們一九五一年秋天從史特加侯斯女士手中把它買下的時候，已有一百年的屋齡。它的外觀完全像間百年老屋，甚至猶有過之。房子再上一手的主人是個伐木人兼獵人。他把房子當成放置工具、補給品和吃晚餐的地方，偶而也在這兒過過夜。聽說，史特加侯斯在買下它的時候，農宅後門僅剩下一片合葉鉸鏈連著。

史特加侯斯是一個講究的人，但她能運用在整修房子上的金錢有限。當初曾參與整修工作的木匠艾溫・戴爾告訴我們，據他估計，史特加侯斯能運用的金錢大約是一千美元，但卻制定了一個預算十倍於此的翻修計畫。她指示工人把原屋的大部分拆卸，然後挑出最好的木料、樓板，再加上一些新材料，建造了一棟有五個房間的房子，外加一個小穀倉兼車庫。她原來的計畫還包括建造一個壁爐和柴棚，但由於錢已用罄，只好不了了之。

我們接手緬因州的農莊之初，農宅和穀倉的屋頂已經狀態堪虞，一樓的地板也出現沈陷現象；由於牆壁有裂縫，所以北風可以直接吹入屋內。接下來二十年，我們投入了無數時間和精力，為這棟破房子東修西補。大部分的修繕工作，都是我們親力親為，所以花費的錢不算太多，不過，年復一年的修補工作令我們不勝其煩。

我們重鋪了農宅和穀倉的屋頂，用瀝青瓦片汰換了原來的木瓦。穀倉四角的柱子，原來都是插在地裡的木柱，由於經年累月與土地接觸，已經開始朽壞。我們抽起了原來的木柱，用混凝土和石頭築了四個低於冰凍線的柱基和四根新的柱子。起居室的地板之所以會微微沈陷，緣於承托地板的雲杉托樑與地面太接近，慢慢朽壞所致。艾維爾幫我們掀開了大片地板，更換掉托樑，再把地板重新合上。

我們在起居室的南面牆壁敲開一個洞，建造了一個壁爐，又在二樓蓋了一個陽台，以供吊嗓子和好天氣時睡在室外之用。十二年後，陽台出現鬆動，安全堪虞，我們便把它拆掉。拆下來的腐朽木頭，最好的那些被我們拿去用作壁爐的柴薪。經過無數的努力，我們到頭來得到的，只是一間愈來愈老舊的房子。

很多人為了節省，寧願屈就現成的破舊建築，而不肯花錢花時間蓋一間全新的。其實，如果把所有的利弊得失考慮進來，花在蓋新石頭房子的金錢和精力完全是物超所值的。

對於該翻修舊房子還是蓋一間新的石頭房子，我們夫妻倆曾做過冗長的討論，也跟朋友和鄰居討論過無數次。就像其他的議題一樣，對這個議題的見解，也是言人人殊。每個人都有自己的看法。但我們夫妻從經驗所得來的最後結論卻是：不要花時間和材料去翻修老舊的建築。在絕大部分的情況，用最好的材料去蓋一棟全新的房子，長遠來說要比翻修一棟老舊的房子更便宜和更令人滿意。

對那些正在考慮要不要翻修一棟老舊木造房子的人，以下的事實可供他們參考：

一、翻修一棟老舊的木造房子，花費會和建一棟新的相約，有時甚至還可能會貴一點（不會比較便宜則是可以肯定的）。

二、在翻修房子時，如果你舊材料新用的話，它們朽壞的速度，會比全新的材料快上許多（尤以木材為然）。

三、翻修老房子時，除非完全按它的原樣翻修，否則，翻修後的房子，很可能會產生風格上的衝突，顯得不新不舊、非驢非馬。

四、每個人的建築和設計觀念都是他人格、個性的反映。所以，除非你是一個崇古懷舊的人，打算按照傳統的式樣一成不變地去蓋你的新房子，否則，我們願意給你如下的建議：按照你自己的個性去設計新房子，不要採納和你生活風格或品味不同的人的意見。

如果你不是個尚古懷舊，而是個有創造性的人的話，就應該抓住每一個可以蓋新房子的機會，用你找得到的最好材料，自己動手去蓋。蓋石頭房子的工作雖然艱鉅，但過程中的每一階段，都是你可以發揮創意、增進技巧的機會。透過這種親力親為，你將可同時獲得創造與學習之樂。

〔維吉尼亞州的〕私人房舍極少出之以石造或磚砌，它們很大面積都以木材築成，再塗以石灰。再難找到有比這種房子更醜陋、更不舒適，也更易朽壞的建築了。……歐洲人住的都是石砌或磚砌的房子，他們的健康顯然不比維吉尼亞人遜色。石砌房子還有其他優點：冬暖夏涼、造價便宜（因為石頭的取得很容易），兼且無比耐用。

——傑佛遜（Thomas Jefferson），《維吉尼亞州筆記》（*Notes on Virginia*），1784

我們建築物的主要弊病出在這一點：它們是木造的。從這種習慣，不難想見一些較即時和較遙遠的不便之處。木造的房子雖然施工便捷，但這個優點卻會被其他無數的缺點所抵消，包括易朽壞、缺乏安全性和需要經常修葺等。……只有獨身漢適合用木頭來蓋房子，因為他們在這個世界上孑然一身，不必為後代子孫擔心。

——勞倫斯（John Laurence），載於《美國博物館》（*The American Museum*），1790十月號

我要警告那些有勇氣翻新破舊農舍的人：這件事做起來要比想像中難得多。

——米切爾，《我們的埃奇伍德農莊》，1863

# 紙上作業與平衡預算

人類具有計畫和記錄事情的天性。石器時代的人會把事情用鑿子刻在大塊的卵石上，稍後，被用於記錄事情的媒介物則包括獸角、木頭、陶土、獸皮和植物纖維。不管人們用什麼樣的媒介物來記錄事情或擬訂計畫，他們的目的都是相同的：紀錄過去、審視現在、展望將來。

文字記錄的用途多種多樣，而它們對農藝的重要性，並不亞於對大部分其他的人類活動。

成功的農耕以慎選圃址為第一步，以擬訂周詳的種植計畫為第二步。

如果可能，菜圃的圃址應該選在一塊朝南的坡地上，這樣，它才能獲得最大的日照量。當然，必須注意菜圃四周有沒有高大的樹木或建築，會把部分陽光給遮去。如果打算要種玉蜀黍或架菜豆之類高大或會攀緣的作物，就應該盡可能種在不會遮到菜圃陽光的位置。

另一件不可忽略的事項是輪耕的實施。除極少數例外，不應讓同一種作物在同一地點待超過一季以上，到第二或第三季，就應該把它們換下來，把別種作物換上去。

以愛爾蘭馬鈴薯為例，由於愛爾蘭馬鈴薯喜歡長在帶草的新土，因此，我們特別準備了四塊小田塊（每塊一五×三〇英尺），專供馬鈴薯輪耕之用。當「一號」的小田塊被用於種植馬鈴薯時，其他三塊小田塊就會被用於種植其他作物。

第二年，用於種馬鈴薯的小田塊會換成「二號」，與此同時，「一號」小田塊則會被換上南瓜。第三年，馬鈴薯進駐「三號」小田塊，南瓜進駐「二號」小田塊，而「一號」小田塊則被用來種青草和紅花草。第四年馬鈴薯進駐「四號」小田塊，南瓜進駐「三號」小田塊，這時，「二號」小田塊會長著疏落的青草，而「一號」小田塊長著豐茂的青草。

以上，就是一個小型輪耕系統的例示。每五年，馬鈴薯就會重新回到「一號」小田塊一次。之間的三年，「一號」小田塊會被種植以一年的南瓜和兩年的青草。

我們的菜圃由兩條路徑大略分割為四區。其中一區種的是鷹嘴豆，一區是架竿豆，一區是黃瓜、甜瓜和番茄，一區是小棵的蔬菜。每年，它們的位置都會輪換一次。

除上述四個田區以外，我們還有第五個田區，專種不太需要實施輪耕的作物，如蘆筍、洋薊、大黃、草莓等。草莓可以在同一塊地待兩到三年，而蘆筍和大黃更是可以一待就是十年，甚至以上。不太需要輪耕的作物最好是集中在同一區，以免擾亂了其他作物的輪耕次序。

大部分美國有機菜農幾乎種甚麼都一律採取列植法（即把作物種成一列一列），只有架竿豆、玉蜀黍、黃瓜、馬鈴薯和南瓜例外（它們採取的都是丘植法）。列植法的好處在於可以用手動或電動的機器大片大片處理，讓農人省事不少。但有生物動力學概念的農人會告訴你，其實床植法要比列植法更勝一籌。

所謂的床植法，是指用土在田裡堆成一壟壟高出菜圃地面若干英寸的方形土堆（稱為「床」），再把作物種在上面。床植法不是現代的發明，精耕細作的中國人和法國人行之已有許多個世紀。法國人實施床植的規模比較小，中國人則要大面積得多。在一個中國的農場放眼望去，往往綿延好幾百英尺，都是一壟一壟的「床」。

一般而言，每壟「床」的寬度大約一碼，「床」與「床」之間留有通道，供農人行走、工作。這些通道，在田畝潮濕時可起排水溝的作用，在田畝乾燥時可起灌溉溝的作用。

工作時，通常都是由一組兩個人，分站一壟「床」的兩邊幹活。由於兩個人彎腰即可涵蓋一壟「床」的寬度，所以用不著踩到土壤上去。床植法的優點是顯而易見的。由於農人工作時只需站在走道上，不需要踩在泥土上，所以，泥土就得以保持鬆軟。鬆軟的泥土既能吸收到最多的陽光和水氣，也易於拔除野草和讓作物的根部深入。（黏土和堅硬黏土特別不堪踩）。

在「床」上栽入種子的時候，你可以把它們編排成斜斜的短列，可以編排成橫的長列，也可以編排成放射狀。應該在種子與種子之間留出足夠的空間，以便於將來修剪作物及拔除野草。床植法還有一個優於列植法的地方：採取床植法的田畝，單位面積的栽種密度高於列植法，故其產能也較高。

不管採取的是床植法還是列植法，農人都有必要知道他在菜圃裡種的作物，屬於什麼品種，又是什麼時候下種。為此，我們在菜圃的不同作物區各豎有標示竿，註明作物品種和種植日期等各種必要的資料。我們標示竿有木造的，有塑膠造的，也有用防水紙板造的，書寫的工具是圓珠筆。

上述資料也應該記錄在一本農事記事本中，以便你可以隨時翻查，菜圃中的某一床、某一列或某一丘，什麼時候曾經種過什麼、用什麼方法種、收成如何。這些資料，是農人在制定新的種植計畫時的重要參考。

記事本除了可以用來記錄以外，還可以用來擬訂種植計畫，供農人在執行過程中檢查有沒有遺漏的事項。記事本對任何從事頭緒紛紜的工作的人都是一大助力，對從事農藝的人也不例外。

投入自給自足生活的經營，就像投入任何事業一樣，除需要周詳的工作計畫外，還需要做好各種防禦性的措施。自給自足的生活絕不是草率為之可以成功的。想要成功，事前必須經過深思熟慮，作出一系列的決定，並下定非看到結果出來決不罷休的決心。頭三年是最難熬和最關鍵性的。因為，只有最少經過三年，你才可能會摸清楚你土地的潛力與限制。

因此，投入自給自足生活的人，剛開始都必然會經歷一段持續好幾個月、甚至好幾年的過渡期。在這個過渡期，你一方面失去原來的收入保障，另一方面新的收入來源又還沒有成熟。為此，你必須事先準備一筆資金和一些生活必需品，以應付過渡期的生活需要。

我們那些投入經營自給自足生活的朋友或熟人，大部分都會事先準備最少一年份的食物和衣服，多的甚至會準備兩或三年份。

另外，有些人在過渡期間會在外面兼差好幾個月或好幾年，以保持收入的穩定。如果是一群人或一個家庭，則會有好幾個成員在外頭工作。

想經營自給自足的生活，第一個要件是有合作的伙伴。只有極例外的人——像決心如鐵的隱士——可以單憑一己之力，成功建立自給自足的生活。合作的伙伴最好是有經驗的人。到底有多少合作伙伴才最理想呢？也許是愈多愈好，但底線是起碼一個。

想要自給自足生活的經營獲得成功，那在開始階段必須日以繼夜、年復一年的辛勤工作。這樣的勞動量，對單獨一個人來說實在是太大了，所以必須有人來分擔。

經營自給自足的生活最基本的前提是一片土地。這片土地的面積，應該大得足以生產出餵飽所有人的食物。如果可能，應該盡可能用現金把土地買下來，以免受貸款的羈絆。

經營自給自足生活，開始時還需要準備一筆營運資金，一筆可以在兩三年內收入全無的情況下備用的現金（最少是貸款），以免在有需要購買工具或器材時，無力負擔。

當然，頭兩三年你多少總會有些現金進帳，不過那是一筆不確定的收入，所以不能作為依靠。

必須有一個人負責全部的簿記和會計的工作，隨時注意預算和支出是否保持平衡。

如果參與自給自足生活的成員在兩個或以上，那麼，應該事事加以規劃，記錄在紙上，加以討論，經彼此同意後再付諸實行（有必要時當然可以修正）。每天都應該有每天的計畫、每週都應該有每週的計畫、每月都應該有每月的計畫，並不斷檢覈，計畫有沒有被確實執行。整個過渡期的計畫，合起來可稱之為「三年計畫」。

由於大部分經營自給自足生活的家戶資源都極為有限，所以，如果他們想要成功，就應該把一句古老的格言銘記於心：「量入為出」。應竭盡所能把支出侷限在收入所容許的範圍內，避免成為借貸和利息的奴隸。

每年都應該製作一張資產負債表，表的其中一邊記錄現金收入，另一邊記錄現金支出。應該盡最大努力，讓每一年的資產負債表出現盈餘而不是赤字。

我們在佛蒙特所從事的煉糖工作每年都會為出現盈餘，但它也需要我們不時更換耗損掉的設備，所以每一年，我們都必須從盈餘中撥出部分款項，為設備汰舊換新。

我們考慮過為煉糖工場買保險。煉糖工場是一個亂糟糟的地方，而大蒸發器的火又很猛，很容易造成火災。很多煉糖者都蒙受過火災的損失。我們請教了一位保險經紀人，他估計，煉糖工場連設備在內，價值是五百美元。由於煉糖工場的火災風險很高，所以保費也很高：每年要繳交保額的二十五％，也就是一百二十五美元。

我們覺得保費太貴，所以打消了買保險的念頭，另想出一個替代的辦法。每一年，我們從售賣楓糖的盈餘中抽出一百二十五美元，儲蓄起來，這樣，到第四年，我們就有了五百美元。我們拿這五百美元去蓋了一間新的煉糖工場，買了一批新的煉糖工具，如此一來，即使原有的煉糖工場真的遭了回祿，我們也不愁沒有地方可以煉糖。多一間煉糖工場還有一個好處，那就是碰到楓樹汁豐沛的年頭，我們可以同時開動兩個煉糖工場，使產量加倍。

美國的大公司建立了簿記的方法去來增加利潤與逃稅，而我們這些小戶所能從大企業學習的，是仔細的記錄過去、周詳的計畫未來，並把各種可能的突發狀況做好沙盤推演。

計畫和記錄對小生意的重要性，並不亞於大生意。井井有條的記錄，可以告訴我們一個事業體的種種，而且長遠來說，可以成為事業體撰寫其歷史的依據。

> 依我看來，那些在建立家戶前就準備好兩三年地租的人是明智的。
>
> ——布爾得，《健康飲食指南》，1542

> 每一件第二天要做的工作，都應事先排定，寫在農事記錄簿裡。此外，他還應該備有另一本簿子，記下各式各樣的觀察、疑問、思考和計算。……用單張的紙張記錄事情，日子一久，不但容易散失，而且翻查起來相當費事。如果一概都把事情記在同一本簿子裡，找起來就相當容易。借助過去的心得和經驗，他將會事半功倍。
>
> ——楊格，《農人的行事曆》，1805

我鼓勵每一個家庭量入為出。如果有一種方法（當然有），可以讓人靠著低微的收入，就過得舒適而快樂，那它當然很值得你去知道。「但如果收入真的是少得可憐的話，要怎麼辦？」怎麼辦？就生活在你少得可憐的收入所容許的範圍內啊。

——亞爾各特（William A. Alcott），《收入低微的生活之道》
（*Ways of Living on Small Means*），1837

沒有人會否認，在現在這種年頭，不管窮人或富人，都有節約燃料和食物的必要。一旦我們願意正視物價低廉的「黃金時代」已經一去不返的事實，就不會再老是眷戀過去，而會勇於採取對策，去面對各種生活必需品已經漲價的現實。

——巴克女士（Lady Barker），《烹調原理第一課》
（*First Lessons in the Principles of Cooking*），1886

每件事情都仰賴於過去與未來。這表示，我們有需要建立一個良好的記錄系統。……會從田裡獲得最多的人，不是那些會在七月為洋蔥除草的人，而是那些懂得在一月就事先規劃好來年春天要種那一品種洋蔥的人。……我不敢斷言，沒有做好仔細計劃的農人斷斷不會獲得豐收，只是這樣的農人，我本人從未見過。

——提羅，《我們為尋樂而下田並使它成為有償的娛樂》，1938

# 訪客與幫手

我們在佛蒙特接待過的訪客數以百計，在緬因接待過的訪客數以千計。他們都屬於同一類人，同一類的追尋者。他們聽過或讀過有關我們的種種，所以想來看一看，是否可以從我們這裡得到些什麼啟發。他們在尋找一個可以讓自己依附的理想，尋找一個有別於主流價值觀的人生目標。他們都屬於反政治的一群，對一切束縛都感到不耐——特別是政府所加諸的束縛。

他們對縱容戰爭發生的世界感到失望。他們都是廣義的和平愛好者，只不過，並未打算加入任何為促進和平而努力的組織。他們也是「自由」的擁護者，認為任何人都有追尋自己生活目標的自由與逐夢的權利。除奉行某種特殊的飲食習慣或鍛鍊瑜珈以外，他們並不隸屬任何團體或組織。

他們都是流浪者暨追尋者，有一種逃避正統與膚淺的願望。他們就像真正無家可歸的人一樣，有著一種無所歸依的不安定感。對這群人，最恰當的形容大概莫過於「未安頓者」。在我們投身自給自足的務農生活以前，從未遇過那麼多無所依附、不知何去何從、一無確定的人。

當然，這其中也不乏少數真正自知理想何在，並戮力使之實現的人。他們在努力找尋一片聖地，一個可以有更大揮灑餘地的空間，以便為探索人類更理想的生活方式盡一分力。

很多來訪者都希望能從我們這裡獲得土地，這當中有獨身的，有夫妻檔的，也有三五成群的。他們的財力都很有限。他們大都曾經穿州過省，想找尋一個理想的地方，買一塊買得起的土地，經營一種不一樣的生活。他們可說是天壤間的露宿者。

我們決定與其中一些我們認為堪造就的青年分享土地。我們賣了一片土地給科爾曼夫婦（蘇珊與艾略特），一片給海文夫婦（琴與凱斯），一片給了葛列格·薩默斯，收的都是他們出得起的價錢。科爾曼夫婦以種植蔬果換取現金，獲得相當的成功。海文夫婦從事家畜飼養，並以建築工作賺取現金。至於擁有威斯康辛大學藝術文憑的薩默斯，則在森林裡開墾了一片很棒的菜圃，並在油漆店裡兼職。

我們收到數以百計來信，詢問可不可以到我們這裡來幫忙。要把他們安置在哪裡呢？我們在科爾曼夫婦所闢的一塊林間空地裡蓋了一些小木屋，安裝了取暖與烹飪設備，放入一些最基本的生活必需品，用來收容訪客和幫忙者。

聚在我們這裡的青年，互不相識，但他們無疑都有著共通之處。他們會在高興的時候幫忙我們工作（而我們則提供他們食物），會聚在營火前面彈樂唱歌，會參加我們每週一晚上所舉行的聚會（一個從堆肥到共產主義無所不談的聚會），也會到我們鄰居那裡去跳方形舞。整體來看，他們在我們這裡所度過的，是有價值和愉快的時光。他們所構成的，是一個無拘束而鬆散的團體，不時有人加入、有人離開。有一些成了我們的好朋友，即使離開，仍然保持通信，並抓住每一個機會回來找我們。

我們不可能記得每一個來訪者。他們之中，不乏富商、醫生、教授、律師、銀行家和政府官員的子女，自小就過著富足生活的人。他們要不是毫無工作經驗，就是工作經驗少之又少。如果他們提出幫忙的要求，我們就會安排他們洗洗盤子、跑跑腿、賣賣東西或在學校裡教教書。這些人從來不會留太久。偶而，我們也會碰到一些在農場裡幹過活或有其他實在本領的人，不過那寥寥可數。

我們了解到，來我們這裡幫忙過的幾千個青年，並不一定就能作為二次大戰戰後十年年輕一代的代表。情形很可能恰好是相反：他們是那些與主流價值觀格格不入、正在尋找另一種生活方式的人。當別的青年已經準備好向主流社會靠攏的時候，這些青年猶在探索自己的道路。在某個意義下，他們就像是一群雜色的羊，正在透過試驗，去了解自己到底是頭山羊還是頭綿羊。

在從佛蒙特州遷居緬因州以前，我們的訪客已是川流不息，在入住緬因州後的第二年，我們的訪客更是多如決堤的洪水。到了一九七〇年代，每年的訪客以人頭計算，高達兩千至兩千五百人。往往一天就會有好幾十人。

我們要怎樣應付這種人潮呢？我們恪守一個原則：如果訪客是未經預約、不期而至的話，我們不會放下手邊的工作去接待他們，而會依照原來的日程表繼續工作。假如我們是正在寫作，就會繼續寫作；假如我們是在種田，就會繼續種田。這種待客之道，難免會讓那些希望我們坐下來陪他們聊天的訪客有受到怠慢之感，但為了讓工作能持續推展下去，我們別無選擇。

很多訪客都是有配合意願和工作熱忱的人，而其中有工作經驗和有實在本領的那些，更是對我們正在進行中的工作作出了實質的貢獻。

這裡可以舉一個例子。在我們土地的四周，散布著若干冰河巨石，其中一些擋在我們要築的路上。據我們估計，這些冰河巨石，最重的重達四分之一噸至半噸，單憑一人之力是不可能挪得動的。不是不可以用爆破或鑽鑿的方式把巨石破開，但那相當費時費事。不過，如果有一組五個人，加上鐵棒、鐵鏈和一輛貨車的幫助，要移開巨石就不是什麼難事。這就是團隊工作的好處。

我們每天的義工從一個到一打到二十人不等，為了讓工作進行得流暢有序，不致因為人多手雜而亂成一團，我們必須要把他們先加以分組。當然，會有一些臨時加入或臨時打退堂鼓的人。不過，如果我們某一天剛好有兩個、三個或四個有經驗而可以信賴的人的話，我們就會把他們依當天的工作需要分組。我們依照幫忙者的性向和經驗分組。大部分的小組，都由一到兩個有經驗的人指揮三到五個外行人。這些小組，有幫忙挖地基的，有幫忙挖溝渠的，有幫忙灌混凝土的，也有幫忙築路的。有經驗的人負責實際執行，沒經驗的人則站在旁邊學習。

如果工作的時候只有我們夫妻兩人，我們就可以隨心所欲，愛做那方面的工作就做那方面的工作，人一多，我們的工作範圍反而受到限制。蓋房子或泥水工作並不是一般義工所能勝任的，而我們也不敢把砍伐樹木這一類需要動用鋒利工具的危險工作交付給他們。剩下來的，就只有挖掘石頭和築路的工作了，所以，人多的時候，我們通常都只會做做這兩項工作的其中之一。並不是每個訪客都喜歡做這一類的事情，有一些，希望我們能坐下來陪他們聊天。但我們不理會，只管跟那些有配合意願的人幹活去。

對年輕的義工來說，最吃力的工作大概莫過於挖掘石頭的工作。幹這種工作的時候，他們戲稱自己是一群「戴著鎖鏈的囚工」，話雖如此，但他們總是一面工作，一面唱歌。大部分人都有工作的意願，只有少部分人會偷懶或開溜。在開挖一片石頭纍纍的山坡時，一些從未做過粗活的軟腳蝦會被嚇得失魂落魄；也有些人對要用雙手接觸髒土感到不知所措。不過，另外一些人則覺得挖掘石頭就像發掘考古遺址一樣有趣。總之，同樣一件工作，對某些人來說是單調無聊的苦差，對另一些人來說則是刺激好玩的事情。

築路的時候，我們會用到各種大小的石頭：大石頭鋪在下面，小石頭鋪在中間，礫石鋪在上頭。這些石頭有兩個來源，一是從小河灣的灘岸上拾來，一是從石頭農宅附近的岩石露頭採來。開發岩石露頭的時候，我們用斧、鋤、鐵棒、鶴嘴鋤、叉子和鏟子對山崖展開攻擊，砍下樹木和灌木叢，挖出樹根，再用泥刀小心翼翼的把表土刮削下來，存起來以供菜圃之用。義工群中的女性成員，一般都喜歡挑刮削表土的工作，因為這項工作比較輕鬆，而且可以坐著進行。不過，也有些強健的女孩，偏偏選粗重的工作，或是拿斧頭砍伐樹木，或是拿鶴嘴鋤挖掘石頭，或是用手推車把石頭從山崖推到築路的地點。

每天，在工作一早上以後，我們就會暫停下來用餐，把工具集中，清理好和歸好位，然後列隊前往餐桌。如果天氣晴朗，用餐的地點會設在廚房外面的天井。如果剛好在這時候有訪客登門，我們也會邀約一道用餐。每個用餐者都會分配到一個木碗和一根木匙。端上來的湯，每個人都可以舀兩到三碗，如果時節許可，餐桌上就會出現綠色蔬菜。午餐的內容還包括穀物：滾過的燕麥，或是煮過的小麥、粟或蕎麥。吃穀物的時候，我們喜歡沾著花生醬和蜂蜜吃。「胡蘿蔔石首魚」——一種以胡蘿蔔絲作餡的餅食——是午餐桌上常見的甜點。午餐的壓軸好戲一般都是蘋果。

每頓午餐需要餵飽的嘴巴，從六到二十張不等。我們盡力為客人提供豐富、簡單、新鮮而營養的素菜。由於工作了一早上，每個人都餓腸轆轆，所以飯菜會在很短時間內被一掃而空。吃飯加聊天的時間一般是一個小時。如果談興正濃而又沒有緊迫的工作等著的話，大家會在餐桌上留更久。

以上，我們簡單回顧了過去半世紀以來，我們和兩代來訪的青年接觸的情形。當然，這麼簡短的一個回顧，是很難周延的，又尤其是美國社會在這期間經歷了那麼重大的轉變。對於來訪的客人，我們的心情是複雜的。一方面，我們樂於把自己的生活作為一個示範，供外界人士參觀，但另一方面，訪客的人數又多得讓我們不勝負荷。到了一九七六年，訪客的數量已超過我們所能承受的極限，不得已，我們只好在農莊入口處豎立了一個告示牌，聲明只在下午三到五點接待客人，早上概不見客。一九七八年，為了從事一些必要的寫作（包括寫這本書），我們更是宣布，凡是未經預約的訪客，一概不予接待。我們對此深感歉意，不過，為了不致讓工作和寫作完全陷入停頓，我們不得不爾。

我們樂於幫助每一個青年尋找屬於他們自己的生活風格，因為他們的每一個，都是改善人類處境的一名潛在生力軍。有很長一段時間，我們竭盡所能，去喚起人們對改造自己生活的興趣與決心。如果精力許可，我們願意把這種努力一直持續下去，只不過，有鑑於我們已邁入垂暮之年，不得不把這方面的投入從全職改為兼職。

請坐下用餐，歡迎光臨我們的餐桌。

——莎士比亞，《皆大歡喜》（*As You Like It*），1599

人人在他自己的葡萄樹下安然居住，吃他自己所種的東西，跟他的鄰居們一同快樂地謳歌昇平。

——莎士比亞，《亨利八世》（*Henry VIII*），1612

應該準時把飲食準備就緒，好讓妳的弟兄們從田裡幹活回來時立刻可以享用，這樣，他們就會對妳心懷感激，而不會喃喃抱怨。

——李安妮修女（基督教震顫派的創立者），1780

何其快樂的日子啊，當農事
告一段落之後！
何其幸福的冬夜啊，當大客廳裡

壁爐的火焰在歡舞，
一家人享受著融融的家庭之樂……
有時，在節日前夕
鄰居會推開他的大門，不邀而至；
大家就著小吃，把酒言歡，在社交的快樂中渾然忘我，
並順著談話的迷宮，尋索出
可以娛樂或提升心靈的話題。

——阿姆斯壯，《保持健康的方法》，1838

我從未有過如同住在森林期間那麼多的訪客。曾經有一次多達二十五到三十個靈魂，連同他們的身體，同在我屋宇下的紀錄。……但他們很少會因為小事來找我。只因為我住得離鎮較遠，來找我的人都等於被篩選過了。

——梭羅，《湖濱散記》，1854

我們將穿過河流、越過森林，走訪祖父的宅子。

——柴爾德（Lydia M. Child），《感恩節》（*Thanksgiving Day*），1870

挖掘並不是每一雙手都渴求的事情。有些人天生就喜歡挖掘，有些人卻只有在被逼的時候才會做它。

——格林（E. F. Green），《村舍一棟，良田數畝》（*A Few Acres and a Cottage*），1911

門鈴像是魔術棒，又像集市裡的摸彩袋——你永遠猜不到來應門的會是誰。

——菲爾德（Rachel Lyman Field），載於《分類與傘菌》（*Taxis and Toadstools*），1926

她不會遺漏任一件小事，包括仁慈與關懷。

——希頓（Rose Henniker Heaton），《完美的客人》（*The Perfect Guest*），1930

哪些才是人的天然食物？肯定不是超級市場貨架上那些亂七八糟的玩意兒。與其說它們是天然食物，不如說是反天然食物。

現在已經很難在食物商店裡買到真正的天然食物了。穀類都經過碾磨、膨化①、加入糖，製成盒裝早餐。肉類都含有荷爾蒙和防腐劑。果汁都經過過濾、添加色素和碳酸化，罐裝水果都甜得不像話。不管是盒裝湯、軟式飲料②、沙拉調料、醬汁、番茄醬，甚至花生醬，一律被加入了糖。蔬菜上殘留著農藥，水果經過染色。至於冰淇淋，則不只甜得發膩，更加入了人工香精。

餐廳和小吃店為了提供快速的服務，往往讓食物在爐子上一擱就是幾小時，造成營養素的流失，更不要說這些食物的原材料在送到餐廳以前，早已在倉庫、火車或儲藏室裡待了好幾星期甚至好幾個月了。在美國可以買得到和吃得到的食物，全都經過加工、加工、再加工，離真正的天然遠之又遠。

那麼，哪裡才可找到健康、營養、沒有人工添加物的食物呢？在自己的菜圃和廚房裡。自己種，自己煮，最好是吃生的。這個世界最好的食物，莫過於那些從你自己菜圃或樹林或草地裡摘來、未經加工處理過的食物。它們才是真正富含活力的食物、真正有營養的食物、真正天然的食物。

一旦離土五分鐘，萵苣之類纖細的蔬菜就會開始憔悴，即使是較硬朗的蔬菜水果，品質也會開始走下坡。

食物的料理愈是簡單愈是理想，這樣，不但可以節省家庭主婦的時間，也可以讓食物中的維生素獲得最大程度的保留。但凡切過、削過、煮過、冷凍過、醃過、燻過、調味過的食物，都要算是加工過的食物。

我們盡可能不購買商店裡的食物。在外面用餐，又特別是在餐廳用餐，對我們來說並不是樂事。有一年冬天，我們在亞洲和近東地區待了將近五個月。這段期間，我們沒有光顧過一家餐廳。我們一律在市場購買蔬菜、水果和乳酪，帶回房間去吃。這要比在餐廳用餐來得安全、健康而便宜。

我們的食物需求，很大程度上做到了自給自足。這表示，我們可以靠自己種的東西餵飽自己。過去半世紀，我們從沒有遇到過收成不足以自給的年頭。一年中的大部分時間，我們的食物都是直接摘自田裡。在晚秋至初春這段期間，我們有另外三個輔助的食物供應源：一、種在溫室裡的食物，如萵苣、歐芹、紅蘿蔔、韭蔥、羽衣甘藍和波菜；二、儲存在地窖的食物，如蘋果、馬鈴薯、胡蘿蔔、洋蔥、甜菜、蕪菁甘藍和其他的根類作物；三：用封罐方式保存起來的食物，如高湯、果汁和果肉。

我們的菜單中也包括穀物：小麥、燕麥、粟、蕎麥、米、玉米等。我們自己並不種穀物，所以需要從本地的合作商店購買。除蘋果樹和梨樹以外，我們並沒有種本地種的果樹。漿果（藍莓、草莓、覆盆子）在我們的農莊裡長得很繁茂。我們使用的油，都是買回來的植物油：橄欖油、花生油、紅花油。我們也在本地的量販店購買柑橘和香蕉。除上述少數項目以外，我們基本上達到了自給自足的理想。

偶而，我們也會到雜貨店和超級市場買買柑橘、香蕉、乳酪、優酪乳和酸奶油。（不過，我們現在正逐漸以豆腐和豆漿代替乳產品。）

製造麵包很費時費事，為了省去做麵包的時間，我們直接食用未經處理過的穀物。麵包不需要怎麼嚼嚼就可以下嚥，相反的，穀類卻需要你慢咬細嚼，這對牙齒和胃腸來說都有好處。對於硬而韌的穀物（像小麥），我們會先浸泡一個晚上，再用火煨一個早上；對於軟一點的穀物（像粟或蕎麥），我們不會煮超過半小時。滾過的燕麥我們會直接生吃。吃穀物的時候，不管冷吃熱吃，我們都會配著一點點油和海鹽（或蜂蜜和花生醬）同吃。有時還會配著蘋果片吃。我們從不使用白麵粉，也很少使用麵粉，有需要的時候，就自己碾磨一些。

我們每次到合作商店或健康食品店採購，都是大宗採購。我們家裡的食品儲存量之大，足以開一家健康食品商店。算一算，我們的庫存項目包括：滾過的燕麥、小麥、燕麥、粟、燕麥碎、大豆碎、大麥、小扁豆、米、粗玉米粉、爆米花、曬乾的豆子和鷹嘴豆、綠豆、葡萄乾、乾李、海棗、花生、花生醬、杏仁、香草、蜂蜜與油。

我們極少購買罐裝或冷凍的蔬菜水果，也從不買布丁、甜點、披薩、曲奇餅、酥皮糕點和任何即溶食品。

我們盡量避免食用含糖或精糖的食品，而代之以蜂蜜、楓糖、糖蜜和蜜餞如海棗、葡萄乾和乾李等。

由於我們生活在一個無法一年四季獲得新鮮蔬果的環境，所以力求簡化膳食的內容。我們三餐的基本內容如下：早餐吃的是水果，喝的是香草茶；午餐吃的是湯和穀類；晚餐吃的是沙拉、一種煮過的蔬菜，還有果醬。日復一日，我們都是同樣的吃法。當然，偶而我們也會為自己加點菜——例如在早餐加入葵花子或堅果，在晚餐裡加入豆腐或農家軟乾酪。

我們三餐都有固定時間：早餐在早上七點，午餐在正午，晚餐在傍晚六點。我們的餐桌是一張沒鋪桌布的木桌，餐具是木碗、木匙和筷子。不管喝湯、吃沙拉或吃甜點，我們都是用同一個木碗，以便簡化清洗的工作。我們的食具雖然簡單，但還是無法與第歐根尼(Diogenes)相比，據說，當這位古希臘哲人看到一個小孩僅用雙手作為飲具時，就把自己唯一的食具（一個杯子）丟棄。至於甘地「食不語」的自律精神，也不是我們效法得來的。

我們的用餐時間也是社交時間。餐桌上的話題從園藝到世界政治到最近的幽浮目睹事件，天南地北，無所不包。作家阿爾各特對他朋友待客之道的描述，應該會讓在我們家用過餐的朋友感同身受：「單憑簡單的食物與愉快的談話，他們就能在餐桌上一待半小時，甚至一小時，有朋友在座的時候尤其如此。即使有最顯赫的訪客在座，他們也不會在麵包和馬鈴薯或其他簡單的飲食之外，再加上任何的菜，頂多是一些最好的當令水果。他們也從來不會為此致歉。」（見《**收入低微的生活之道**》一書）

有一件事我們尚未提及：我們並不吃肉。我們認為，素食是真善美生活不可或缺的成分。不過，即使素食和真善美生活無關，在我們夫妻看來，不吃肉仍然是天經地義的事。我們不能想像，任何有憐憫之心的人，會安心地大快朵頤那些在毫無自衛能力下被屠殺的動物的屍體。我們相信，總有一天，吃肉這種粗野自私的習慣，會從地球上消失，一如人類過去吃人肉的習慣一樣。其實，即使不考慮人道或健康的理由，人類最終會因為經濟的理由而放棄肉食的習慣，也是可以預見的。世界的人口日多一日，糧食漸漸不足，而眾所週知，如果把用來種植家畜飼料的土地種植作物，將可以餵飽更多的人。

總之，基於人道、經濟和健康的理由，我們不吃任何地上會走和天上會飛的東西。不過，對於雞蛋、牛奶、優酪乳、乳酪、蜂蜜和牛油，我們的態度則帶點彈性。我們吃它們吃得很少，但也不會完全不吃。我們一年買的雞蛋不會超過一打，但在外面旅行的時候，不會排斥吃蛋；我們一年買的牛奶不會超過一夸脫，但在外面用餐的時候，也不會排斥含牛奶的食品。

我們吃優酪乳，偶而也會在高興的場合吃吃冰淇淋。乳酪，又特別是軟乾酪，一星期會吃一到兩次。至於油類，我們只使用植物油而不使用牛油，因為牛油來自對牛隻的剝削。

從蜜蜂那裡取得蜂蜜，也要算是對蜜蜂的一種剝削，因為這種做法雖然不會殺死蜜蜂或讓牠們餓死，但仍然是對蜜蜂辛勤勞動成果的一種掠奪。我們雖然質疑吃蜂蜜的道德正當性，但仍然會去吃它。總的來說，我們糖份的攝取量很低。我們認為，大部分美國人都吃得太甜了。另外，他們的蛋白質和穀類澱粉的攝取量也太多了一些。我們餐膳的蛋白質含量都很低，其來源是種子、堅果和若干種蔬菜水果。穀類的澱粉我們一星期只吃一次。

我們喜歡吃生的蔬果，盡可能在它們最新鮮、最生氣勃勃的時候食用。如果食物非料理不可的話，烤要比水煮來得好，水煮又比炸要來得好。我們盡量讓食物單純化，一餐只吃一種食物。有時候，我們會一連十天只吃單一種食物——例如蘋果。我們覺得，這種吃法可以淨化身體和讓身體休息，又可以讓主婦的工作變輕鬆。我們盡量做到一星期禁食一天，除液體以外（果汁或水）顆粒不進。我們享受禁食所帶給我們的愉悅，視之為一星期中最值得期待的時光。

**禁食所能帶給人的愉悅，並不亞於進食**。就像把頭髮完全剃光，可以讓人有一種除去頭頂累贅的感覺，禁食也可以讓人覺得自由與釋放。

一再有人問我們，我們從那裡攝取到身體所需的蛋白質。每當這些時候，我們都會反問對方：牛、大象、獨角獸這些粗壯的獸類，又是從那裡攝取到牠們的蛋白質的呢？答案當然是植物。牠們不會吃精煉過、煮過、醃過、脫水過、殺菌過、調味過或封罐過的東西。牠們吃的是最天然不過的食物。我們盡力向牠們學習，以最簡單的食物果腹。我們以這種方式，健健康康的過了五十年，也計畫以這種方式，度我們的餘年。

**註釋**

①通過高壓加熱後突然減壓的方法，使穀粒中的蒸汽急劇膨脹。

②不含酒精的飲料。

現在，且聽我把簡單飲食所能帶來的好處，一一道來。簡單飲食首先可以為你帶來的是良好的健康。想知道複雜飲食好是不好，你只要回憶一下簡單飲食在進入胃腸後的舒服感覺就可得而知。

——賀拉斯（Horace），《奧菲勒斯》（*Ofellus*），30B. C.

家庭主婦都以為，愈貴愈肥膩的食物，品質就愈好，營養就愈高，實則，它們只會帶來愈多的疾病。相反的，簡單、粗糙、價廉的食物更接近於大自然，因此更能加強與恢復人的活力。

——特里揚（Thomas Tryon），《每個醫生背後都有一個好主婦》（*The Good House-Wife Made a Doctor*），1692

最簡單的食物被推介為最有益健康的食物。

——基欽納醫生（Dr. W. Kitchiner），《廚師的魔咒》（*The Cook's Oracle*），1822

單純化，單純化。一天不是三餐，而是一餐，設若這一餐是必要的話；不是一百道菜，而是一道；其他的方面也照此比例減約。

——梭羅，《湖濱散記》，1854

殖民地時代的菜式，都是為一般勞動大眾而設計的簡單飲食，其目的是維持生命而不是提供享受。人們要不是用手刨的木盤當食器（兩人用一個），就是把桌面的邊緣挖空成碗狀，當作食器。調羹都是白鋼或木製的調羹，由家裡的男人在黃昏生火前用木頭削出來。

——湯瑪斯（Gertrude I. Thomas），《我們祖先的食物》（*Foods of Our Forefathers*），1941

我們的舌頭已被精緻化與加工化的食物鈍化和混淆了一百五十年，被速食食物、討好舌頭的食物和工廠合成的食物鈍化和混淆了最少五十年。

——撒克索（Edgar J. Saxon），《所有人該選擇的明智食物》（*Sensible Food for All*），1949

有益健康的飲食所需的花費，要比光顧醫生和醫院划算。

——瓦爾醫生（Dr. Carl C. Wahl），《基本健康知識》（*Essential Health Knowledge*），1966

# 鍛鍊健康

**我們的社會把疾病視為常態，而把健康視為偶然和運氣。**整個西方世界千千萬萬醫生的例行工作就是開藥方。這些**醫生**（包括牙醫），**只能稱為疾病的專家，而不能稱為健康的專家**。

據說，古代中國人沒病時會定期付費給大夫，但一旦家庭裡有人生了病，費用就會停繳，直至病人恢復健康為止。

我們西方人則反其道而行。我們只有生病的時候才會付費給醫生，病多久就付多久。如果人們只有在生病的時候才付費給醫生，那麼，病人病得愈嚴重，醫生就賺得愈多；同樣的，病人愈常生病和病得愈久，醫生的荷包就會愈肥。

醫生當然不會承認他們樂見有人生病，但這並不能改變醫生也需要用錢的事實。醫生、牙醫和藥劑師和他們的家人都需要錢購買日用品和負租負稅，沒有病人看病，他們錢從何來？

有一則令人過耳難忘的故事。話說，有一位夫人，早上起床的時候發現自己臉頰上有一塊紅色的大斑點。她很擔心，便立刻打電話給家庭醫師，請他來出診。醫生仔細檢查夫人臉上的紅斑，不斷搖頭。「問題嚴不嚴重，大夫？」夫人憂心忡忡地問。「非常嚴重，夫人，」醫生回答說：「要是妳晚一兩小時打電話給我，紅斑就會自動消失，那我就會平白損失一筆收入。」這個醫生很坦白，但可不是每個醫生都會這麼坦白。

我們在佛蒙特州生活了十九年，在緬因州生活了超過二十五年，都從來沒有上過診所，因為我們一向很健康。我們自己當自己的健康顧問，勵行能保持健康的習慣。

古諺有云：「**鍛鍊造成完美**。」這句古諺同樣適用於健康的追求：**健康也是要靠鍛鍊得來的**。要鍛鍊身體，涉及一系列的選擇。以我們夫妻倆來說，我們就選擇了過安靜而簡單的生活，選擇在戶外勞動（但並不過勞）。我們選擇戶外的體力勞動而非運動場或高爾夫球場，來鍛鍊我們的身體。我們選擇住在郊區，而不是住在充滿污染、噪音與壓力的城市。我們選擇親近清新的空氣、陽光與流水。我們選擇從自己的林場裡砍柴當燃料，而不選擇送錢給石油大亨花。我們選擇自己設計與建築房子，而不選擇假手他人。我們選擇自己種植與烹調食物，而不選擇買超級市場的產品。

每個人的每一年、每一天，甚至每一個小時，都必須面對無數的選擇。我們有一位老鄰居，因為嘴巴上長了癌細胞，最近才到醫院動了手術。我們的這位朋友是個根深蒂固的老菸槍。他和家人都毫不懷疑，香菸就是他癌症的元兇。動過手術回家後，在家人和朋友的圍堵下，他難得接近到香菸。但有一天，有一包菸出現在他面前，而四周沒有一個人。他猶豫了好一下子，然後伸出手指，拈起香菸，叼到嘴裡，用火點上。他已經在香菸與健康之間作出了選擇。這是個輕而易舉的選擇，但可不是所有選擇都是這麼輕而易舉的。

我們夫妻倆打從很年輕開始就明白健康的重要性。但要能下定決心，選擇健康的生活習慣，卻並不是一件容易的事，美食當前的時候尤其如此。因為選擇健康的生活習慣，特別是健康的飲食習慣，就意味著你要與家人、朋友的習慣劃清界線。我們的朋友輩大多都跟著大夥走，因為要說「好」這個字很容易，但要說「不」，卻是一件需要勇氣、知識與決心的事。在我們少年時代，我們就必須面對一個抉擇：是跟著群眾走還是選擇可以保持健康的生活與飲食習慣。

我們深信，**健康是每個自尊自重的人都應該奮力追求的目標**，深信，**人應該像磨鍊德行或技能一樣，磨鍊自身的健康**。再想深一層，健康有可能甚至是人類所應追求的最首要目標之一。

我們不是專業的健康師，而我們之所以敢於站出來，呼籲人們追求健康，有四個理由：一、我們夫妻倆從很年輕開始就投入健康的經營；二、即使到了現在的高齡，我們仍然健康而有活力；三、我們從來沒有聘用過家庭醫師；四、我們是一些呼籲社會大眾注意健康的組織的活躍成員。

在結束本章前，我們想把一些和鍛鍊健康有關的重要事項羅列出來。

1.要鍛鍊健康，足夠的知識與經驗都是不可少的。我們夫妻倆都是健康知識很豐富的人。以史考特為例，他母親——有六個小孩，本身就是個健康迷。在高中時代，史考特就像他同輩的年輕人一樣，深受麥克費頓(Bernarr MacFadden)和其他健康主義者的影響。他們出版著作、發表演講、組織課程和研討會，向既有的健康觀念挑戰。至於海倫，她父母都是神智學者(theosophist)，對東方哲學有所涉獵，奉行素食和養生之道。

2.健康主義者反對我們等生病後再來治病的消極態度，而主張我們應該鍛鍊健康，防患於未然。在這種態度下，生病被視為不正常，不生病才被視為正常。

3.鍛鍊健康，是一個公民責無旁貸的責任。這表示，醫生和其他健康專家應該以身作則，以鍛鍊和保持自己的健康作為大眾的榜樣。

4.由於人的健康與活力來自營養的攝取，所以，一個追求健康的人，應該時時注意健康科學的最新發展，以便知道那些食物對人體有益，那些有害。好的食物應該養份均衡、新鮮、無毒及應該盡可能保持完整與避免加工（烹調也是一種加工）。此外，食物的攝取應兼顧適當的質與適當的量。

5.健康所依賴的並不只是飲食。陽光、新鮮空氣、清潔的水以及運動，都是保持健康的要素。均衡、健康的生活需要與大自然的各方面達到渾然一體。

6.遮蔽良好的屋舍和足夠的衣物，也是保持健康的基本要素，在氣候惡劣的地帶尤其如此。

7.為保持健康著想，應該避免壓力。這一點，對生活在擁擠、吵鬧和生活節奏快速的城市居民來說，尤其需要注意。

沒有一個自重的男性或女性，要比他們自己更適合當自己的醫生。他們知道甚麼東西對自己好，甚麼東西會帶來傷害。

——布爾得，《健康飲食指南》，1542

無可否認，人生最重要的任務就是保持健康。不過，會認真去思考與追尋保持健康方法的人，卻千中無一。大部分的人，不是生活得漫不經心，就是最少會迷信於習俗、傳統和道聽途說，結果，他們的飲食，都是最不適當和最偏頗的飲食，而他們的藥物，則都是違反自然的藥物。

——特里揚，《每個醫生背後都有一個好主婦》，1692

幾乎可以肯定，保持健康要比恢復健康容易，防止疾病比治療疾病容易。

——切恩(Dr. George Cheyne)，《談健康與長壽》(*An Essay of Health and Long Life*)，1725

我們極少生病。如果我們真的生了病，就會到某個地方，找些草來吃，直到好一點為止。

——高利科(Paul Gallico),《沈默的貓咪聲》(*The Silent Miaow*),1964

# 有獲益的生活

我們所尋求的，是一種簡單、均衡、有滿足感的生活。我們想盡一己之力，為人類後代子孫營造一個可資作為家的環境，以及為其他生物培植可供牠們安居的土壤、土地和水資源。

我們根據一個「四四四原則」來分配時間：平均每天花四小時從事勞動生產，花四小時從事自己有興趣的專業研究，花四小時參與各種地區性、全國性或國際性的公益活動，以盡我們作為人類一分子的責任。

生產勞動提供了我們維持正常、健康生活的基本必需品。這個世界有很多工作有待人去完成，我們理當承擔一部分。至於從事自己有興趣的專業研究，則可以讓我們對人類知識和智慧的總和，略盡微薄。參與社會活動，則提供了我們與其他人交流經驗與知識的機會。

其實，「四四四原則」也適用於世界上的每一個人。每個人，不管貧或富、年輕或年老，都能對世界的生產活動有所貢獻。每個從七歲到七十七歲的人，只要身體健全，都應該從事生產活動（史考特到了九十歲還在幹活）。如果社會裡每個人都能積極參與生產勞動，把它看成一種責任與榮譽，那一個社會就能變得強健而自足。

同樣的，如果社會裡每個人都能有自己的興趣和專長，那麼，科學發明和藝術創造必然會更加燦爛。

另外，如果每個成年人都能關心公益事務，為大家的公共利益而群策群力，那麼社會將會更祥和與美好。

如果我們希望世界變得更好，那我們自己就應該有去改善它的意願和決心。這道理不只適用於個人的生活，也適用於群體的生活。

**生命的本質在於生活**。誠如史蒂文生所說的：「**走在充滿期待的旅途上，比到達目的地更棒，而真正的成功就是勞動。**」

對生活付出愈多的人，他所能從生活獲得的回饋就愈多。

肌肉會因為常使用而變得有力和有彈性，會因為不使用而變得鬆弛和萎縮。這道理不只適用於身體的肌肉的鍛鍊，也適用於一個人社會行動力的肌肉的鍛鍊。在投入自給自足生活經營的全程中，我們從未忽略身體與社會行動力這兩方面肌肉的鍛鍊。

我們的生活實驗展開於近半世紀前的一九三二年。當時我們已不年輕，但仍然富有冒險的精神。剛開始，我們抱的是姑且一試的心態，但愈走下去，我們愈發確定自己走對了路。

我們所嘗試的新生活方式，在人類歷史上並不罕見，但在我們同一代人中卻相當罕見。我們拋棄城市生活，拋棄它的虛飾與精神貧乏，到鄉村地區展開一種單純儉樸的生活。

我們的基本目標，是盡可能做到自給自足，以擺脫市場經濟的束縛，讓生活的主權大部分都能操之在自己手中。

我們希望，自給自足的生活可以讓我們騰出最少三分之一的時間和精力，去從事自己有興趣的專業研究，以及參與各種能改善社會環境的活動。

自定居山林以來，我們一直寫作與研究不輟。史考特單獨寫出了六本書（只有一本獲得市場青睞），又與海倫合著了六本。至於海倫，除了對音樂的鑽研更上層樓以外（音樂是她的終身興趣），又增加了秘書、編輯、寫作和蓋房子等方面的本領。

四十多年來，我們改造了一些經營自給自足生活的舊觀念與技巧，也開發出一些新觀念與技巧。但我們從來沒有片刻會以為，我們已懂得了有關自給自足生活的全部。相反的，投入勞動生產、學術研究和公益活動的日子愈久，我們就愈發了解到，我們所懂得的，不過是九牛一毛。世界上需要學習和體驗的事情何其多啊，恐怕，非得活好幾輩子，才能學得所希望學會的一切。

四十年來，我們盡了最大努力，去探索在新英格蘭經營自給自足生活的方法和可行性。

我們以我們的農莊當成宣傳站，接待了為數可觀的青年。我們希望，我們的榜樣可以讓他們選擇一種有別於美國時下一般青年所選擇的生活。

透過寫作、演講、參加研討會和其他辦法，我們努力向社會大眾傳達一個訊息：即使是老年人，也可以勝任自給自足的務農生活。

我們努力以身體力行去證明，過得簡單清明，也一樣可以擁有健康與活力。

我們盡了最大努力，去保育與改善自然環境，讓它可以成為下一代人有用的資源。

任何人在其生命的早期歲月，莫不渴望能過上一種滿足和有獲益的生活。而我們夫妻倆，即使到達目前的高齡，仍孜孜矻矻，致力開發一種更有建樹和更有所獲益的生活。我們會起意撰寫此書，就是為了提供那些與我們有相同意願和決心的人一些幫助。

我們固然在生活態度上啟發過一些青年，但反過來的，我們也不是沒有受過他們的嘉惠。他們曾經在農事和建築工作上幫助過我們，在合作共事的過程中，我們交流了洞見、經驗與技術，擴大了彼此的視野。為此，我們要在這裡向他們致上感謝與敬意。

---

不需要為金錢煩憂，有足夠的衣物可以禦寒，
噢，多麼愜意的生活啊！
他的飲食雖然簡陋，但卻過得愉快，和寧靜。

——伊莉莎白時代的歌本，約1588

我從來沒有過這麼強烈的渴望。我渴望擁有一間小房舍、一片大菜圃，用我的餘年去耕墾它，並研究大自然。在那裡，我的家除四面牆壁以外，別無裝飾，在那裡，我可以安享並不慵懶的閒適，和並不可恥的貧窮。

——考利（Abraham Cowley），《菜園》（*The Garden*），1666

不可否認，鄉村有鄉村生活的快樂，城鎮生活也有城鎮生活的快樂。但無論城鎮生活可以提供我們多少快樂，它所包含的忌妒、惡意和詐欺，都足以把這些快樂抵消無餘。因此，我們願意公開承認，我們更屬意於儉樸純真的農村生活。只要世界存在一天，園藝和農耕所提供的快樂，都應該是智者追求的目標。

——勞倫斯，《一個農業新系統》，1726

我們的生活圍繞著一大堆工作而忙碌，而每一件工作都會帶來健康與愉快。我們日出而起，在清晨的微涼中，從事需要若干體力的勞動。園圃裡的工作花去我們相當的時間。下午，我們從事閱讀和其他工作。傍晚，我們會拿起工具，再度勞動起來，或是鋤地、或是挖土、或是砍柴，總之都是當季所必要的工作。這就是我們每天大致的時程表。……我們的可愛小農場不斷提供我們最健全和最怡人的樂趣。

——楊格（Arthur Young），《埃瑪拉歷險記》（*The Adventures of Emmera*），1767

總的來說，鄉居者都是很快樂的一群。他們可以從自己的田裡獲得很多生活的必需品，至於無法從田裡獲得的那些，則可以透過販售盈餘的農產品來換取。他們自得和自在的神情令人動容，他們擁有所有的生活必需品，但奢侈品卻寥寥無幾。

——無名氏，《美國的農作》（*American Husbandry*），1775

〈結語〉

# 擁有更深刻的共通點

啊，鄉居生活是多麼的祥和、私密和安全！這裡沒有絲簾幔，沒有昂貴的花毯，沒有鑲金鍍銀的餐具，沒有四輪馬車或轎子，也沒有一堆煩人而不事生產的奴僕跟班。

生活支出既低廉，又完全是花在生活必需品上。鄉間沒有任何事物，會刺激人去模仿那些可笑揮霍者的奢侈，最後落得一貧如洗。鄉居者擁有的，都是一般性的家當，他的桌椅由簡單的木材所製，他的床，既沒有雕刻，也沒有裝飾。一頭健馬、一個男僕和一個女僕，就是他全部的隨從。他最奢侈的財物，不過是一件從他飼養的羊身上裁剪下來的羊毛外套或披風。

在我看來，這個純樸的鄉居者，要遠比王公貴人快樂得多。如果我們猜他是個正直而善良的人，相信任何明智的人都不會反對。

——格瓦拉，《頌讚鄉居之樂》，1539

我不能不在這裡籲請所有具有哲學氣質的紳士們，把他們一部分的思想與實驗，留給農耕這個主題。比起狩獵和打牌，農耕是一種好得多的運動與娛樂。農耕可以增進身體的健康、心靈的銳利和對財富的慷慨。農耕還可以縮減人的需要，讓人有更大的能力，自己去滿足自己的需要。農耕可以大大增加生活樂趣，讓人在休息與勞動交替的每一時刻備感甜美。

——勞倫斯，《一個農業新系統》，1726

讀者切不可以為，只要住到鄉郊地區，他就可以逃開城市生活所需面對的一切苦惱，又或是以為，他會經歷到的，是完全嶄新的經驗。必需緊記，這是一個得失不相離的世界，既沒有不帶雜質的善，也沒有不帶雜質的惡。這正是我們在鄉郊地區的經驗之談。不過，把鄉居生活的得失兩相權衡，它的淨值仍然是我們所愜意的。

——無名氏，《十畝就夠》，1864

這本書，是我在一片良田裡辛勤工作許多年的結晶。它理所當然會包含著很多對住在農莊或從事務農生活的人有用的內容。……雖然它談不上十全十美，但農人（以及他們的太太）將會發現它是一本有用的書。……即便它不是無價的，我仍然希望他們會覺得少不了它。……這本書以有用而非優雅自許。……對那些知道作者名字的人（這樣的人很多），我希望此書會成為一本他們樂於留給後人的遺贈。我希望，藉著這本書，作者的名字會得到你們圍坐在火爐前的子子孫孫所寶愛與頌揚。

——羅賓遜，《事實與農人》，1869

即使當初我們兩夫妻財力豐厚，可以自由選擇過任何方式的生活，我們仍然會選擇原來的選擇。我說的「我們」，真的是指我們夫妻兩人。固然，男性與女性之間一定會有很多觀點上的分歧，就算是在同一個屋頂下生活多年的夫妻亦在所難免。不過，我們夫妻倆既然成功走了過來，就顯示出，即便我們有所分歧，但在分歧的背後，仍然擁有更深刻、不可動搖的共通點。因為在我們所割捨掉的許多東西中，有些是被人們認為是生活不可或缺的。對於小孩，我認為他們從這種生活中的獲得，要多於損失，包括快樂與經驗。總的來說，那是一種最適合小孩過的生活。至於他們長大後，要不要繼續過這樣的生活，就要由他們自己來抉擇了。

——漢比治(Gove Hambidge)，《著魔的田畝》(*Enchanted Arce: Adventures in Backyard Farming*)，1935

## 和風農莊（Breezemere Farm Inn）

對於喜好旅行的朋友，我們願意提供去「美好生活中心」的參考。在該中心及附近方圓百哩，處處皆是美麗的海灣，是美國一般民眾夏季渡假的熱門去處。我們去時是五月，未見遊客，倒是十分寧靜、幽然。我們投宿在和風農莊旅店（Breezemere Farm Inn），它已有近百年歷史，目前的經營者是兩位女權主義者Laura & Carolyn，農場餵養了雞、鴨、羊群、貓、狗，天明之際群起喧叫之聲，給人一種甜蜜之感。離去時，我們對這些小生命還依依不捨，十分懷念。從這裏到「美好生活中心」車程大約十分鐘。我們駕車遍遊海灣各處，美景無邊，盤桓三天才離開。

---

The Good Life Center, Address: P. O. Box 11,
Harborside, Maine 04642, U.S.A.
Tel : (207)326-8211

Breezemere Farm Inn, Address: P. O. Box 290,
Brook sville, Maine 04617, U.S.A.
Tel : (207)326-8628 Fax : (207)326-8912

Breezemere Farm Inn，離 The Good Life Center 只有十分鐘車程
(圖為目前的經營者Laura與 Carolyn。)

國家圖書館出版品預行編目(CIP)資料

美好生活 / 海倫．聶爾寧(Helen Nearing)、史考特．聶爾寧(Scott Nearing)著；梁永安、高志仁譯 --五版 -- 新北市:立緒文化事業有限公司, 民110.11
面； 公分. --（新世紀叢書）
譯自：The Good Life

ISBN 978-986-360-202-6(平裝)

1.聶爾寧(Nearing, Helen) 2.聶爾寧(Nearing, Scott, 1883-1983)
3. 簡化生活 4.生活指導

785.28 111017805

# 美好生活（2022年版）The Good Life

出版——立緒文化事業有限公司（於中華民國84年元月由郝碧蓮、鍾惠民創辦）
作者——海倫．聶爾寧（Helen Nearing）、史考特．聶爾寧（Scott Nearing）
譯者——梁永安、高志仁

發行人——郝碧蓮
顧問——鍾惠民

地址——新北市新店區中央六街62號1樓
電話——(02) 2219-2173
傳真——(02) 2219-4998
E-mail Address —— service@ncp.com.tw
劃撥帳號—— 1839142-0號 立緒文化事業有限公司帳戶
行政院新聞局局版臺業字第6426號

總經銷——大和書報圖書股份有限公司
電話——(02) 8990-2588
傳真——(02) 2290-1658
地址——新北市新莊區五工五路2號
排版——文盛電腦排版有限公司
印刷——尖端數位印刷股份有限公司

法律顧問——敦旭法律事務所吳展旭律師

分類號碼—— 785.28
ISBN —— 978-986-360-202-6
出版日期——中華民國88年11月～99年12月初版～三版（1～5,200）
中華民國101年7月四版 一刷（1～1,000）
中華民國111年11月五版 一刷（1～800）



定價◎ 400元（平裝）

# 立緒文化事業有限公司　信用卡申購單

■信用卡資料

信用卡別（請勾選下列任何一種）

□VISA　□MASTER CARD　□JCB　□聯合信用卡

卡號：____________________

信用卡有效期限：______年______月

訂購總金額：____________________

持卡人簽名：____________________（與信用卡簽名同）

訂購日期：______年______月______日

所持信用卡銀行____________________

授權號碼：____________________（請勿填寫）

■訂購人姓名：____________________性別：□男□女

出生日期：______年______月______日

學歷：□大學以上□大專□高中職□國中

電話：____________________　職業：____________________

寄書地址：□□□

________________________________________

■開立三聯式發票：□需要　□不需要（以下免填）

發票抬頭：____________________

統一編號：____________________

發票地址：____________________

■訂購書目：

書名：____________、______本。書名：____________、______本。

書名：____________、______本。書名：____________、______本。

書名：____________、______本。書名：____________、______本。

共______本，總金額____________________元。

⊙請詳細填寫後，影印放大傳真或郵寄至本公司，傳真電話：(02)2219-4998

## 生活哲思—新文明生活主張

提倡簡單生活的人肯定會贊同畢卡索所說的話：「藝術就是剔除那些累贅之物。」

### 小即是美

一本把人當回事的經濟學著作
E. F. Schumacher ◎著

中時開卷版一周好書榜
ISBN: 978-986-360-142-5
**定價：350元**

### 少即是多

擁有更少 過得更好
Goldian Vandn Broeck◎著

ISBN:978-986-360-129-6
**定價：390元**

### 簡樸

世紀末生活革命
新文明的挑戰
Duane Elgin ◎著

ISBN :978-986-7416-94-0
**定價：250元**

### 靜觀潮落:簡單富足/生活美學日記

寧靜愉悅的生活美學日記
Sarah Ban Breathnach ◎著

ISBN: 978-986-6513-08-4
**定價：450元**

### 美好生活

我們反對財利累積，
反對不事生產者不勞而獲。
我們不要編制階層和強制權威，
而希望代之以對生命的尊重。
Helen & Scott Nearing ◎著

ISBN:978-986-360-202-6
**定價：400元**

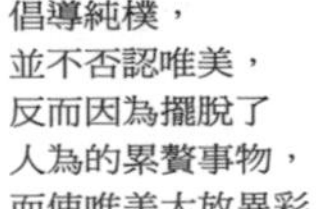

倡導純樸，
並不否認唯美，
反而因為擺脫了
人為的累贅事物，
而使唯美大放異彩。

中時開卷版一周好書榜

### 德蕾莎修女：一條簡單的道路

和別人一起分享，
和一無所有的人一起分享，
檢視自己實際的需要，
毋須多求。

ISBN:978-986-6513-50-3
**定價：210元**

### 115歲，有愛不老

**一百年有多長呢？**
**她創造了生命的無限可能**

27歲上小學
47歲學護理
67歲獨立創辦養老病院
69歲學瑜珈
100歲更用功學中文……

宋芳綺◎著
中央日報書評推薦

ISBN:978-986-6513-38-1
**定價：280元**

許哲與德蕾莎修女在新加坡

# 大旗文化 閱讀卡

姓　名：

地　址：□□□

電　話：(　　)　　傳 眞：(　　)

E-mail:

您購買的書名：＿＿＿＿＿＿＿＿＿＿＿＿

購書書店：＿＿＿＿市（縣）＿＿＿＿＿＿書店

■您習慣以何種方式購書？

□逛書店 □劃撥郵購 □電話訂購 □傳真訂購 □銷售人員推薦
□團體訂購 □網路訂購 □讀書會 □演講活動 □其他＿＿＿＿

■您從何處得知本書消息？

□書店 □報章雜誌 □廣播節目 □電視節目 □銷售人員推薦
□師友介紹 □廣告信函 □書訊 □網路 □其他＿＿＿＿

■您的基本資料：

性別：□男 □女　婚姻：□已婚 □未婚　年齡：民國＿＿＿年次

職業：□製造業 □銷售業 □金融業 □資訊業 □學生
□大眾傳播 □自由業 □服務業 □軍警 □公 □教 □家管
□其他＿＿＿＿＿＿

教育程度：□高中以下 □專科 □大學 □研究所及以上

建議事項：

愛戀智慧 閱讀大師

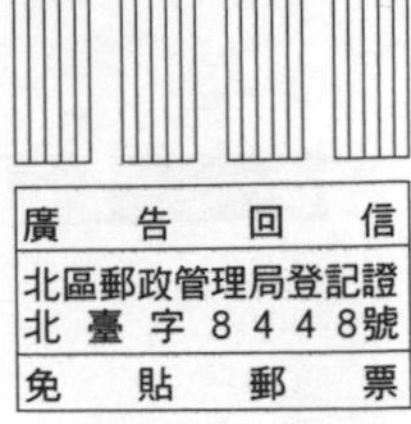


立緒文化事業有限公司 收

新北市 2 3 1

新店區中央六街62號一樓

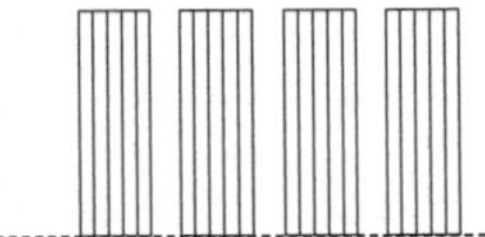

請沿虛線摺下裝訂，謝謝！

**感謝您購買立緒文化的書籍**

為提供讀者更好的服務，現在填妥各項資訊，寄回閱讀卡（免貼郵票），或者歡迎上網http://www.facebook.com/ncp231 即可收到最新書訊及不定期優惠訊息。